Brita Steinwendtner

AN DEN GESTADEN DES WORTES

Brita Steinwendtner

AN DEN GESTADEN
DES WORTES

OTTO MÜLLER VERLAG

Die Drucklegung dieses Buches wurde gefördert durch
die Kulturabteilungen von Stadt und Land Salzburg.

www.omvs.at

ISBN 978-3-7013-1298-6

Satz: MEDIA DESIGN: RIZNER.At
Druck und Bindung: Finidr s.r.o., Český Těšín
Covergestaltung: Leopold Fellinger

Nach Innen geht der geheimnißvolle Weg.
In uns, oder nirgends ist ... Vergangenheit und Zukunft.

Novalis

für W.
und alle Zwölf dieses Buches

Inhaltsverzeichnis

7

ADALBERT STIFTER

Und senkte mich in meine Träume

ADALBERT STIFTER

Totes Gebirge und Dachstein

Aber der erste Schlaf ist doch kein ruhiger gewesen. Ich hatte viele Sachen bei mir, Tote, Sterbende, Pestkranke, Drillingsföhren, das Waldmädchen, den Machtbauer, des Nachbarn Vogelbeerbaum, und der alte Andreas strich mir schon wieder die Füße an. Aber der Verlauf des Schlafes muß gut gewesen sein; denn als man mich erweckte, schien die Sonne durch die Fenster herein, es war ein lieblicher Sonntag, alles war festlich, wir bekamen nach dem Gebete das Festtagsfrühstück, bekamen die Festtagskleider, und als ich auf die Gasse ging, war alles rein, frisch und klar […][1]

Der erwachsen gewordene Leinenweberbub aus dem Böhmerwald erinnert sich an ein Erlebnis aus der Kinderzeit, als ihm der alte Andreas die Füßchen mit Pech eingeschmiert und er dafür Strafe zu erwarten hatte, da er damit ins Haus gelaufen war. Um ihn davor zu bewahren, nimmt ihn der Großvater auf eine Wanderung mit und erzählt von jener weit zurückliegenden Zeit, als man das Pech zur Bekämpfung der Pest brannte und brauchte und dass Andreas ein Nachfahre dieser Pechbrenner aus dem Wald sei.

In der berühmten Erzählung *Granit*, die ursprünglich *Die Pechbrenner* hieß, ist diese Stelle zu finden. Aus einer Begebenheit seiner Kindheit in Oberplan an der oberen Moldau hat Adalbert Stifter als Erwachsener eine seiner schönsten Erzählungen gemacht. Und über dreißig weitere geschrieben, deren frühe ihn zum Modeautor der 1840er Jahre machten. Mit diesen Erzählungen geht es mir wie dem Kind in seinen wirren Träumen. Ich habe sie als „viele Sachen bei mir", sie wirbeln mir durch den Kopf, ihre Titel, die so oft geändert wurden, ihre ersten und zweiten und dritten Fassungen, ihre Einzelveröffentlichungen und ihre bald darauf erfolgte Aufnahme in Bucheditionen. Ihre Figuren steigen aus den Stapeln von Büchern, die um meinen Schreibtisch herum aufgebaut sind, denn wie kaum ein anderer Dichter nimmt Stifter die Menschen, die er beschreibt, an sein Herz, liebevoll und zärtlich: die vielen Kinder, arm und verloren, reich und behütet, das Zigeunermädchen und ein blindes Mädchen, ein Kind mit Wasserkopf, ein Geschwisterpaar, das sich verirrt, die beiden violinspielenden Wunderkinder, die nicht glücklich werden und viele mehr. Im Leben waren ihm eigene Kinder versagt, in der Literatur lässt er sie durch seine Geschichten laufen wie die Gedanken einer großen Sehnsucht. Die erwachsenen Leute stehen vor mir, dieses Panoptikum menschlicher Größe und menschlichen Elends: die Alten, tröstend oder störrisch, die Jungen, die suchen, fehlen und gewinnen, die Erfolgreichen und die Versager, die Schmiede ihres Schicksals, die Hässliche und der Schönling, die Liebenden, die sich finden, die Verzweifelten, die nicht zueinanderkommen. Zerrüttete Ehen, Zwist und Betrug. Hoffnung. Glück. Die vielen, die Fremde bleiben auf dieser Welt. Und jene, die um Maß und Verantwortung kämpfen gegen die „tigerartige Anlage" in uns allen.

[...] wir Alle haben eine tigerartige Anlage, so wie wir eine himmlische haben, und wenn die tigerartige nicht geweckt wird, so meinen wir, sie sei gar nicht da ... Wir Alle können

nicht wissen, wie wir in den gegebenen Fällen handeln wür-
den, weil wir nicht wissen, welche unbekannten Thiere
durch die schreckliche Gewalt der Thatsachen in uns em-
*porgerufen werden können.*²

Gewaltsamkeit war Stifter vertraut, er war ein exzellenter
Beobachter. Er war kurz nach der Französischen Revolution
1805 geboren und inmitten der Napoleonischen Kriege auf-
gewachsen, sah die Pressionen in der gesellschaftlichen
Hierarchie zwischen Adel und „niederem" Volk und wusste
um die Gewaltbereitschaft in seinen Mitmenschen und in
sich selbst. Mit aller Kraft idealisierte er daher das Leitbild
von Pflichterfüllung und *Vernunftwürde*. Als Aufklärer
wollte er die Menschen besser machen, schmerzvoll schei-
terte er an der Wirklichkeit. Er entwarf daher idyllische
Utopien, machte die Natur zum metaphysischen Horizont.
„Ich habe viele Tage gesehen, und so ist der Mensch: er
sucht den Schimmer und will das Irrlicht greifen – –"

Im kleinen Austraghaus des Sturmgutes von Hinterstoder
am Fuß des Toten Gebirges habe ich Adalbert Stifters Werke
um mich herum liegen und stehen. Lese und lese ihn wie-
der. Verliere mich in seiner „schrecklich schönen Welt", wie
der große Stifter-Kenner Johann Lachinger sie nannte. – In
diesem steingefügten kleinen Haus bin ich aufgewachsen,
hier hat meine Mutter für meinen Bruder und mich und die
Kinder der weit entfernten Bauernhöfe Kasperltheater ge-
spielt und der Kasperl hat dem Krokodil auf den Kopf ge-
klopft, wenn die Gretl gefährdet war. Diese Landschaft
rundum ist mir vertraut wie die Linien meiner Hand. Fast
alle meine Bücher habe ich hier geschrieben. Schreiben ist, zu-
mindest für mich, ein einsames Tun. Ich muss dazu allein sein
und habe ein schlechtes Gewissen. W. bleibt in Salzburg,

11

wir telefonieren am Morgen und am Abend. Vormittags schreibe ich in jenem Zimmerchen, in das die Morgensonne hereinscheint, vor mir nur die Weiden mit den grasenden Mutterkühen und ihren Kälbern und einem alten *Nagerwirz-Birnbaum*. Im Winter ist die Weide eine meist überfüllte und künstlich beschneite Skipiste. Nachmittags bin ich in der westseitigen Mansarde, um die Sonne zwischen Spitzmauer, Brotfall und Großem Priel untergehen zu sehen, wenn ich vom Schreiben aufschaue. Im Gegenlicht rücken die Berge weiter weg, bei Föhn kommen sie mir ganz nah. Sie stehen still in blauem Dunst oder schwarz gezackt vor dem erdunkelnden Himmel. Geröllfelder, Felsabstürze und das kleine Schneefeld, der letzte Rest eines ursprünglichen Gletschers, sind dann genau gezeichnet wie von eines Forschers Hand. Vielleicht ziehen ein paar Glockenklänge vom tief unten liegenden Dorf herauf, über die abgemähten Wiesen und die Silo-Kugeln am Straßenrand. Der Bauernhof ist längst zum Tourismusbetrieb ausgebaut, Kinder sausen in Go-Carts um das Stadleck. Die Lamas werden bereit gemacht für die Abendwanderung zum Lagerfeuer der angepriesenen Romantik eines „Urlaubs am Bauernhof". Der älteste der drei Bauernsöhne ist jetzt der Besitzer des Anwesens. Seinen Vater erschlug der eigene Traktor beim Holzziehen.

„Das Leben ist ein schillernd Ding, in dessen Abgrund man sich stürzt –
und noch im Abgrund ist es schön [...],[3]

heißt es in der Erzählung *Der Hagestolz*. Welch eine selbstverleugnende Anstrengung, aus dem Abgrund noch das Schöne hervorzuholen. In der Dichtung ist es Adalbert Stifter gelungen.

Im Leben nicht. Als es unerträglich wurde, schnitt er sich mit dem Rasiermesser durch den Hals. Bewusstlos lebte er noch zwei Tage, am 28. Jänner 1868 starb er. Es wäre nicht die Ursache seines Todes gewesen, meinte der Arzt. Er hatte eine schwere Lebererkrankung, Zirrhose, Krebs. Er hatte gerne getrunken, gevöllert im Essen, war verhungert an Verständnislosigkeit.

So war das Ende.

Aber als er jung war, lag noch alles offen vor ihm.

Er ist ein Hochbegabter, der, wie so viele, aus den Ländern der Habsburgermonarchie in die Hauptstadt Wien geht, in die Kaiserstadt aller Möglichkeiten und Verführungen. Lange vierzehn Jahre, von 1826 bis 1840, sucht er im weiten Land der vielen Wege herum, Kritiker meinen, er habe sie *versandelt*, ohne etwas Rechtes zu tun und zu finden. „[…] ich hatte damals recht auf der ganzen Welt nichts Festes, um mich daran zu halten, als etwa meinen Wanderstab." Er studiert dies und das, sein Hauptfach wäre Jura gewesen, aber die Mathematik interessiert ihn mehr, Physik, Chemie, Mineralogie, Botanik, Astronomie. Keines dieser Studien schließt er ab. Nach dem Vorbild von Jean Paul, dessen Schriften er verehrt, lebt er als Bohemien, wird gepfändet und wechselt häufig seine Wohnungen. Er fühlt sich zum Malen hingezogen, versteht sich als Landschaftsmaler in der Tradition des Biedermeier, beteiligt sich an Ausstellungen, verkauft das eine oder andere Bild. Um seinen Lebensunterhalt zu verdienen, wird er Hauslehrer in Adelskreisen, ist geschätzt und beliebt, hat ein konziliantes Wesen. Staatskanzler Fürst Metternich wird ihn später sogar als Mathematiklehrer für seinen Sohn Rudolf engagieren. Aber er zweifelt, hadert mit sich selbst, wird depressiv, kann sich nicht entscheiden, auch in seinen Liebesverhältnissen nicht. Acht Jahre lang hat die

Tochter eines reichen Leinenhändlers aus seiner böhmischen Heimat Friedberg, Fanny Greipl, auf ihn gewartet. Aber er ist nichts und hat nichts und wird nichts und schließlich geben ihre Eltern sie einem niederen Beamten zur Frau, bald darauf stirbt sie im Kindbett. Er hat längst eine Liaison mit der Wiener Modistin und Putzmacherin Amalie Mohaupt angefangen, betrügt die eine mit der anderen, die ideelle mit der körperlichen Liebe. Und stürzt sich 1837 zum Entsetzen seiner Freunde in die Ehe mit Amalie, die hübsch, aber ohne geistige Interessen und seinen Anliegen gegenüber verständnislos ist und bleiben wird. Flieht zwischendurch die Metropole, „[...] spanne mich aus der Industriewelt aus", fährt ins Gebirge in der Nähe von Wien, lieber noch in die Landschaften um das Tote Gebirge und den Dachstein im südlichen Oberösterreich. Liest, hört zu, entwirft, sammelt, lässt werden.

Welcher Nährboden sind diese Jahre gewesen.

Was ist in ihnen alles gewachsen und aufgebrochen.

Auch verschlossen worden, gehütet als Geheimnis. Und lässt den Fundus von Erfahrungen, Beobachtungen und Divergenzen in seine Schriften einfließen, in die vielstimmig komponierten Sprachmelodien in Dur und Moll. Ab 1840 – Stifter ist bereits fünfunddreißig Jahre alt – erscheinen im Zeitraum von nur vier Jahren die Erzählungen *Der Condor*, die Sammlung *Feldblumen*, *Der Hochwald*, die 1. und 2. Fassung der *Mappe meines Urgroßvaters*, *Die Narrenburg*, *Abdias*, *Brigitta*, *Der Hagestolz* und andere. 1850 werden sie gesammelt in sechs Bänden mit dem bescheidenen Titel *Studien* publiziert. 1845 erscheint *Der Heilige Abend*, später umbenannt in *Bergkristall*, die Keimzelle der späteren *Bunten Steine* von 1853, nur vier Jahre danach der große Roman *Der Nachsommer*. Da gilt er in der Kaiserstadt Wien längst als Erfolgsautor.

Bald nach 1857 beginnt jedoch sein Stern zu sinken. 1848 hat sich Adalbert Stifter mit seiner Frau Amalie nach Linz zurückgezogen. Ursprünglich den liberalen Strömungen zuneigend – er wird sogar von seinem Wiener Wohnbezirk als Wahlmann für die Frankfurter Nationalversammlung aufgestellt – ist er enttäuscht und ängstlich vor dem gewaltsamen Ausbruch der Revolution von 1848 in den gesicherten Umkreis einer kleineren Stadt und einer Landschaft geflohen, die er gut kennt. 1850 wird er zum k.k. Schulrat und zum Inspektor für die Volksschulen in Oberösterreich ernannt und kommt weit herum im Land. In Wien hatte er Freunde gehabt, war im Laufe der Jahre zum gern gesehenen Gast in großen Gesellschaften und literarischen Kreisen geworden, hatte Umgang mit Anastasius Grün, Nikolaus Lenau, Franz Grillparzer und Joseph von Eichendorff. Andreas Freiherr von Baumgartner, der angesehene Physiker und Staatsmann in vielen Ministerien, war einer seiner Gönner. Im Hause Metternichs hatte er den aufstrebenden Natur-, Gebirgs- und Gletscherforscher Friedrich Simony kennengelernt, ein entscheidendes Zusammentreffen, von dem noch zu reden sein wird. In Linz vereinsamt er, ist Beamter, hat große pädagogische Ziele, stößt auf Widerstand seiner Vorgesetzten, ist auf eine freud- und kinderlose Ehe reduziert. Über diese Ehe gäbe es viel zu sagen, wenn es uns zustünde. Stifter selbst fühlte sich ohne seine *Mali* verloren, die fast devoten Liebesbriefe werden von den einen zu den schönsten des 19. Jahrhunderts gezählt, die anderen sehen sie als Sublimierung und beschwichtigende Kraftanstrengung, um ein unerfülltes Leben zu kaschieren. Kritische Beobachter hielten fest, dass Amalie Stifter zwar gewissenhaft den Haushalt führte, aber eitel und beschränkt war und ihren Mann durch angebliche Fressorgien an sich zu binden suchte.

Der Dichter, opulentem Essen und Trinken nicht abgeneigt, wurde unbeweglich und im Laufe der Zeit ging er nur noch in seinen Dichtungen auf die Berge. Er ist ständig in Geldnot, was bei seiner amtlichen Position und dem literarischen Erfolg überrascht, und ist gezwungen, Stück um Stück die Rechte an seinen Büchern an seinen Verleger Gustav Heckenast im ungarischen Pest zu verkaufen.

*

So viele Fragen zu diesem rätselhaften Mann. Stifter lesen. Diesen Dichter der abgründigen Seelen und der betörend schönen Sprachbilder von Wald und Fluss, Gebirge und Gletschereis, von Wiesengrün und Blumenduft, Äther und Erde, Sonne Mond und Sternen. Vor meinen Fenstern des kleinen Austraghauses sind Tiere und Menschen, ich schaue ihnen zu. Die Sonne steigt, die Sonne sinkt im Tal des Toten Gebirges. Das Licht wechselt in der östlichen und in der westlichen Mansarde. Wenn die Kühe Durst haben, brüllen sie. Als Kind habe ich sie oft von einer weiter entfernten, sumpfigen Weide zurückgeholt, die Bäuerin und meine Mutter haben mir das zugetraut. Jetzt müssen die Bauern Warnschilder mit *Achtung Weidevieh* aufstellen, um nicht angeklagt zu werden, wenn Städter aus Unverständnis eine Herde reizen und daraufhin in den seltensten Fällen eine Mutterkuh angreift, um ihr Kalb vor bellenden Hunden oder menschlicher Zudringlichkeit zu schützen. Stifter lesen.

„[…] freilich bin ich seit Kindheitstagen viel, ich möchte fast sagen, ausschließlich mit der Natur umgegangen und habe mein Herz an ihre Sprache gewöhnt und liebe diese Sprache, vielleicht einseitiger, als es gut ist", schreibt er in seinem aufsehenerregenden Essay über die Sonnenfinsternis vom Juli 1842. Die Natur: die große Lehrmeisterin in der Nachfolge von Rousseau, Herder, Goethe und der Romantik. Aus ihr leitet Stifter in der Vorrede zu den *Bunten Steinen* sein berühmtes „sanftes Gesetz" ab, auf das er allzu oft reduziert wird und das er auf das Sittengesetz der Menschen überträgt. Das Große geschieht ihm nicht durch Heldentaten, sondern so schlicht wie „das Rieseln des Wassers, das Fließen der Luft, das Wachsen des Getreides" und im Individuum durch „Gerechtigkeit, Einfachheit, Bezwingung seiner selbst". Welch ungeheure Anstrengung, um das Tigerartige in uns zu zähmen. *Philosophieren mit dem Rasiermesser* nennt es der deutsche Autor Arnold Stadler.

Noch sehe ich kein Rasiermesser. Noch bleibe ich beim jüngeren Adalbert Stifter. „Es geht mir ganz gut," schreibt er im September 1844 an seinen Bruder, „aber Wien habe ich satt, und alle meine Wünsche stehen in mein geliebtes Oberösterreich".

Dorthin will ich ihn begleiten.

Nicht in den Böhmerwald.

Sondern in den südlichen Teil Oberösterreichs.

In dieses „Land ob der Enns", das er liebte wie eine Heimat.

Es ist auch mein Land.

In Wels geboren, auf dem Bergbauernhof des Sturmgutes aufgewachsen, in Steyr zur Schule gegangen, kenne ich vieles, was er beschreibt. Den Wind im reifenden Korn, die Dörfer mit dem Mittagsläuten und den Kirchfesten, die Wirtshäuser und die Fuhrleute, die Unglücksfälle und die Erntezeiten, die verschwiegenen Täler, die Seen, die Schrunden der Gebirge, das Gleißen der Gletscher, das Offene und das Wilde dieses Landstrichs.

Dein staunender und verwirrter Blick ergeht sich über viele, viele grüne Bergesgipfel, in webendem Sonnendufte schwebend, und gerät dann hinter ihnen in einen blauen Schleierstreifen – es ist das gesegnete Land jenseits der Donau mit seinen Getreidehängen und Obstwäldern –, bis der Blick endlich auf jenen ungeheuren Halbmond trifft, der den Gesichtskreis einfasset: die Norischen Alpen. – Der Große Priel glänzt an heitern Tagen, wie eine lichte Flocke am Himmelsblaue hängend, der Traunstein zeichnet eine blasse Wolkenkontur in den Kristall des Firmaments – der Hauch der ganzen Alpenkette zieht wie ein luftiger Feengürtel um den Himmel, bis er hinausgeht in zarte, kaum sichtbare Lichtschleier, drinnen weiße Punkte zittern, wahrscheinlich die Schneeberge der ferneren Züge.[4]

So sieht Adalbert Stifter aus der Distanz das südliche Oberösterreich, hier beschrieben von der Ruine Wittinghausen im Böhmerwald aus – eine „Vollendungslinie" nennt er diesen Blick. Im Lauf der Jahre kommt er diesem Sehnsuchtsland näher und lernt es kennen bis in seine abgelegensten Winkel.

Wenn von unserem wunderschönen Lande ob der Enns die Rede ist, und man die Herrlichkeiten preist, in welche es gleichsam wie ein Juwel gefaßt ist, so hat man gewöhnlich jene Gebirgslandschaften vor Augen, in denen der Fels luftblau empor strebt, die grünen Wässer rauschen und der dunkle Blick der Seen liegt: wer sie einmal gekannt und geliebt hat, der denkt mit Freuden an sie zurück, und ihr heiteres Bild mit dem duftigen Dämmern und dem funkelnden Glänzen steht in der Heiterkeit seiner Seele – aber es gibt auch andere, unbedeutendere, gleichsam schwermüthig schöne

Theile, die abgelegen sind, [...]: wer sie einmal gekannt und
geliebt hat, der denkt mit süßer Trauer an sie zurück, wie
an ein bescheidenes liebes Weib, das ihm gestorben ist, das
nie gefordert, nie geheischt, und ihm alles gegeben hat.[5]

Eine typische Szene – aber es wäre nicht Stifter, würde er sie
nicht brechen, widerlegen und ihren dunklen Hintergrund
zeigen. Denn der *Waldgänger*, die Hauptfigur dieser gleich-
namigen Erzählung, ist ein alter Mann, einsam, obdachlos,
er kommt und verschwindet wieder im Dunkel zwischen
den Bäumen, und am Ende heißt es, dass das Einzige, was
von ihm übrig blieb, seine zerrissenen Schuhe waren. Zer-
rissene Schuhe. Zerrissenes Leben. Weggeworfen.

Kennengelernt hat Adalbert Stifter dieses „Land ob der
Enns", wie es in der alten Bezeichnung heißt und heute das
Gebiet des Traunviertels umreißt, von Kremsmünster aus.
Mit dreizehn Jahren war er über Vermittlung seines Groß-
vaters mütterlicherseits in das Benediktinerstift aufgenom-
men worden. Er war älter als seine Mitschüler, aber er hatte
fast zwei Jahre lang in der elterlichen Landwirtschaft mit-
helfen müssen, nachdem sein Vater auf einer seiner Fahrten
als Flachshändler vom eigenen umstürzenden Wagen er-
schlagen worden war. Zwischen Wels und Lambach liegt
der Unglücksort, unweit von Kremsmünster.
Für den Buben selbst werden die Jahre im Gymnasium
des Benediktinerstiftes und in dessen liberaler Atmosphäre
eine überaus glückliche Zeit. Er lernt gut und gerne, lernt im
Nu die fehlenden Kenntnisse in Latein und Griechisch nach,
fällt durch seine Neugier und seinen Wissensdurst auf und
wird vor allem in den Naturwissenschaften und in seinem
besonderen Talent zum Zeichnen und Malen sorgsam und

konsequent gefördert. Einer seiner Lehrer, Pater Placidus Hall, wird sein väterlicher Instruktor und Freund, den Stifter später immer wieder hervorheben wird. Kremsmünster, 777 durch den Baiernherzog Tassilo III. gegründet, war damals schon berühmt für seine Kunstschätze und hatte in einem eigenen Turm eine beträchtliche Universalsammlung an Gesteinen, Mineralien, Pflanzen und Tieren, vor allem Vögeln, die nach Fachgebieten jeweils in einem Stockwerk des Turms untergebracht waren und auch heute noch sind – mit einer Führung kann man auf Stifters Spuren vom Gartengeschoß aus immer höher steigen bis hinauf zu den Okularen, um die Bahn der Gestirne zu verfolgen. Der Turm wurde 1748 als „Mathematischer Turm" erbaut, galt als Sensation, war eines der ersten Hochhäuser Europas und zählt zu den bedeutendsten historischen Observatorien der Welt. Es diente als Sternwarte, zu meteorologischen und geodynamischen Forschungen, ebenso zur Landeskunde und zu Untersuchungen des Magnetfeldes der Erde: ein reiches Feld für den wissbegierigen Gymnasiasten Stifter und ein Reservoir für alle seine späteren Ausprägungen in der Malerei, den mathematisch-naturwissenschaftlichen Studien, den wissenschaftlichen Themen seiner Literatur und nicht zuletzt für die Beobachtung der Sonnenfinsternis vom 8. Juli 1842 in Wien, der er einen seiner Zeit vorauseilenden und bis heute fesselnden Essay schrieb. Es ist einer jener frühen Texte Stifters, der die Verbindung von Wissenschaftlichkeit und Poesie, von realistischer Naturästhetik und kosmologischen Denkmodellen harmonisch vereint, vom Tod des Lichts bis zur Ohnmacht des Riesenkörpers Erde. Zu Ende seiner Überlegungen stellt Stifter zwei Fragen, deren zweite einen revolutionären Gedanken ausspricht:

Könnte man nicht auch durch Gleichzeitigkeit und Aufeinan-
derfolge von Lichtern und Farben eben so gut eine Musik für
das Auge wie durch Töne für das Ohr ersinnen? [...] Sollte
nicht durch ein Ganzes von Lichtaccorden und Melodien eben
so ein Gewaltiges, Erschütterndes angeregt werden können,
wie durch Töne? Wenigstens könnte ich keine Symphonie,
Oratorium oder dergleichen nennen, das eine so hehre Musik
war, als jene, die während der zwey Minuten mit Licht und
Farbe an dem Himmel war, und hat sie auch nicht den Ein-
druck ganz allein gemacht, so war sie doch ein Theil davon.[6]

Ein Leben lang wird Adalbert Stifter von der „Magie des
Schönen", in welcher Form auch immer, angezogen bleiben
und versuchen, sie in seiner Dichtung zu verdeutlichen. Es ist
jene Magie, die ihm unerklärbar ist und *trotz* aller Rechnun-
gen und Fortschrittsleistungen des Verstandes als Wunder
in sein Herz dringt und die dessen Reichtum ausmacht –
„[…] und einen anderen gibt es nicht."

*

Kremsmünster: Studienort. Wanderort.
    Stundenlang erkundet Stifter mit Freunden die nähere
und weitere Umgebung. Er beobachtet die Menschen, die
auf den Feldern arbeiten, die Bauern, Hirten und Knechte,
die Waldhüter, Schmiede- und Riemmeister, die Schuster
und Zimmerleute, durchstreift die Obstgärten, Dörfer und
Weiler in der fruchtbaren Hügellandschaft des eiszeitlichen
Voralpenlandes. Er sieht die Keuschen des armen Landvolks
und die stattlichen Vierkanthöfe der reichen Bauern – den
unweit von Kremsmünster gelegenen Aspermeierhof wird
er im Roman *Der Nachsommer* zu einem bevorzugten

Schauplatz wählen. Im Sommer 1829, als er schon Student in Wien ist, zeigt er Fanny Greipl, seiner großen Liebe, diese seine „Seelenlandschaft". Gemeinsam mit Fannys Bruder verbringen sie einige Wochen im Kurstädtchen Bad Hall, nur wenige Kilometer von der Benediktinerabtei entfernt. Auch wenn die Liaison in den Folgejahren durch Stifters Unentschlossenheit getrübt wird und schließlich in die Brüche geht, wird er Fannys Bild in seinen Erzählungen und im *Nachsommer* in vielerlei Verfremdungen wieder aufleben lassen: die unerreichte, unerfüllte, immerwährende Liebe.

Gehen, Wandern.

Zwanzig, fünfundzwanzig Kilometer pro Tag können es sein. „Im Gehen sinne und denke ich dann. Der Himmel die Wolken darin das Getreide die Bäume die Gesträuche das Gras die Blumen." Wandern war zwar ein allgemeines Erbe der Romantik, von Eichendorff bis August von Platen, der bis Syrakus ging – Stifter suchte jedoch nicht fremde Länder und Reize, sondern blieb im begrenzten Raum seiner südböhmischen Heimat sowie des südlichen Oberösterreich: „In Kremsmünster lernte ich die Alpen kennen, die ein paar Meilen davon im Süden sind." Der erste Gebirgsstock am Horizont ist der Traunstein, der unmittelbar am Ufer des Traunsees seine Felsen fast senkrecht aufragen lässt und der dem Wanderer „fast Furcht vor dieser Größe" einflößt. Mit welch ausgreifender Fantasie Stifter topografische Einzelheiten in Literatur umzuwandeln versteht, lässt sich lebhaft an der Erzählung *Hagestolz* nachvollziehen, die am gegenüberliegenden Ufer auf der damals noch einsamen Halbinsel von Traunkirchen spielt und die zum Wohnort des menschenverachtenden Oheims sowie des durch dieses Beispiel von seinen Depressionen geheilten jungen Viktor wird. Die lieblichere Variante derselben Landschaft gibt Stifter in den

Feldblumen, in denen er sich nach humanistischem Vorbild ein „Tuskulum am Traunsee" erträumt, in der sich zwei, drei junge Ehepaare eine kultivierte, geistig-künstlerische „Schönheitswelt" aufbauen könnten. Vom „Traunsee, der so reizend aus schönem Hügellande ins Hochgebirge zieht", zog es den Dichter selbst dorthin. Wenn er „Hochgebirge" sagt, meint er vor allem das Tote Gebirge und das Dachsteinmassiv. Wer das berühmte Portrait Stifters aus dem Jahr 1863 betrachtet, sieht einen soignierten Herrn Ende fünfzig, Positur eines Menschen, der etwas darstellt, ernster Blick, gepflegter Backenbart, melancholischer Gesichtsausdruck, ziemlich korpulenter Körper. Schwer vorstellbar, dass dieser Mann in jüngeren Jahren nicht nur ein ausdauernder und leidenschaftlicher Wanderer, sondern auch ein gelegentlicher Bergsteiger war. Begierig, Gesteine, Flora, Fauna und Wetterbedingungen in den Fels- und Eisregionen zu erkunden. Viele seiner Figuren in den Erzählungen und im *Nachsommer* sind Naturwissenschaftler, Landvermesser, Geologen, Gletscherforscher. Kein anderer Dichter konnte sich so detailversessen in die bestrickende Kunst der Naturbeschreibung verlieren, denn sie, die Natur, ließ in ihm schon als Kind eine „dunkle, glutensprühige Phantasie" wachsen, die ihm blieb über alle Jahre hin.

Die Natur hielt Abendfeier, das Sonnenlicht schritt nur noch auf den höchsten Spitzen, die Luft ward immer wellenloser und stiller – ich ging südwärts gegen die Felsen – da war es, als ob das Echo, das tausendfältig in diesen Bergen schläft, traumredete, und etwas, wie Glockentöne lallte [...] – es giebt eine Stille, kennst Du sie? in der man meint, man müsse die einzelnen Minuten hören, wie sie in den Ocean der Ewigkeit hinuntertropfen.[7]

Diese Schilderung vom abendlichen Ufer des Almsees, der unter den nördlichen Abstürzen des Toten Gebirges liegt, findet sich im Erstdruck der Erzählung *Liebfrauenschuh* aus dem Band *Feldblumen*. Mit August 1834 ist dieser „Brief" datiert, da war Stifter 29 Jahre alt. Er war mit Freunden aufgebrochen, eine heitere Runde von Studenten, drei neue Reisegefährten gesellten sich dazu. Alle hatten sie viel Zeit, sangen und tranken, einer malte, der Ich-Erzähler schrieb Briefe an seinen Freund in Wien, es schlug ihnen keine Stunde. Von Steyr aus ging die Reise zunächst bis Kirchdorf, im Mondschein wollten sie bis Scharnstein weiterwandern, aber immer wieder gab es Verzögerungen und Ablenkungen, es gab gute Wirtshäuser, Kegelbahnen und hübsche Mädchen.

Der Weg, den sie zunächst in einer Kutsche fuhren und sich dann erwanderten, ist Teil der jahrhundertalten Reise- und Handelswege dieser Region durch das Steyr-, Krems- und Almtal, den Flüssen entlang, die reich an eisenverarbeitenden Handwerksbetrieben waren.

Das Steyrtal ist mir vertraut seit meiner Kindheit.

Hier kenne ich jede Biegung der Straße, die Blumen auf den Sonnenleiten und die smaragdgrüne Farbe des Flusses in den Kehren. Mit meiner Mutter und meinem Bruder sind wir sonntags in dem Tal gewandert und mit der Schmalspurbahn an die hundert Mal bis Klaus und dann weiter mit dem Bus bis Hinterstoder in unser Austraghaus des Sturmbauern gefahren, in allen Ferien, zu allen Feiertagen. Mein Großvater war Tierarzt in Steyr und oft hat er mich mitgenommen zu den Bauernhöfen im Steyr- und Ennstal. Habe beim Kastrieren der Saubären zugesehen und bei komplizierten Kälbergeburten, habe beim Mostbirnensammeln geholfen und beim Schwemmen der Wäsche in den eiskalten Brunnengrandern. Ich kenne die Sägewerke an den Fluss-

ufern, die aufgelassenen Getreidemühlen an den herabstür-
zenden Bächen und die *Laftenhütten* in den Fichtenwäldern,
in denen mein Bruder und ich gespielt haben, wenn sie leer
und am Verfallen waren. Bin auf Waldsteigen gegangen,
habe wilde Brombeeren gesammelt und dem leisen Singen
in den Föhrenzweigen gelauscht. Wenn ich Stifter lese, ist es
mir wie etwas Eigenes.

Steyr, die mittelalterliche Bürgerstadt am Zusammenfluss
von Enns und Steyr, ist für Stifter viele Jahre nach seinem
Aufbruch an den Almsee von Bedeutung geworden – als
Landeskonservator für die Kunstschätze Oberösterreichs,
als der er 1853 ernannt wurde, hat er wesentlich dazu beige-
tragen, die gotische Stadtpfarrkirche renovieren und erhal-
ten zu lassen. In dieser Kirche hat während Stifters Linzer
Jahren Anton Bruckner Orgel gespielt und zu seiner Musik
sind W. und ich hier eingezogen, als wir getraut wurden, vor
über fünfzig Jahren, an einem kalten Märztag mit Schnee-
regen und Sturm. In ihrer übermütigen Aufbruchsstimmung
werden die jungen Leute der Reisegruppe des Sommers von
1834 keinen Blick für die Schönheiten dieser alten *Eisen-
stadt* gehabt haben und ebenso wenig für die Wallfahrtskirche
von Frauenstein, die unweit ihres Weges im oberen Steyrtal
zu finden gewesen wäre. In ihr steht der Altar mit der be-
rühmten Schutzmantelmadonna von 1510 – fast die gleiche
Entstehungszeit wie der in der Schnitzkunst der Spätgotik
weltbekannte Flügelaltar von Kefermarkt, den Stifter, eben-
falls in seiner Funktion als Konservator, vor dem Verfall
rettete, was ihm heute noch gedankt wird. Umsonst hat die
Frauensteiner Madonna ihren Schutzmantel über eine junge
Frau ausgebreitet, die in diesem Kirchlein auf dem Hügel
geheiratet hat: Marlen Haushofer. Ihr Leben wurde ebenso
unglücklich wie jenes von Stifter. Wer je Haushofer gelesen

25

hat, dem wird *Die Wand* in der Gewaltsamkeit des Bildes für immer vor Augen stehen.

Singend und auf der Stockflöte blasend kamen die zeitenthobenen Freunde, nachdem sie Scharnstein passiert hatten, dort an, wo sie eigentlich hinwollten: zu den „wunderlichen Felsen des Almseegebirges" mit dem Großen Priel, „die lichten Häupter in finstrer Bläue badend". Stifters Schilderung vom Aufenthalt am Ufer des Almsees gehört zu den schönsten seiner ungezählten Naturbeschreibungen. Bis weit in die Nacht hinein sei er, wie er an seinen Wiener Freund in einem weiteren *Feldblumen*-Brief schreibt, im Freien geblieben, um über dem Röllstein den Vollmond zu erwarten.

Ein lichter Schein stand unten an dem bezeichneten Berge – die Mondesaurora war es, ich glaubte, er selber werde jetzt aufsteigen, aber nur der Schein klomm längs der steilen Kante des Felsens, der desto dunkler gegen diesen Schimmer stand, bis der Mond endlich gerade auf dem Gipfel des Steines wie ein großes Freudenfeuer emporschlug zu dem Himmel, an dem schon alle Sterne harrten. Er trennte sich sodann und schwamm wie eine losgebundene blitzende weißglühende Silberkugel in den dunklen Aether empor – und alles war hier unten wieder hell und klar – die Berge standen wieder alle da, und troffen von dem weißen, niederrinnenden Lichte, das Wasser trennte sich und wimmelte von Silberblicken, ein Lichtregen ging in den ganzen Bergkessel nieder, und jedes feuchte Steinchen und jedes thauige Gräschen hatte seinen Funken.[8]

Viel Schlaf dürfte der Betrachter nicht gefunden haben, denn eine Tote-Gebirge-Überquerung vom Seehaus des

Almsees bis nach Altaussee war für den nächsten Tag geplant – eine mehr als tageslange Wanderung, die sich über hochgelegene Almböden und ein kahles, ödes Kalkplateau zieht und für die der Alpenverein heute eine Übernachtung auf einer der Schutzhütten empfiehlt.

Um vier Uhr weckte uns der Führer, und siehe, noch einmal sah ich den heutigen Mond, der mir so lieb geworden war; auf einem gezackten Blocke des Westen lag er vor dem Tage erlöschend, während im Morgen die Röthe flammte, und auf dem See die langen Elfenstreifen von weißen Nebeln woben. [...] Es ist eine mächtige todte Wildniß, durch die wir gingen, ein Steinmeer, und am ganzen Himmel kein Wölkchen; kein Hauch regte sich und der Mittag sank blendend und stumm und strahlenreich in die brennenden Steine.[9]

Um acht Uhr abends kamen sie in Aussee an. Waren sie alle so gut bei Fuß? Oder ist die knappe Schilderung ein Zeichen für dichterische Freiheit? Oder war es die heitere Stimmung, die die jungen Leute vorantrieb? Es wurde gesungen und gescherzt, der Malerfreund (oder er selbst?) malte und zeichnete zwischendurch und sicherlich wurde auch, gekühlt mit einem in Äther getauchten Stoff, reichlich Wein getrunken, was Stifter wiederholt als üblichen Proviant bezeichnet. Er war überzeugt davon, dass „ein Trunk Wein mit Wasser ungleich mehr labt und Kraft gibt als das lauterste, erlesenste Wasser der Welt".

*

Wenn ich Stifter lese, schaue ich anders. Tiefer. In seinen Worten tragen die Felder den Segen für die Menschen, fängt

27

der blaue Dunst über den fernen Bergen zu sprechen an und mit den Glimmerblättchen des Katzensilbers kann man sein Glück erproben. Ich gehe gern mit ihm auf Wanderschaft. „Großes ist mir klein, Kleines ist mir groß." Dieser Satz aus dem *Nachsommer* ist ein guter Wegbegleiter. Es ist, als ob man aus dem Splitterwerk seines Lebens etwas Ganzes machen könnte. „[…] die Welt erglänzte wie von einer innern Schönheit, die man auf einmal fassen soll, nicht zerstückt, ich bewunderte sie, ich liebte sie, ich suchte sie an mich zu ziehen, und sehnte mich nach etwas Unbekanntem und Großem, das da sein müsse."

Die *zerstückte* Welt … Je zersplitterter sie ist oder empfunden wird – und die folgenden Jahrhunderte sollten Stifters Zeitbefund noch drastisch verdeutlichen –, desto größer wird die Sehnsucht nach Einheit und Harmonie. Als Meister der Schicksalserzählungen schreibt Stifter darüber zahlreiche Geschichten, eine besonders ergreifende ist *Der arme Wohltäter*. Um ungefähr ein Drittel verlängert, ist sie später unter dem Titel *Kalkstein* aus der Sammlung *Bunte Steine* berühmt geworden. Hauptfigur und Ich-Erzähler ist ein Landvermesser – sehr anders als jener von Franz Kafka –, der eine „fürchterliche Gegend" kartografieren soll.

Nicht daß Wildnisse, Schlünde, Abgründe, Felsen und stürzende Wässer dort gewesen wären – das alles zieht mich eigentlich an –, sondern es waren nur sehr viele kleine Hügel da, jeder Hügel bestand aus nacktem, grauem Kalksteine, der aber nicht, wie es oft bei diesem Gesteine der Fall ist, zerrissen war oder steil abfiel, sondern in rundlichen, breiten Gestalten auseinanderging und an seinem Fuß eine lange, gestreckte Sandbank um sich herum hatte.[10]

Mit seinen Helfern hat der Geometer auf Leiterwägen Geräte und Instrumente in dieses unwegsame Stück Land gebracht. Stifter kannte viele der Messgeräte aus Kremsmünster, seinen naturwissenschaftlichen Studien und aus Friedrich Simonys präzisen Aufzeichnungen zur Vermessung der Gebirge.

Da ging es nun an ein Hämmern, Messen, Pflöckeschlagen, Kettenziehen, an ein Aufstellen der Meßtische, an ein Absehen durch die Gläser, an ein Bestimmen der Linien, Winkelmessen, Rechnen und dergleichen. Wir rückten durch die Steinhügel vor, und unsere Zeichen verbreiteten sich auf dem Kalkgebiete. Da es eine Auszeichnung war, diesen schwierigen Erdwinkel aufzunehmen, so war ich stolz darauf, es recht schön und ansehnlich zu tun, und arbeitete oft noch bis tief in die Nacht hinein in meiner Hütte. Ich zeichnete manche Blätter doppelt und verwarf die minder gelungenen. Der Stoff wurde sachgemäß eingereiht.[11]

Die *vermessene* Welt. – Es ist viel darüber gerätselt worden, wo diese Kalködnisse liegen könnten. Vermutungen gehen dahin, dass es eine Gegend rund um Gosau am Fuß des Dachsteins gewesen sein könnte, vielleicht auch im Toten Gebirge. Aber im Grunde ist es nicht entscheidend, es zu wissen. Es könnte auch eine in Büchern gesehene Landschaft sein – Stifter war ungemein belesen und kannte den Großteil der wichtigen Publikationen seiner Zeit, er hat zum Beispiel auch Aquarelle nach Abbildungen aus Bildbänden gemalt. Es könnte auch der Spielplatz für die Sprach- und Bildfantasie eines begnadeten Dichters sein.

Der unermeßliche Regen der Nacht hatte die Kalksteinhügel glattgewaschen, und sie standen weiß und glänzend unter

dem Blau des Himmels und unter den Strahlen der Sonne da.
Wie sie hintereinander zurückwichen, wiesen sie in zarten
Abstufungen ihre gebrochenen Glanzfarben in Grau, Gelblich,
Rötlich, Rosenfarbig, und dazwischen lagen die länglichen,
nach rückwärts immer schöneren, luftblauen Schatten.[12]

Landschaft und Mensch: immer korrespondieren sie in
Stifters Erzählungen. Im *Armen Wohltäter*, der an Grill-
parzers *Armen Spielmann* denken lässt, wird das Schicksal
eines Mannes vor uns ausgebreitet, der nach missglückten
Studien, einer gescheiterten Liebe und dem Verlust seines
Vermögens sich als Pfarrer in den letzten Winkel versetzen
lässt, in bitterster Armut sein Leben fristet und zu Gotterge-
benheit und tätiger Nächstenliebe für die Kinder der armen
Kalkbrenner findet. „[…] wer leben soll, muß das Leben
kennen, das Gute und das Böse davon […]"
Ist das Resignation?
Beschönigung und Verharmlosung?
Es ist Adalbert Stifter.
Es ist sein Trotzdem.
Darum nehme ich gerne für eine kurze Rast gerade diese
Geschichte im dünnen Reclam-Bändchen mit, wenn ich in
den Kalkkaren des Toten Gebirges unterwegs bin. Wenn
man einsam geht, kann es geschehen, dass man leer wird.
Eine schöne Leere des Denkens und Wollens und Strebens.
Und dann kann man lieben. Alles, was ist. Erde. Himmel.
Menschen. Und schon wieder taucht Stifter auf, der sich
fragt, was denn der „unergründliche Werkmeister" vorge-
habt hätte mit dem „Goldkorn Mensch" im weiten Welten-
all. Und dass er nur das eine wisse, schreibt er in den *Feld-*
blumen, „[…] daß ich alle Menschen, die eine Welle dieses
Meeres an mein Herz trägt, für dies kurze Dasein lieben

und schonen will, so sehr es nur ein Mensch vermag". Stifter, der empathische Altruist. Der Liebende *aller* Menschen, da er die Liebe in seinem privaten Leben nicht fand. Oder scheint es nur so? Denn wie behutsam will er uns sagen, wie wenig wir voneinander wissen, wie schnell wir übereinander zu urteilen bereit sind.

[...] aber, siehe Titus, glaube, was du willst – – was kann denn am Ende der arme Mensch von einem anderen Neben-menschen abmalen, sich selbst vorstellen – lieben oder has-sen – als das Bild, das er sich von ihm zu machen versteht, da das Ich des andern so wüstenweit von ihm getrennt ist, wie kaum Weltsysteme, die wir doch durch Gläser aus ihrem Himmel ziehen?[13]

Wie wüstenweit entfernt sind wir vom Verständnis unseres Nächsten? Wir heute, Stifter damals? Erzählen – vielleicht lässt sich im *Erzählen* die Kluft überbrücken? Als *Erzähler* hat sich Adalbert Stifter immer definiert. Auch seine großen Romane *Der Nachsommer* und *Witiko*, die im Erstdruck in jeweils drei Einzelbänden erschienen, versteht er als *Erzählung*. Und unterscheidet sich dadurch bewusst vom Romancier, wie es Walter Benjamin auf allgemeiner Ebene in seinem philosophischen Essay *Der Erzähler* ausführt – eine Tradition, die Christoph Ransmayr in der Gegenwart polyphon und grundsätzlich fortsetzt.

Mit den ersten Sätzen hat sich der Erzähler von der un-endlichen Zahl aller Möglichkeiten einer Geschichte ge-löst und sich für eine einzige, für seine Möglichkeit ent-schieden, und hat unter allen möglichen Schauplätzen, Zeiten und Personen, seinen Platz, seine Zeit, seine Gestalt gefunden. Jetzt, endlich, quält es ihn nicht mehr, daß der ungeheure Rest der Welt unausgesprochen, unerzählt an ihm vorübertreibt. Denn er hat seine Geschichte begonnen, seine einzige, unverwechselbare Geschichte und entdeckt in ihr nach und nach alles, was er von der Welt weiß, was er in ihr erlebt, erfahren und vielleicht erlitten hat.[14]

Das Ich des anderen zu verstehen: Welch mitreißende Versionen hat uns Stifter in seinen Erzählungen angeboten. In *Brigitta*, dieser atemraubenden, mit größter Scheu und Raffinesse erzählten Geschichte um die Liebe zwischen einem schönen begehrten Mann und einer hässlichen jungen Frau, kommt es nach langen Irrwegen zu einem guten Ende. Öfter jedoch misslingen die Versuche, ist es zu spät und vergeblich. Etwa in der *Narrenburg*, in *Prokopus*, die beide in der Ruine Scharnstein spielen, die Stifter gut kannte. Nur ein einziger Blick kann die lange, verborgene Entwicklung zweier Menschen, die sich lieben, offenbaren: „Das versprochene Glück ist nicht gekommen." Ein Satz, ein Leben. Ein Meisterstück.

Ein Meisterstück bleibt bis heute auch die Erzählung *Der Pförtner im Herrenhause*, die Stifter später *Turmalin* nannte und in die Sammlung der *Bunten Steine* aufnahm: Ein begehrter Schauspieler verführt eine junge Frau, Mutter eines kleinen Mädchens, der Ehemann würde verzeihen, die Frau verschwindet jedoch, taucht nie mehr auf. Zwei Jahrzehnte später setzt die Handlung wieder ein: In der Kellerwohnung eines Herrenhauses leben ein älterer, dürrer Mann und seine Tochter, die einen Wasserkopf hat, nie ans Tageslicht kommt, auf einer Leiter steht und durch das verschmutzte Maschengitter die Schritte der Vorübergehenden verfolgt, die Stiefel der Männer, die Spitzenunterröcke feiner Damen, die vier

Beine eines Hundes. Wenn der Vater unterwegs ist, um mit seinem Flötenspiel ihren mageren Unterhalt zu verdienen, hält er das Mädchen, das schon an die zwanzig Jahre alt sein dürfte, an, zu schreiben: „Beschreibe den Augenblick, wenn ich todt auf der Bahre liegen werde und wenn sie mich begraben", und wenn das Mädchen fragt, was es sonst noch schreiben solle, meint der Mann: „So beschreibe, wie deine Mutter von ihrem Herzen gepeinigt, in der Welt herumirrt, wie sie sich nicht zurückgetraut, und wie sie ihrem Leben ein Ende macht." Stifter, der Mit-Leidende am Los der Verlorenen. Unerreicht seine Kunst, erschütterndes Geschehen knapp und kunstvoll ineinander zu verschlingen und es in das Sozialpanorama seiner Zeit einzubetten. In meinem Mansardenzimmer denke ich dem Mann und dem Mädchen „mit dem großen Haupte" nach. Nehme sie mit in die Tage, die kommen.

Auch in der Erzählung *Katzensilber* aus den *Bunten Steinen* misslingen alle Versuche um ein tiefes Verständnis und werden dadurch zum Beginn nachfolgender Tragik. Es ist die schmerzvoll verschlüsselte Geschichte des wilden „braunen Mädchens", um das sich eine gutsituierte Familie liebevoll um Integrierung bemüht und das schließlich doch im Nichts verschwindet: „Sie sahen das Mädchen über die Sandlehne empor gehen, und sahen es seitdem nie wieder." Die quälende Frage bleibt, was das Mädchen aus seinem alten, dunklen und fremden Leben in das neue, hellere mitgenommen hat und „wie hat es seinen Schmerz, den es sich in der neuen Welt geholt hatte, in seine alte zurückgetragen [...]"
Fragen, die bleiben.
Für Stifter zugleich tragische Prophetie.
Die Erzählung hat einen autobiografischen Hintergrund. Um die Weihnachtszeit 1851 war die Ziehtochter Juliane

Mohaupt, eine Nichte Amalies, spurlos verschwunden. Zwei Wochen lang wurde die noch nicht ganz Elfjährige gesucht und schließlich gefunden. Als sie achtzehn war – sechs Jahre nach Abfassung von *Katzensilber* – lief sie nach mehreren anderen Versuchen neuerlich weg. Erst nach einem Monat, im April 1859, wurde ihre Leiche bei Mauthausen aus der Donau geborgen. Ein Schock, ein Schmerz, den Stifter nie verwand. Stifters Bitte an Juliane war schon nach dem ersten Weglaufen vergeblich gewesen. In das Exemplar der *Bunten Steine*, das er ihr 1853 geschenkt hatte, hatte er als Widmung geschrieben: „Wenn du einst von dem Guten weichen wolltest, so lasse dich durch diese Blätter bitten, es nicht zu tun." Auch die letzten Worte der Erzählung blieben unerfüllt: „[…] wenn dem Mädchen nur recht recht viel Gutes in der Welt beschieden wäre."

Es gab eine zweite Ziehtochter, Josefine.

1858 wurde sie krank und wollte nach Hause.

Zwei Wochen vor Juliane starb sie an Tuberkulose.

Stifters Frau Amalie holte eine dritte nach Linz.

Sie nahm sie als Dienstmädchen.

Stifter unbeteiligt zu lesen, ist mir nur als Schülerin gelungen, als er Lehr- und Lernstoff war. Manches schien mir damals langweilig, manches unverständlich und meist ging es mich nichts an. Längst kann ich ihn nicht mehr lesen, ohne erschüttert zu sein. Oder zu staunen. Verzaubert zu sein. Meist alles zusammen.

Spricht er von Entfremdung, wie die Moderne sie versteht?

Er tat es, ohne sie so zu benennen.

*

An schönen Sommertagen kann ich von meiner Mansarde aus mit dem Fernglas die Menschen sehen, die sich am höchsten Punkt des Großen Priel um das neue Gipfelkreuz scharen. Manche werden vom Klettersteig des Nordostgrates gekommen sein, der als einer der schwierigsten und längsten der Alpen gilt. Abends blitzt das Stahlkreuz noch einmal kurz auf, bevor es in der Dämmerung versinkt. Schatten breiten sich über das Tal, die Wälder erdunkeln. Oft sind wir auf diesem Gipfel gestanden, W. und ich, das eine oder andere Mal auch mit einem unserer Kinder. Alles Land liegt einem zu Füßen, vom Böhmerwald bis zum fernen Kranz der Hohen Tauern, die Hügel und Ebenen des Alpenvorlandes, die sich zur Donau hinziehen, und direkt unter uns erstreckten sich die karstigen Kalkwüsten des Toten Gebirges, zu denen Adalbert Stifter einst mit seinen Freunden vom Almsee aus aufgebrochen ist. *Ein* Berg, ein einziges Massiv, fesselt im weiten Rund den Blick, ein majestätischer Felsblock mit aufstehenden Hörnern, einer Krone gleich, eingerahmt vom blendenden Weiß der sanft zu Tal ziehenden Gletscher – viele meinen, es sei der schönste Berg landauf, landab: der Dachstein.

Der Dachstein ist für Adalbert Stifter das Inbild eines Berges. Viele Male hat er ihn aus der Ferne als leuchtendes Zeichen beschrieben, über Jahrzehnte hin blieb er ihm eine wiederkehrende Verlockung, die schließlich zu unvergänglicher Literatur wurde: Zunächst in der Erzählung *Der Heilige Abend,* die später in *Bergkristall* umbenannt und in die *Bunten Steine* eingefügt wurde und in der der Dachstein zum Schicksalsberg zweier Kinder und zum Anlass der Versöhnung zweier verfeindeter Dörfer wird. Während ihres verzweifelten Herumirrens durch den überraschend hereingebrochenen Schneesturm, finden Sanna und Konrad im

Eis des Gletschermundes etwas, was sie noch nie gesehen hatten:

In der ganzen Höhlung aber war es blau, so blau, wie gar nichts in der Welt ist, viel tiefer und viel schöner blau als das Firmament, gleichsam wie himmelblau gefärbtes Glas, durch welches lichter Schein hineinsinkt. Es waren dickere und dünnere Bogen, es hingen Zacken, Spitzen und Troddeln herab, der Gang wäre noch tiefer zurückgegangen, sie wußten nicht, wie tief, aber sie gingen nicht mehr weiter.[15]

Das zweite Beispiel von Stifters Dachsteinfaszination ist der an die achthundert Seiten starke Roman *Der Nachsommer,* der bis heute als Stifters bedeutendstes Werk gilt. In ihm wird das vergletscherte Kalkmassiv zum Forschungsgebiet seiner jungen Hauptfigur Heinrich von Drendorf.

Für beide Werke war Friedrich Simony prägend. In vielfachen Brechungen hat ihn Adalbert Stifter in sein Werk eingebaut und ihm auf diese Weise ein zweites Gesicht gegeben. Simony war auf vielen Gebieten Pionier: als Gebirgs-, Gletscher-, Seen- und Höhlenforscher, als Maler, Zeichner, Fotograf und Schriftsteller. Er war ein exzellenter und mutiger Bergsteiger, ehrgeizig, polyglott und zielbewusst. Geboren 1813 in Hrochow-Teinitz in Nordböhmen – ungefähr in der Mitte zwischen den Gütern des Fürstenehepaares Karl Max und Mechtilde von Lichnowsky und jener der Karl-Kraus-Freundin Sidonie Nadhérny von Borutin – war er um acht Jahre jünger als Stifter und kam aus noch bescheideneren Verhältnissen: Sein Vater war unbekannt, seine Mutter starb früh, auch er ging als wissenshungriger Halbwüchsiger nach Wien. Durch die Gunst von Erzherzog Ludwig erhält er eine Sondergenehmigung, um die fehlenden Gymnasialjahre nachzuholen und an der Universität naturwissenschaftliche Studien zu betreiben. 1840 ist er zum ersten Mal im Dachsteinmassiv unterwegs, zwei Jahre später auf dem Gipfel und im Dezember 1842 macht er die aufsehenerregende erste Winterbegehung. Er publiziert unter anderem in der Wiener *Zeitschrift für Kunst, Literatur, Theater und Mode* die Erfolge seiner Expeditionen, fügt weitere hinzu und wird 1851, mit achtunddreißig Jahren, erster Ordinarius für Erdkunde an der Wiener Universität. Wie Stifter verstand er sich als Aufklärer, beseelt vom Wunsch, durch die Synthese von Wissenschaft und Poesie nach dem Vorbild Alexander von Humboldts eine breite Wirkung auf die Weiterbildung des Volkes erzielen zu können.

Kennengelernt haben sich Adalbert Stifter und Friedrich Simony 1844 im Hause des Staatskanzlers Metternich, der in seinen glanzvollen Soireen die geistige Elite Wiens versammelte. Stifter war damals der Hauslehrer für Metternichs Sohn in Mathematik und hatte leichten Zugang zu diesen Gesellschaften. Die Veröffentlichungen Simonys hatte Stifter mit größter Aufmerksamkeit gelesen. Er sah sich selbst als „Art Naturforscher", war ein passionierter Sammler, zeichnete Pflanzen und Gesteine, um ihre „Wesenheit" zu ergründen und versuchte in seinen Aquarellen die Besonderheiten von Landschaft, Wind und Wetter einzufangen.

Hallstatt 1845. Hier kommt es zu einer neuerlichen, folgenschweren Begegnung. Eine fast apokalyptische Vorstellung: sie treffen sich, vielleicht zunächst zufällig, auf dem dunkel-düsteren Friedhof der katholischen Kirche am steilen Berghang. Die Totenköpfe des Karners mögen ihnen bewusst gewesen sein als wissenschaftliches Zeugnis der Vergänglichkeit alles Lebens. Frau Amalie Stifter ist unpässlich, sie trennen sich bald. Die beiden Männer verabreden sich für den nächsten Tag zu einer Wanderung ins Echerntal. Während des Gehens erzählt Simony lebhaft von seinen Expeditionen, vom Zauber der Gletscher, vom Fortschritt der Messgeräte, von den Herausforderungen des Unbekannten in großer Höhe. Die intensiven Gespräche sowie die unmittelbare Nähe und Anschauung des Gebirges beflügeln die Vorstellungskraft des Dichters Adalbert Stifter. Simonys mündliche und schriftliche Erkenntnisse finden kurz darauf in literarischer Verfremdung Eingang in Stifters Werk, zum Teil als fast wörtliche Zitate. Andererseits kopiert Simony deutlich Stifters Sprache. 1851 treffen sich die beiden zum letzten Mal in Wels, aber der engere Kontakt ist längst abgebrochen, auch der Briefverkehr ist eingeschlafen. Sie haben sich nicht wiedergesehen. Simony macht große Karriere in der Metropole Wien, Stifter hat sich in die Linzer Provinz zurückgezogen und verliert sukzessive an Ansehen. Trotz der Ernennung zum Schulrat hat er permanente Geldsorgen und Schulden, verkauft seine Verlagsrechte, gibt mit Freund Johannes Aprent und mit enthusiastischem Bildungswillen für das einfache Volk das *Lesebuch zur Förderung humaner Bildung* heraus, das 1855 vom Ministerium jedoch abgelehnt wird. Er erhält noch den Franz-Josephs-Orden, aber sein Nervenleiden und seine Depressionen nehmen zu. Er hat Angstzustände. Sein Leberleiden macht sich schmerzhaft bemerkbar, er geht wiederholt auf Kur. 1865 lässt er sich frühpensionieren. Auf Betreiben von Freunden wird ihm der Titel Hofrat verliehen.

Das Verhältnis Stifter-Simony galt bisher als Freundschaft – jüngste Forschungen haben jedoch die zunehmende Distanzierung in den Mittelpunkt gestellt.[16] Sie dürfte nicht unwesentlich von einer Art Eifersucht begleitet worden sein: Denn auch Friedrich Simony hielt sich zum einen für einen

Poeten, zum anderen dürfte ihn die deutlich erkennbare Verwendung seiner Person und seiner wissenschaftlichen Erkenntnisse in den Werken Stifters irritiert, zumindest befremdet haben.

Endlich, nach wochenlangen Stürmen, rissen die düsteren Wolkenschleier, das Flockengewimmel im nebeldurchtobten Reich der Lüfte hatte aufgehört und die Sonne schaute jetzt von neuem auf das unermeßliche Leichentuch der entschlummerten Erde in ihrem winterlichen Glanze hernieder. Die Federwolken, welche sich noch hie und da hoch über der Berge Silberkronen spannten, verschwanden allmählich im weiten Ätherraum und des Himmels reinstes Blau überwölbte wieder den Seekessel von Hallstatt.[17]

Ist das Simony? Ist es Stifter? Es ist Simonys Beschreibung seiner ersten Winterbegehung des Hallstätter Gletschers, früher Karleisfeld genannt, von der ihm alle, auch die Einheimischen, als viel zu gefährlich abgeraten hatten. Diese Winterexpedition unternimmt, ebenfalls unter Warnung der Ortsansässigen, auch Heinrich von Drendorf im *Nachsommer* und erweitert sein Forschungsgebiet nach Simonys Vorbild auf Bodenbeschaffenheit, Gesteinsformationen, Moränen und Gletscherbrüche sowie auf Messungen von Temperatur, Luftdruck und Feuchtigkeitsgehalt, sogar auf die ersten Tiefenmessungen des Hallstättersees.

Aber ich will nicht kleinkrämerisch sein.

Nicht erkunden, wer was von wem und wie …

Ich möchte Stifter lesen.

Diesen unergründlichen *Nachsommer*-Roman mit seinen stillen Sensationen und den unterschwelligen Abstürzen, dieses Buch einer berührenden Männerfreundschaft zwischen

Drendorf und dem väterlichen Freund und Lehrmeister Freiherrn von Risach sowie der Verschränkung zweier unvergesslicher Lebens- und Liebesgeschichten. Ich will zurück in dieses „Land ob der Enns", in die „Allmählichkeit" einer friedvollen Landschaft und fleißiger Menschen, die hier werken, Erfolg haben oder scheitern und in ihren Bemühungen den Antagonismus Natur – Kultur in eine Ganzheit zu verwandeln trachten. Ein Land, „wo sanfte Hügel mit mäßigen Flächen wechseln, Meierhöfe zerstreut sind, der Obstbau gleichsam in Wäldern durch das Land zieht, zwischen dem dunkeln Laube die Kirchtürme schimmern [...] und das blaue gezackte Band der Hochgebirge zu erblicken ist." Möchte mich aufs Neue verlieren in dieser stupenden Langsamkeit des Erzählens, in der man viele, viele Seiten auf ein Gewitter warten muss, das dann doch nicht kommt, und in der ein Liebespaar erst gegen Ende des dicken Romans das Geheimnis seines Lebens preisgibt. Und ich möchte von der Glückseligkeit lesen, die einen erfassen kann, wenn man auf einem Gipfel steht.

[...] ich stand auf der zuweilen ganz kleinen Fläche des letzten Steines, oberhalb dessen keiner mehr war, und sah auf das Gewimmel der Berge um mich und unter mir, die entweder noch höher mit den weißen Hörnern in den Himmel ragten, und mich besiegten, oder die meinen Stand in anderen Luftebenen fortsetzten, oder die einschrumpften und hinab sanken, und kleine Zeichnungen zeigten, ich sah die Täler wie rauchige Falten durch die Gebilde ziehen und manchen See wie ein kleines Täfelchen unten stehen, ich sah die Länder wie eine schwache Mappe vor mir liegen [...] Alles schwieg unter mir, als wäre die Welt ausgestorben, als wäre das, daß sich alles von Leben rege und rühre, ein Traum gewesen.[18]

Der *Nachsommer* erschien 1857. Da wurde das Dachstein-massiv gerade erst erkundet und Hallstatt, die keltische Salz-Metropole, war ein kleiner Ort mit jahrtausendealter Tradition in Bergbau und Flussschiffahrt, mit weitverzweig-ten Handelswegen auch zu Land und mit internationalen Beziehungen. Wäre Stifter heute in Hallstatt unterwegs, würde er Hals über Kopf flüchten. Heute ist Hallstatt der Mini Mundus des oberösterreichischen Salzkammerguts, längst nicht mehr es selbst, ist wie zu seiner eigenen Kulisse nachgebaut, ab-geschaut und ab-gegriffen von Augen und Händen Hunderttausender Touristen, alles Eigene in Handy-fotos abgewandert, es braucht keinen Nach-Bau mehr in China oder sonst wo, hier ist schon die begehbare Hülse selbst. Arglos und gierig wird in die Häuser gegangen und gestöbert: Wo sind die kleinen, dunklen Küchen, ist das Ding, das *Kachelofen* genannt wird, noch warm und kann die Rückwand eines Hauses tatsächlich nur der blanke Fels sein ...?

Und als Hubert von Goisern – was kein Adelstitel, wie eine deutsche Besucherin seiner Konzerte vermutete, sondern der Name des Nachbarortes ist – den Vorschlag machte, am Ortseingang von Hallstatt eine Informationstafel in englischer und chinesischer Sprache aufzustellen mit dem höflichen Hinweis, dass in diesen Häusern Menschen mit ihren Familien und Berufen leben und keine Museumswärter oder Attrappen für die Neugier weltweiten Fremdenver-kehrs, dass die Besucher gebeten würden, die Privatsphäre dieser Menschen zu respektieren, antwortete ein führendes Gemeinderatsmitglied: „Na, des moch ma net, dann kommt ja neamt mehr her!"

Wie ein früher Kommentar zum Beginn solcher zerstöre-rischen Auswüchse lesen sich Stifters Überlegungen:

Wie überhaupt der Mensch einen Trieb hat, die Natur zu besiegen, und sich zu ihrem Herrn zu machen, was schon die Kinder durch kleines Bauen und Zusammenfügen noch mehr aber durch Zerstören zeigen, und was die Erwachsenen dadurch dartun, daß sie die Erde nicht nur zur nahrungssprossenden machen, wie der Dichter des Achilleus so oft sagt, sondern sie auch vielfach zu ihrem Vergnügen umgestalten, so sucht auch der Bergbewohner seine Berge, die er lieb hat, zu zähmen, er sucht sie zu besteigen zu überwinden, und sucht selbst dort hinan zu klettern, wohin ihn ein weiterer wichtigerer Zweck gar nicht treibt.[19]

An heißen Sommertagen sind W. und ich früher gerne an den Hallstättersee gefahren und mit den Paddelbooten über das tiefgrüne Wasser gezogen, Stille um uns, glitzerndes Licht. Die Waldhänge, die sich zum Krippenstein, einem Vorberg des Dachsteins, hinaufziehen, waren schwarzgrün und steil. Arnold Lobisser, der Bräuwirt von Hallstatt und weithin gesuchter Instrumentenbauer, geht in den Wintermonaten in diese Wälder, um das richtige Holz zu schlagen für den Bau seiner Violinen, Celli und Bassgeigen. In den kleinen Steinbuchten des gegenüberliegenden Seeufers haben wir immer Rast gemacht – Stifter hätte einen in Äther gekühlten Wein bei sich gehabt –, haben die Wildenten und die tiefliegenden Schwalben beobachtet und durch die Tunnellücken der Umfahrungsstraße von Hallstatt die Reisebusse gesehen, die gestanden und gestanden sind in endloser Reihe und nicht weiterkonnten, da alle Parkplätze am Ende des Ortes längst besetzt waren. Seit einigen Sommern fahren wir nicht mehr hin. Oft ist die Zufahrtsstraße schon am späten Vormittag für jeden Verkehr gesperrt.

*

42

Der Große und der Kleine Priel sind in Wolken verborgen. Es regnet. Im Gebirge wird es schnell kalt. Die Mauern des Austraghauses sind aus großen Kalksteinen gefügt. Im Erdgeschoß sind sie beinahe einen Meter dick und speichern gut die Wärme eines vergangenen Sommertages. Aber die Fenster der beiden Mansardenzimmer sind undicht, der Ausbau unter dem Dach ist schlecht isoliert und die Feuchtigkeit kriecht durch die Ritzen des Holzes. Die Kühe stehen reglos und eng aneinandergedrängt mit ihren Kälbern unter dem großen Birnbaum, der keine Früchte mehr trägt. In einem der nächsten Gewitterstürme wird er bersten. Ich habe mir eingeheizt und lese Stifter.

In der kurzen, relativ unbekannt gebliebenen Meistererzählung *Zuversicht* stehen sich in den Kriegswirren nach der Französischen Revolution ein Vater und dessen Sohn plötzlich als Feinde gegenüber. In Notwehr erschießt der Sohn seinen Vater und daraufhin sich selbst. Diese Begebenheit wird von einem alten Mann, der davon gehört hat, einer Gruppe von Zuhörern erzählt. Der letzte Absatz lautet:

Da die Stunde der Trennung gekommen, sagten sie sich schöne Dinge, gingen nach Hause, lagen in ihren Betten und waren froh, daß sie keine schweren Sünden auf dem Gewissen hätten.[20]

Adalbert Stifter ist ein Menschenkenner.

Ein „Menschenmaler" sei er, sagt er.

Er wirft uns solche Sätze hin wie: „Meine Sünde ist menschlicher als deine Tugend!", „[...] eines Tages wird er fortgehen und ein Held werden, wie sie sagen, das heißt, er wird Menschenblut vergießen, wie die anderen, ohne um den Grund zu fragen [...]", oder: „O wie entsetzlich, wie ein furchtbar Raubthier ist der Mensch!!" Er knüpft das Netz über den Abgründen und versucht, dennoch den Himmel darüber leuchten zu lassen. Seine Revolte ist subtil. Sie stellt der Fragwürdigkeit menschlichen Tuns sowie dem verhängnisvollen Gang der Geschichte – „in Europa wächst der Haß" – alles entgegen, was er hat: die Unvergleichlichkeit seiner Sprache, eine beharrliche Menschenliebe, eine messerscharfe Charakterzeichnung und nur manches Mal die ungebrochenen Tröstungen der Natur. Die Tragödien seiner Figuren bettet er in Erhabenheit, um erstere ertragen zu können. Die bis an die Grenze des Erträglichen gehende und vielfach kritisierte Friedlichkeit des *Nachsommers* habe er, wie er an seinen Verleger Heckenast quasi in einem Rundumschlag schreibt, wahrscheinlich der „Schlechtigkeit willen" entworfen, „die im Allgemeinen mit einigen Ausnahmen in den Staatsverhältnissen der Welt in dem sittlichen Leben derselben und in der Dichtkunst herrscht. Ich habe eine große einfache sittliche Kraft der elenden Verkommenheit gegenüber stellen wollen. Was Wunder, daß die Verkommenheit stutzt, ja erzürnt ist." Als später Aufklärer und Nachfahre Pestalozzis sowie als ein auf den Boden der Realität gestellter Romantiker, versucht er im Zeitalter der Brüder Grimm und der aufkommenden Populärwissenschaften die Volksschulen bis in den letzten Winkel seines Landes zu reformieren, er gründet eine Realschule in Linz, verfasst mit Johannes Aprent ein bahnbrechendes Werk zur Förderung humaner Bildung, das abgelehnt wird, sehnt sich nach eigenen Kindern, was ihm verwehrt bleibt, sein Adoptivkind geht in den Tod. Bleibt tief drinnen der Kleinbauern- und Leinenweberbub aus den Moldauwäldern, beseelt, begabt, bereit für den Aufstieg, aber dennoch nie wirklich die Selbstverständlichkeit der Erfolgreichen lebend. Bleibt immer zweifelnd und schwermütig, sich selbst überschätzend oder sich zu gering achtend. „Es ist nur ein liebliches Phantom, es ist nur ein Kartenhaus […]", schrieb er einst an Fanny Greipl. Die Liebe meinte er damit und ebenso den Glauben an eine festgefügte Position in einer Gesellschaft, die ohne ihn weitermacht. Im Satyrspiel der *Nachkommenschaften* zerreißt der Maler schließlich alle seine Aquarelle, der Schriftsteller verbrennt alle seine Schriften.

Stifters äußeres Leben ist arm an großen Einschnitten. Sein Lebenskreis bleibt auf Böhmerwald, Wien, Linz und sein geliebtes „Land ob der Enns" beschränkt. Seine kurzen Reisen führen ihn nach Ungarn, Prag, Triest, den Rigi in der Schweiz. Seine große Liebe hat er verloren, seine Ehe ist geblieben und nur in einem Nebensatz sagt er, „wie scharf einsam" er geworden sei. Er hat gesucht, gelernt, die Pocken überlebt, ein wenig herumstudiert, hat in Salons verkehrt, hat gemalt, geforscht, ist Volksschulinspektor, Landeskonservator und schließlich pensionierter k.k. Hofrat geworden, ausgezeichnet mit dem Ritterkreuz des Franz-Joseph-Ordens. Hat als Schriftsteller Erfolg, gegen Ende seines Lebens wird er vergessen, erntet Unverständnis und Ablehnung. Schreibt seiner Frau von Liebe, flieht jedoch beständig die häusliche Enge, ist rast- und ruhelos, stirbt schwerkrank und mit Hilfe seiner entschlossenen, seiner zitternden Hand.

Ist das ein ereignisloses Leben?

Welchen Kosmos hat er daraus gemacht.

Welch ein Spiegelkabinett der menschlichen Seele. In den Verwerfungen seines Lebens bleibt die Natur zwar seine Lehrmeisterin und haltversprechende Konstante – aber auch sie kennt Gewalt und Katastrophen, Schneestürme, Gewitter, Hagel und Felsstürze. Seine harmonisierenden Figuren, die dem schönen Schein der Biedermeierzeit entsprechen, haben ihren Kontrast in den Schicksalen von Grenzgängern, Außenseitern, Verlassenen und Verlorenen. Was Thomas Mann dazu veranlasste, in ihm einen aufregenden, „alle Augenblicke ins Extreme, man kann schon sagen: ins Pathologische" vorstoßenden Erzähler zu sehen und auf den „Gegensatz zwischen Stifters blutig-selbstmörderischem Ende und der edlen Sanftmut seines Dichtertums" hinzuweisen. Der Dramatiker Friedrich Hebbel fand ihn todlangweilig, Nietzsche großartig, Rilke höchst lesenswert. Er wurde verkannt und erkannt, verurteilt und gewürdigt, die zeitlos verzaubernde Schönheit seiner Sprache gepriesen und die vermeintliche Antiquiertheit seines Stils der Modernität vieler seiner Ansichten gegenübergestellt. Nach dem Zweiten Weltkrieg kritisiert Arno Schmidt Stifters gesellschaftspolitisches Weltbild als asozial, Johann Lachinger reiht ihn in die Zeitströmungen des Skeptizismus und des Weltschmerzes eines Lord Byron ein, Leopold Federmair gibt seinem Buch den Titel *Adalbert Stifter und die Freuden der Bigotterie*, Christian Schacherreiter sieht in ihm einen, der die enormen Gefahren einer von Gott und Geist „befreiten", auf Materialität und Biologie reduzierten Welt erkannte und liest sein Werk als oft verzweifeltes, elementares Ringen um die Rettung der Menschenwürde. Walter Benjamin liebt die „beglückende Breite der Stifterschen Prosa" und Ilse Aichinger stellt ihn in die Reihe von James Joyce und Joseph Conrad, die ihre Worte aus dem Schweigen geholt hätten, „dem einzigen Ort, aus dem sie zu holen sind", und entdeckt in ihm einen, der Angst hatte, „mehr Angst als die meisten anderen, genug Angst. Genug Angst haben, daran erinnerte ich mich. Das war eine frühe Forderung. Und da war er, da war er endlich wieder, einer, der genug Angst hatte."[21]

Adalbert Stifter ist ein Rätsel geblieben.

In den überlieferten Nachlassblättern fanden sich staunenswerte Aufzeichnungen Stifters, die heute für seine Zeit und lange vor Sigmund Freud als beispiellose, verblüffend frühe Erkenntnisse pränatalen Erlebens gelten. Die Wissenschaft hat sie erst Ende des 20. Jahrhunderts durch hochtechnisierte Messungen und Untersuchungen als gesichert nachgewiesen. Nur wenige Tage vor seinem qualvollen Tod schreibt Adalbert Stifter einen Text, den er *Mein Leben* nennt und in dem er sich in einer Vorrede entschuldigt, dass er so persönlich von diesem Leben erzähle. Denn Verwunderung sei ihm alles gewesen, vom kleinsten Sandkörnchen, das wir nicht ergründen können, über die Erscheinungen der Erde bis zur Unermesslichkeit des Kosmos. „Wir nennen das alles die Welt und heißen sie das größte Wunder. Aber auf den Dingen der Welt ist noch ein größeres Wunder, das Leben. Wir stehen vor dem Abgrunde dieses Rätsels in Staunen und Ohnmacht."

Weit zurück in dem leeren Nichts ist etwas wie Wonne und Entzücken, das gewaltig fassend, fast vernichtend in mein Wesen drang und dem nichts mehr in meinem künftigen Leben glich. Die Merkmale, die festgehalten wurden, sind: es war Glanz, es war Gewühl, es war unten. Dies muß sehr früh gewesen sein; denn mir ist, als liege eine sehr weite Finsternis des Nichts um das Ding herum.
Dann war etwas anderes, das sanft und lindernd durch mein Inneres ging. Das Merkmal ist: es waren Klänge.
Dann schwamm ich in etwas Fächelndem, ich schwamm hin und wider, es wurde immer weicher und weicher in mir, dann wurde ich wie trunken, dann war nichts mehr.

*Diese drei Inseln liegen wie feen- und sagenhaft in dem
Schleiermeere der Vergangenheit, wie Urerinnerungen eines
Volkes [...]*[22]

Wie ließe sich der Umriss eines Menschen fassen? Aus seinen
Schriften? Seinen Handlungen? Mit dem Ohr des Atems,
wie der Lyriker und Schattensäumer Ludwig Hartinger sagt?
Stifter selbst gibt in *Mein Leben* ein frühes Bild. Er sitzt als
kleines Kind auf dem breiten Fensterbrett des Elternhauses,
fühlt den Sonnenschein und hebt zu lesen an: „Burgen, Nage-
lein, böhmisch Haidel." Und sieht, was draußen vorgeht und
sagt sehr oft: „Da geht ein Mann nach Schwarzbach, da
fährt ein Mann nach Schwarzbach, da geht ein Weib nach
Schwarzbach, da geht ein Hund nach Schwarzbach, da geht
eine Gans nach Schwarzbach." Schwarzbach ist der Nach-
barort. In diesen Zeilen liegt der ganze spätere Stifter. „In
meiner Erinnerung", schreibt Stifter zu Ende seiner Kind-
heitsaufzeichnungen, „ist lauter Sommer, den ich durch das
Fenster sah, von einem Winter ist von damals gar nichts in
meiner Einbildungskraft."
Der Winter kam erst später.

*

Wie ein aufgespannter Bogen steht die Milchstraße in sternen-
klaren Nächten zwischen den Bergen. Der Kleine Wagen
scheint über dem Gipfel des Großen Priel Rast machen zu
wollen und die Venus leuchtet verführerisch über dem Salz-
steig, der auf uraltem Säumerweg vom Steyr-Ursprung über
das Tauplitzplateau des Toten Gebirges ins Steirische hin-
überführt. In solchen Nächten gehe ich ein Stück von den
Lichtern des Tourismusbetriebes fort und in die Dunkelheit

der weiter entfernten Weiden. Die Rinder liegen im Gras und käuen wieder, man hört nur ihr zeitweises Schnaufen. Die alte Dörrhütte, in der in meiner Kindheit noch die Birnen zu *Kletzen* getrocknet wurden, ist zu einem Ferienhaus umgebaut. Aber es ist derzeit niemand da. Ich gehe noch ein Stück, lehne mich an einen alten, bemoosten Zwetschkenbaum und schaue lange in die Nacht.

Die Nacht mit ihrem Sternenmantel zog vorüber, leise schreitend, ob sich junge Herzen des vorhergegangenen Tages erfreut hatten oder ob alte wieder um einen näher dem Tode waren – sie zog vorüber, und rückte sachte Stern nach Stern gen Westen, bis sie endlich am Saume ihres Kleides im Morgen jenen lichten grauen Schleier emporhob, an den sich dann der Tag heftet; schon umgeben von den tausend und tausend luftigen Bildern der Freude, die sich heute zu den sterblichen Menschen gesellen werden, und den tausenden und tausenden der Leiden, die sie heimzusuchen bestimmt sind.[23]

Am Morgen packe ich alle meine Bücher und Aufzeichnungen in große Taschen. Werde noch staubsaugen, die Fenster schließen, mich von Erna, der Altbäuerin, die mir in vielen Jahren zur Vertrauten wurde, verabschieden. Mittags werde ich nach Hause fahren. W. wird mich erwarten. In knapp zwei Stunden bin ich bei ihm.

Jetzt bin ich stark genug, um noch, bevor ich die klemmende Haustüre versperre, die *Narrenburg* aufzuschlagen und Stifters langen Blick in das Geschick und die Geschichte zu ertragen. Für mich ist es eine erbitterte, seine böseste Stelle. Worte, vor denen wir gerne flüchten.

– – aber da rollt die Welt um eine Axe, sie rollt auch gerade-
aus fort in's Ungeheure, und alle Menschenherzen mit, und
alles geht fort, fort .... fort .... immer, immer!! wohin? – wir
wissen es nicht; aber rollen muß das ungeheure, das unent-
hüllbare, das unerbittliche Schicksal, das wissen wir, und
millionenmal Millionen haben mitgearbeitet, daß es fort
rolle, und sie vergingen, sie wurden weggelöscht, sie wurden
ausgetilgt aus dem Gedächtnisse der Jahrtausende – – und
es ist gut so, daß es geschah; es ist eine entsetzliche, eine
aberwitzige Lüge, wenn Trümmer und Reste eines Men-
schenlebens übrig bleiben, daß man sein gedenke, daß man
sich einbilde, es bestehe noch etwas von ihm, und daß man
eine erbärmliche Liebe an diesen Lappen fortfriste. – Was
Bilder, was Monumente, was Geschichte, was Kleid und
Wohnung und jede unmittelbare Spur des Dahingegangnen –
wenn das Einzigste und das Allste, sein Herz dahin ist!! – –
Ich bitt' euch, werfet alles nach, helft tilgen jedes Gräschen,
das sein Fuß berührte, damit die Welt wieder jungfräulich
sei, und nicht getrübt und beschmutzt von dem nachzie-
henden Afterleben eines Gestorbenen – und daß nicht Andere
kommen, und gedankenlos zu Alltagskram zerschneiden,
was einst an s e i n e m Herzen lag, und nun mit Schmer-
zen an dem euern liegt; gebt es lieber dem reinen, dem gol-
denen, verzehrenden Feuer, daß nichts bleibe als die blaue
Luft, die er geathmet, die wir athmen, Billionen vor uns ge-
athmet, und die doch so unverwundet und glänzend über
dir steht, als wäre sie eben gemacht, und du thätest den er-
sten, frischen, erquickenden Zug daraus. Dann aber schlage
die Hände einen Augenblick vor deine Augen, weine, so tief
du willst, und wirf dann auch sein Andenken aus deinem
Herzen, springe auf und greife zu an der Speiche, und hilf,
daß es rolle und rolle ...., bis auch du nicht mehr bist, andere

dich vergaßen, und auch ihr Theil sich abquälen, daß das
Schicksal rolle – – .... und so weiter, und so weiter.[24]

***

MECHTILDE LICHNOWSKY

WALTER BENJAMIN

Die Wege von der Sonne in die Nacht
MECHTILDE LICHNOWSKY, WALTER BENJAMIN
Côte d'Azur und Côte Vermeille

Auf die wunderbare Rettung der Wunderbaren

Als dich die Flut uns entriß,
nie in der Welt noch war
so viel Wasser und doch
nicht so viel Wasser als wir
Thränen um dich vergossen hätten [...][1]

Karl Kraus ist der Autor dieses Gedichts, Mechtilde Lichnowsky ist die „Wunderbare", an die es gerichtet ist. Es war ein heißer Tag im August 1921 an den Ufern der Moldau, als sie glaubte, den Tod zu erleben, zu ertrinken in den Strudeln einer beginnenden Schlucht und sie von Karl Kraus daraus gerettet wurde. Sie war eine Fürstin, aber als Schriftstellerin tilgte sie den Adelstitel aus ihrem Namen. Sie und ihr Mann, Karl Max von Lichnowsky aus altem deutsch-böhmisch-schlesischem Adel, waren einst ein glamouröses Paar, verarmt und vereinsamt starb sie 1958 in London. In den 1920er und frühen 1930er Jahren war sie eine der anerkanntesten deutschen Dichterinnen, ihre Bücher erreichten vielfache Auflagen, sie publizierte in renommierten Verlagen, von Rowohlt, Kurt Wolff bis zu Bermann-Fischer und S. Fischer. Die Nationalsozialisten verboten 1936 die Auslieferung ihrer Werke und stellten sie 1939 unter Polizeigewahrsam. Nach

53

1945 konnte sie nicht wieder an ihren Ruhm anschließen. Sie schrieb Romane, Theaterstücke, Gedichte, ein Marionettenspiel, Kinderverse, essayistische Prosabücher und zahlreiche Beiträge für Zeitungen und Zeitschriften. Sie komponierte für Karl Kraus die Melodien zu seinen Nestroy-Abenden und zeichnete Karikaturen für die *Fackel*. Hielt Vorlesungen in Wien und Berlin, und Erich Kästner fügte sie zusammen mit Ricarda Huch und Annette Kolb in das literarische „Dreigestirn" seiner Wahl. Sie stand zwischen dem Feudalismus des 19. Jahrhunderts und der Zersplitterung der Moderne, nahm die Genderfragen der Gegenwart voraus und war in ihren Büchern eine der großen Liebenden zu Mensch, Kreatur und deutscher Sprache. Heute ist sie, außer vermehrt in Germanistenkreisen, vergessen. Die Hoffnung besteht, dass die vierbändige Gesamtausgabe ihrer Werke im Sommer 2022 im Zsolnay Verlag ein neues Interesse an dieser Autorin von europäischem Rang bewirken könnte.

In ihrem bewegten Leben zwischen Bayern, Böhmen, Mähren, Berlin und London wählte Mechtilde Lichnowsky auch ein Dorf an der Côte d'Azur zu ihrem Wohnort: Cap d'Ail.

Fast zehn Jahre lebte sie an der französischen Riviera, ehe sie 1939 nicht mehr dorthin zurückkommen konnte – die Gestapo hatte ihr die Ausreise aus Deutschland verboten, als sie zufällig bei Ausbruch des Zweiten Weltkrieges in München zu Besuch war.

Hier, in Cap d'Ail, an diesem malerischen Ort, der unmittelbar an das Fürstentum Monaco anschließt, wollen wir sie suchen.

Côte d'Azur: Wie verlockend sind die Urlaubs-Assoziationen allein zu diesem Wort. Wie leicht wäre es, sich der Schönheit dieser Landschaft zu ergeben. Sie birgt jedoch auch andere Bilder als Meer und Bucht und Sonne – hier haben Menschen vor nicht allzu langer Zeit zunächst Zuflucht und wenig später verzweifelt einen Fluchtweg vor Verfolgung gesucht. Ihr Schicksal soll nicht vergessen werden. Darum wird unsere Reise von Cap d'Ail aus über Antibes nach Sanary-sur-Mer, der „Hauptstadt des Exils" in den 1930er Jahren gehen, wo einst auch Lichnowskys Name auf der Tafel der Emigranten verzeichnet war und seltsamerweise heute nicht mehr ist. Und anschließend noch weiterreisen über Marseille, Montpellier und Perpignan bis an die französisch-spanische Grenze, nach Banyuls, von wo aus ein Dichter auf der Flucht versuchte, sein Leben auf einem abenteuerlichen Pyrenäenübergang in die Freiheit zu retten: Walter Benjamin.

Benjamins Tod, genauer bezeichnet mit dem verstörenden Wort „Selbstmord", auf der spanischen Seite in Portbou erschüttert bis heute. Der „Engel der Geschichte", sein berühmtestes literarisches Bild, stand hilflos im Sturm, sah die Trümmerhaufen der historischen Katastrophen sich vor ihm auftürmen und konnte ihm nicht helfen. Walter Benjamin ist zum Symbol für die vielen tödlichen Fluchtversuche vor den Häschern Hitlers geworden. Sein schwieriges, aufrüttelndes Werk zwischen Philosophie, Geschichte und Poesie ist seit den 1970er Jahren kanonisiert und fasziniert unvermindert.

*

Cap d'Ail liegt an felsigen Ufern, die letzten Ausläufer der Alpes Maritimes sinken hier in das Meer. Kleine Sandstrände haben sich in den Buchten gebildet, junge Leute leben der Liebe, spielen Musik, lachen in das ununterschiedene Blau von Meer und Himmel. Cap d'Ail ist ein langgezogener Ort mit einer belebten Durchgangsstraße, denn hier ist die Côte d'Azur, hier ist Massentourismus und gleich nebenan spielt sich der Luxus Monte Carlos ab, dieser wuchernden Trutzburg von Reichtum und irregeleitetem Lebenstraum.

Der Hafen von Cap d'Ail macht diesen Karneval des Kapitals noch mit. Hier übertrumpft ein Motorboot an modernster Technik-Raffinesse das nächste, reiht sich Jacht an Jacht in immer monströseren Dimensionen, an Deck servieren livrierte Diener mit weißen Handschuhen, es klirren die Champagnergläser. Aber dann sperren Felsrippen das Treiben, es wird verschwiegener, und langsam finden die Buchten von Cap d'Ail in die Normalität sommerlichen Lebens zurück.

Nach Südfrankreich kam Mechtilde Lichnowsky bald nach dem Tod ihres Mannes, der 1928 auf Schloss Kuchelna im nordmährischen Hultschiner Ländchen an einem Schlaganfall gestorben war. Es fiel ihr nicht leicht, das sanfte Hügelland an der schlesisch-polnischen Grenze zu verlassen, dessen Grundstrukturen sie an die Romane Adalbert Stifters erinnerten. Sie liebte das erste Grün des Frühlings und die kleinen Hyazinthen, die aus der Erde brachen, liebte den Sommer mit den reifenden, goldenen Feldern und dem Gesang der Lerchen darüber, auch den späten Oktober, wenn sich die Natur dem Ende des Jahres zuneigt und die Blätter der Ahornalleen mit sanftem Rascheln zu Boden taumeln.

Aber die Schlösser von Kuchelna und Grätz waren nicht länger ihr Zuhause. Der Tod des Fürsten Karl Max – manche schreiben Carlmax – bedeutete eine drastische Zäsur in Mechtilde Lichnowkys Leben. Das Erbe des riesigen Vermögens an Häusern, Schlössern, Ländereien sowie allen übrigen Einkommen ging nach alter Tradition an den ältesten Sohn Wilhelm. Fortan war sie zurückgesetzt auf eine Jahresrente von 1 500 Englischen Pfund und den Erlös ihrer Bücher. Immerhin reichte ihre Barschaft für den Kauf der Hälfte einer Villa mit großem Garten in Cap d'Ail, die einem Bekannten gehörte, der teilen wollte. Mechtilde war geplagt von Arthritis und suchte warme Winter, mildes Klima.

Und Ruhe zum Schreiben.

1930er Jahre. Die Zeit von Adolf Hitlers Aufstieg.

Im Süden von Frankreich ist noch Frieden.

Wenn sie aus bösen Träumen aufschreckt, geht sie ans Fenster. Lange steht sie da und horcht dem Schlagen der Wellen gegen die Uferfelsen zu. Sie braucht diesen Trost des Meeres. Im Kopf hämmert das Schreigebell des Mannes, dessen Namen auszusprechen sie sich weigert, das Hassgebell, sie hat kein anderes Wort dafür. Sie geht ans Klavier, ist auf den Ton von Beethoven und Schuhmann gestimmt.

In der Villa des Fleurs, ihrer Blumenvilla, entsteht zwischen 1929 und 1939 der Großteil ihrer wichtigsten Romane. Sie wurden hier begonnen, abgeschlossen oder in den Grundzügen konzipiert: unter anderem die Erfolgsromane *An der Leine, Kindheit, Delaïde* und *Der Lauf der Asdur* sowie der essayistische Band *Worte über Wörter,* möglicherweise sogar die Tragödie *Gespräche in Sybaris.*

Das Haus war aus Felsen gebaut, wie sie 1930 an Adolf Loos in Wien schreibt, sie habe es „durch Operationen, Farbenmassage und Injektionen nach meinem Geschmack zu etwas Möglichem" umgestaltet, „und zwar ohne Architekten, nur mit musikalischen Maurern und Malern, die vom Keller zum Dach seit Monaten singen und pfeifen" – eine seltene Briefstelle, die über Cap d'Ail Auskunft gibt.

Es mag Zufall gewesen sein oder auch ein tieferer Entschluss, sich an der Côte d'Azur nicht in den berühmten Orten anzusiedeln, sondern in einem Dorf, das nicht den Klang von Nizza, Antibes oder St. Tropez hatte. Vielleicht hat ihr auch das Wort „Cap d'Ail" gefallen, das Knoblauchkap, das auf ein bäuerliches Hinterland schließen ließ, auf regen Handel mit den agrikulturellen Gütern, die auf den heißen Hängen über dem Meer keine reiche, aber eine besonders geschmackvolle Ernte gaben. Lichnowsky war sprachbegabt, beherrschte fließend Französisch und Englisch und verfasste einen Teil ihrer frühen Schriften in diesen Sprachen, sie konnte Italienisch, wahrscheinlich auch Tschechisch für den Alltag, denn die Schlösser in Grätz und Troppau sowie ein Großteil der Ländereien lagen seit 1919 in der Tschechoslowakei, Kuchelna wurde dem Kreis Ratibor in Oberschlesien zugeteilt. Sie war, wie Karl Kraus, eine passionierte, fast manische Sprach- und Grammatik-Forscherin, alle ihre Werke kreisen auch um diese Thematik. In ihrem beispiellos mutigen Band *Worte über Wörter*, über den noch zu reden sein wird, schreibt sie in der Einleitung, dass, wenn es ihr gelungen sein sollte, die Liebe zur Sprache zu wecken, „eine Liebe, die wie jede wahre Liebe sehend und selig macht und nicht blind", dann hätte sie ihr Ziel erreicht.

Cap d'Ail war damals schon nicht mehr das Fischerdorf, das es ursprünglich wohl gewesen war. Die riesigen fashionablen Hotels der Belle Époque zeugen noch heute vom Aufschwung und von der Attraktivität der südfranzösischen Küstenorte. Heute heißen die Hotels Eden Palm, Eden Residence und Chamballa, manche sind in Apartment-Hotels für die Hautevolee umgebaut, alle sind mit Schranken und Videokameras elektronisch gesichert. An anderen Fassaden bröckelt der

Putz, verstauben die Gärten und verdursten die Palmen an der Hauptstraße.

Monaco ist nahe, aber Mechtilde Lichnowsky dürfte sein Flair nicht gesucht haben. Sie hatte das turbulente Leben in Reichtum und Luxus hinter sich, die Bälle und Gesellschaften, die Empfänge und Repräsentationen auf den mährischen Schlössern, im Berliner Palais in der Buchenstraße Nr. 2 und von 1912 bis 1914 in London, als ihr Gatte Botschafter des Deutschen Kaiserreiches war. Sie war eine gute und gesuchte Gastgeberin, schön, charmant, gebildet, Mutter dreier Kinder, Herrin einer großen Dienerschaft, Pferdeliebhaberin, gute Zuhörerin und anpassungsfähige, interessierte Gesprächspartnerin. Der deutsche Kaiser Wilhelm II. und der Hochadel waren zu Gast bei Lichnowskys, Politiker, Diplomaten, Musiker und Schriftsteller, und in London hatte man King Georg V., George Bernhard Shaw und Rudyard Kipling auf ihren Soiréen gesehen.

W. und ich haben hoch über Cap d'Ail Quartier genommen. Ein Apartment, das uns die Möglichkeit gibt, die Hotelroutine zu vermeiden und für uns zu sein. Es liegt im ersten Stock eines freundlichen Zweifamilienhauses, das auf einer künstlich geschaffenen Terrasse in die steilen Hänge der Alpes Maritimes gebaut ist. Vor unserem großzügig bemessenen Wohnraum mit einem Plattenspieler und vielen Frank-Sinatra-Schellacks stehen Tisch und Sessel auf einem Balkon, dessen Aussicht berückend ist. Über uns die Berge, tief unter uns das Meer. Silberner Schild, geklopft in rippigem Muster. Zypressen schmiegen sich ineinander, hoher Bambus wiegt sich im Wind. Duft von wilden Kräutern weht von den Hängen her.

Schöner könnte es nicht sein.

Ich spreche fließend viele Sprachen,
die niemand lehrt, die nie verbanden Ohr und Mund,
die tausendsilbig, nie der Syntax Nachen
gesteuert über Denkens Flutengrund. [...]

Unhörbar klar, wie die Sekunden
entrinnen Ton und Sinn
aus feenzungenzarten Munden.
Beglückt von mir verstanden geht's dahin,
spricht Marmor mit den Kieseln,
Azur zum Firmament
spricht Wiesel zu den Wieseln
Opal zum Element,

spricht Käfer, Blume, Biene,
Tau, Stern, Baum, Horizont;
kein Wurm verzieht die Miene,
ich hab' sein Wort gekonnt.[2]

Ein frühes Gedicht Mechtilde Lichnowskys. Eines der vielen Zeugnisse von Humor und zugleich der Allverbundenheit mit der Natur, mit der sie ein lebenslanges Gespräch führt.

Überraschend ist, dass sie in ihren Büchern nie konkret über Cap d'Ail schreibt. Nie über die mediterrane Landschaft, auf die sie blickt, nie über Meer und alle Verführungen südlicher Sirenen. Als ob sie diese Welt vor den Augen der anderen schützen, sie ganz für sich behüten und sie nicht zum Kunstwerk machen will, das reproduzierbar wäre, wie es Walter Benjamin als Zeichen der Moderne festhielt. Vielleicht gingen auch wichtige Manuskripte 1945 auf der Flucht vor den Russen verloren. Sie rückt den Sessel an ihrem Schreibtisch in der Villa des Fleurs zurecht, die Mandelbäume sind längst verblüht, während im Norden noch Winter ist, die Wellen brechen sich am Lavagestein und sie schreibt über ihre bayerische Kindheit, über mährische Schlösser, Tändeleien junger Mädchen in adeligen und großbürgerlichen Salons und vierspännige Kutschenfahrten durch den Schnee zu diesem oder jenem Empfang. Einmal nur in diesen Jahren wählt sie Florenz als Ort der Handlung. Unter der glänzenden Fassade ihrer Geschichten bekommen die Gebäude Risse, stürzen die Mauern eines ganzen Gesellschaftssystems ein, schreibt sie dem Alten seinen Abgesang, dem Neuen stellt sie unbequeme Fragen. Dennoch haben – außer *Worte über Wörter*, das vom Terror des Dritten Reiches überschattet ist – die Bücher aus diesen Jahren ihres Lebens an der Côte d'Azur einen gelasseneren, lebensfreudigeren Ton als die frühen, noch dem Expressionismus nahestehenden Publikationen: „Ich will alles, geben, nehmen, ich will lachen, ich will was erfinden", legt sie der jungen Delaïde, die in einer erkalteten Ehe lebt, in den Mund, „nur eins will ich nicht: Befehlen oder regieren und was dazu gehört." Oskar Loerke nannte den Roman „eines der schönsten Bücher schreibender Frauen".

Die Sonne zieht ihre Bahn über unseren Balkon, der Mond steigt über den Zypressen auf.

Die Uhr auf dem Kamin schlägt Mitternacht und wir reden über diese Fürstin, die zwar ihren Status genoss, aber eigentlich nichts anderes wollte, als Schriftstellerin zu sein und sich in Künstlerkreisen zu bewegen. Wir lesen in ihren Büchern und in den Schriften über sie[3], denn Lichnowskys eigene Werke sind schwer und fast ausschließlich antiquarisch zu erwerben, oft zu hohen Preisen. Der einzige Band, den es zur Zeit unserer Rechercherreise frei im Handel gab, war der Roman *Geburt. Liebe, Wahnsinn, Einzelhaft*, den Evelyne Polt-Heinzl 2008 im Wiener Löcker Verlag neu herausgegeben hat und für dessen kühne Erzählkonstruktion sie in ihrem Vorwort außer mit Robert Musils *Mann ohne Eigenschaften* nichts Vergleichbares findet.

Geboren wurde Mechtilde Lichnowsky 1879 als Mechtilde Christiane Marie Gräfin von und zu Arco-Zinneberg auf Schloss Schönburg im Wiesental der Rott, einem Flüsschen, das im südöstlichen Bayern in den Inn mündet. Sie war eines von neun Kindern der gräflichen Familie, eine ihrer Vorfahrinnen war Kaiserin Maria Theresia, was ihr selbst jedoch kaum einer Erwähnung wert war. Sie wuchs als Landkind auf, wenngleich streng von Gouvernanten und privaten Hauslehrerinnen und -lehrern geleitet und überwacht. Es blieb dennoch genügend Raum für ihre leidenschaftliche Zuneigung zu Tieren, Pferden, Hühnern, Katzen und ganz besonders zu Hunden, sowie zu allem, was im Park und in den Wiesen und Wäldern wuchs und sich tummelte, Gräser, Blumen und Bäume, Würmer, Kröten, Larven, Insekten und Vögel. Schon früh fiel die extreme Beobachtungsgabe auf, mit der das Mädchen alle verblüffte – eine Gabe, die später Lichnowskys Literatur so reich und farbig machen wird. Die Kinder badeten in der Rott und der Vater briet Mitgebrachtes am offenen Feuer. Mit zwölf war die Idylle zu Ende, sie kam in die strenge Klosterschule des Sacré Coeur von Riedenburg in Vorarlberg. Hier wurde sie, wie es für adelige Mädchen üblich war, im Sinne der Vorbereitung auf die Ehe erzogen und gedrillt, was auch den elterlichen Zukunftsvorstellungen für die Töchter entsprach.

Gefördert wurde nur das außerordentliche musikalische Talent Mechtildes, ein wenig ihre zeichnerische Begabung. Ihre Lesewünsche hingegen waren engstirnig eingeschränkt, erlaubt war nur Heiter-Harmloses, jedoch nichts, was den Maximen der katholischen Kirche widersprach oder auf deren Index stand. Klassiker wie Balzac, Goethe, Tolstoi, Dostojewski hätten ihr die Augen öffnen können, notiert sie später, sie durfte sie jedoch nicht lesen, während ihren Brüdern alles offenstand. Im Roman *Kindheit* beschreibt sie aus der Distanz von vierzig Jahren ihr Heranwachsen bilderreich und liebevoll, und nur unter heiterem Anstrich sind die Repressionen zu spüren. In ihren großen gesellschaftspolitischen Romanen hingegen geht sie offen mit den veralteten, bigotten Erziehungsprinzipien, die jede Eigenverantwortlichkeit junger Mädchen systematisch knüppelten und sie zu passiven, ahnungslosen Geschöpfen machten, hart ins Gericht. „Es gibt Tage, an welchem man sein Los, sein Geschlecht, sein Dasein verflucht, weil man so sicher, so unwiderlegbar sicher ist, daß man alles falsch gemacht habe", schreibt sie 1936 im Roman *Der Lauf der Asdur*.

Als junges Mädchen hatte sie sich in den Militärattaché der britischen Gesandtschaft in München, Ralph Harding Peto, verliebt und sich heimlich mit ihm verlobt – er war in den Augen der Eltern nicht standesgemäß und sie wurde 1904 mit dem um neunzehn Jahre älteren Karl Max Fürst von Lichnowsky verheiratet. Die Kapriolen des Schicksals, wenn man denn daran glauben wollte, fügten es, dass sich die ehemals Jungverliebten fast vierzig Jahre später, als sie beide um die sechzig waren, wiedertrafen, sich auf einem Londoner Standesamt trauen ließen und in Cap d'Ail kurze, vielleicht glückliche Jahre verbrachten.

Durch die Heirat mit Fürst Lichnowsky steigt Mechtilde in die Hocharistokratie auf. Sie führt fortan ein reiches, kosmopolitisches Leben, reist viel, unter anderem nach Ägypten, Italien und Spanien, letzteres sogar 1907 mit dem Automobil, was zur damaligen Zeit einem Abenteuer glich. Karl Max konnte es sich leisten, ein Autoenthusiast zu sein: 1914 kauft er einen Benz 21/50 PS in der Sonderanfertigung der Karosseriebaufirma Josef Neuss, ein bewundertes Unikat. Seine Großzügigkeit ermöglicht es seiner Frau, sich als Mäzenin und spendable Geldgeberin einen Namen zu machen, sie sammelt Bilder von Franz Marc, Oskar Kokoschka, der sie portraitiert, Chagall und Picasso, sie unterstützt junge Autoren wie Johannes R. Becher, der noch als späterer Kulturminister der DDR einen bewegten Dankesbrief an die Tochter schreiben wird, als er 1958 von Mechtildes Tod erfährt. Sie versucht, eine finanzielle Hilfsaktion für Rainer Maria Rilke zu organisieren, mit dem sie eine langjährige Brieffreundschaft verbindet und der permanent in Geldnot ist. Es kommt darüber zum Streit zwischen Rilkes Verlegern. Ludwig Wittgenstein, der bahnbrechende österreichische Philosoph und selbstloseste Erbe eines großen Vermögens, rettet die Situation, indem er Rilke 20 000 Österreichische Kronen überweist. Eine Summe, die er auch dem darbenden Dichter Georg Trakl zukommen lässt, der angeblich den Betrag in plötzlicher Panik am Bankschalter nicht abholen konnte und für den sein Mentor Ludwig von Ficker die Summe auf ein Bankkonto überweisen ließ.

Karl Max Fürst von Lichnowsky war ein interessanter Mann. Er war als Diplomat in Stockholm, Konstantinopel, Dresden, Bukarest und Wien gewesen, führte seine Güter vorbildlich, schrieb als Privatmann politische Artikel in demokratischen Blättern und wurde 1912 als deutscher Botschafter nach London berufen. Seine Tätigkeit in den Jahren bis 1914 wurde jedoch selbst von der Nachwelt nicht gebührend gewürdigt: Er riet zu Mäßigung und versuchte einen Kriegseintritt Deutschlands zu verhindern. Sein letztes, bemerkenswertes Telegramm an Kaiser Wilhelm II. ist in der Flut der Dokumente zum Kriegsausbruch untergegangen. Es schließt mit den prophetischen Worten: „[…] und die gehorsamste Bitte auszusprechen, unsere Haltung einzig und allein von der Notwendigkeit leiten zu lassen, dem deutschen Volke einen Kampf zu ersparen, bei dem es nichts zu gewinnen und alles zu verlieren hat." Daraufhin wurde er von London abberufen und entlassen. Sein Privatdruck von 1916 mit dem Titel *Meine Londoner Mission 1912–1914* wurde durch eine Indiskretion an die Öffentlichkeit gebracht und sogar ins Englische übersetzt – als Folge verlor Lichnowsky seinen Sitz im Preußischen Herrenhaus und war fortan persona ingrata. Das Ehepaar zog sich nach Kriegsende mit den Kindern auf die Schlösser von Grätz und Kuchelna zurück, die seit dem Versailler Frieden in der neu gegründeten Tschechoslowakei beziehungsweise im oberschlesischen Polen lagen.

Es gibt viele Fotografien aus dieser Zeit. Kaum je ist Karl Max darauf zu sehen, oft jedoch Mechtilde im Kreis von Freunden. Niemals lachend. Immer verschlossen, ernst, fast abwehrend. Kein Lächeln um ihren Mund, keine Heiterkeit in den Augen. Die Bilder zeigen Feste und Treffen auf den Schlössern Böhmens ringsum, die in den 1920er Jahren – offensichtlich unberührt von den veränderten politischen und sozialen Machtverhältnissen – kulturelle Zentren waren: Kuchelna und Grätz bei Lichnowskys, Pottenstein/Potštejn bei Mary Dobrženský und Janowitz südlich von Prag bei

Sidonie Nádherný, der klugen, lebenslangen Gefährtin von Karl Kraus. Es war ja auch Kraus gewesen, der an jenem Augusttag des Jahres 1921 bei einem ausgelassenen Badeausflug an die Moldau Mechtilde vor dem Ertrinken gerettet hatte, ein Erlebnis, das beide noch enger aneinanderband. Ob es ein kurzzeitiges Liebesverhältnis wurde oder hätte werden können, bleibt offen. Es steht uns auch nicht zu, darüber zu mutmaßen, sagt W., und ich gebe ihm recht. Und schlage jenes Gedicht auf, das Karl Kraus im April 1921 schrieb und das für Sidonie gedacht gewesen sein dürfte, es allerdings im Juli für Mechtilde abschrieb und ihr von Pottenstein aus schickte:

Du seit langem einziges Erlebnis

Du seit langem einziges Erlebnis
außer dem was ich mir selbst ersonnen,
unerfaßlich nahes Neubegebnis,
das von altersher zu Schlaf geronnen –

Wie du bang erwartet an mich blitzest
lieblich spielst du am Bewußtseinsrande,
bannst mich, ehe du mich ganz besitzest,
bald erkannt in jeglichem Gewande! [...][4]

Die Beziehung Lichnowsky – Kraus war über viele Jahre hinweg intensiv gewachsen, bis 1928 war er jeden Sommer, später sporadisch, zu Gast auf den Lichnowsky-Schlössern. Er beauftragte sie, die Musik für seine Nestroy-Abende zu komponieren, veröffentlichte in der *Fackel* ihre Karikaturen, es gab regsten Gedankenaustausch und die meisten Wiener Kritiker waren überzeugt, dass mit der Figur des Schriftstellers Matthias Lanner, den sie als „klein und kostbar, traurig-ernst" beschreibt, im rätselhaften Roman *Geburt. Liebe, Wahnsinn, Einzelhaft* Karl Kraus gemeint sei. Ein wochenlanges Getuschel darüber hielt die Szene in Atem, wobei man geflissentlich die böse Ironie von Lichnowskys Gesellschaftskritik übersah und ebenso die Modernität ihrer stilistischen Mittel. Der Roman erschien 1921 und erlebte bis 1926 sieben Auflagen. Wahrscheinlich war Kraus selbst indigniert, er hat Lichnowsky zwar in der *Fackel* verschiedentlich plagiiert, jedoch als eigenständige Schriftstellerin im Grunde totgeschwiegen und keineswegs gewürdigt.

Zwischen den Eheleuten Lichnowsky scheint nach den wenigen erhaltenen Zeugnissen eine große gegenseitige Achtung das Bindeglied gewesen zu sein. Etwas, das ein 14- oder 15-Jähriger nicht erahnen konnte, denn Golo Mann, der als Schulfreund des jüngsten Lichnowsky-Sohnes Michael oft auf Kuchelna zu Gast war, erinnert sich, dass die Ehe zwischen beiden in den späteren Jahren „freudloser nicht hätte sein können".

Mancherlei gab es, was sie verband. Mechtildes Liebe zur Musik zum Beispiel, die Karl Max teilte und die eine Familientradition war: Seine unmittelbaren Vorfahren waren bedeutende Förderer von Mozart und Beethoven gewesen. Durch ihren Mann, schreibt sie, habe sie auch ein grundlegendes Verständnis für Politik und ein Sensorium für Ideologien erhalten. Es wird sie hellsichtig für die Entwicklung des Naziregimes machen. Als ihr Mann 1928 stirbt, ist ihr dieses Jahr „ins Nichts gefallen", es bedeutet den „großen Riß in meinem Leben".

Von Liebe zueinander spricht sie nie. Im Roman *Geburt* heißt es: „Ist es nicht an der Zeit? Die Liebe muß neu erfunden werden." Die Entfremdung zwischen den Menschen ist Mechtilde Lichnowskys großes Lebensthema. Es wird bereits im Roman *Der Stimmer* von 1917 zum Hauptmotiv und zieht sich bis in ihre letzten Aufzeichnungen von 1958 im Band *Heute und Vorgestern*. Weder die Musik, die jenseits aller Worte liegt, noch die Verbundenheit mit der Natur können die sprachlichen Verständigungsgrenzen und Verletzungen ungeschehen machen – die Menschen bleiben wie Marionetten an ihren Fäden hängen, wie in *Ein Spiel vom Tod*, das mitten im Ersten Weltkrieg entstand und das Max Reinhardt schätzte. Das Marionettenthema nimmt Lichnowsky auch im Roman *An der Leine* von 1930 auf, ihre erste Publikation im S. Fischer Verlag. Ein Bestseller, allerdings eher auf Grund eines Missverständnisses. Das Buch wurde irrtümlich allein als nette Hundegeschichte verstanden – das Gegängeltwerden der Menschen an der Leine eines unberechenbaren Schicksals wurde kaum beachtet.

Die Liebesbeziehungen ihrer Romane scheitern alle an der Unmöglichkeit, eine gemeinsame Sprache zwischen Mann und Frau zu finden. Scheitern an der Kälte, in der sich die Männer durch Wissen, Beruf und Erfolg wohlfühlen und in der die Frauen zugrunde gehen. Frierend stehen sie auf „Fasanenfüßen" und krallen sich ins Eis. „Seelentaub" nennt Delaïde ihren Mann und tröstet sich, wie später Marlen Haushofer oder Ingeborg Bachmann, mit den Worten: „[…] nimm es dir nicht zu Herzen, im großen ganzen bist du glücklich. Gewiß, aber wer fragt nach großem ganzem, es handelt sich im Gegenteil um das kleine Hundertstel, aus welchem in jeder Minute das tägliche Leben besteht."

*

Warme Nächte, helle Sonnentage. Kaum ein Blick in den Kalender. Wir schlendern durch einen zauberhaften Ort am Meer: Cap d'Ail. Viele Sackgassen führen Richtung Meer hinunter, sie enden bei privaten Villen. Wir nehmen den Weg durch den Parc Sacha Guitry, eine herrliche Anlage mit dichter mediterraner Vegetation. Pinienduft, Agaven, Palmen, ein blühender Seidenbaum, eine Smaragdthuje, Aleppokiefern. Motorengeräusch schneller Boote, sanfte Stufen, Vorfreude. Und dann: das offene Meer. Es liegt vor uns in der gleißenden Mittagssonne. Nie wird man müde, es zu sehen.

Jetzt.

Und bleiben.

Ein Weg wie in einer Traumsequenz: Der Sentier au Bord de Mer schlängelt sich den Buchten entlang, Saum von Blau, Schwarz und Nadelgrün. Er ist belebt von Jung und Alt, braungebrannte Körper, Sonnenbrillen, Musik, Fröhlichkeit, aufspritzendes Wasser vom Köpfler. Niedere Pinienzweige quer über den Weg. Auf einem schattigen Picknickareal mit großen Holztischen freut sich eine Kinderschar auf Cola und Prosciutto-Baguette, in einer Tauchschule wird die Unterwasserwelt der Küste angepriesen und der immer neuen kleinen Buchten scheint kein Ende zu sein. Wie menschlich, wie normal ist dieses Cap d'Ail, das nur einen Steinwurf vom monegassischen Luxus entfernt liegt.

Türkis, Cyan und Azur sind die Farben des Meeres. Wie ermattet liegt es unter der Sonne. Weißer Schaum bekränzt die vulkanischen Uferfelsen. Im Restaurant La Pinède finden wir einen Tisch am Rand der Gartenterrasse. Vom Helikopterflugplatz in Monte Carlo, der oberhalb des Jachthafens liegt, kommen von Zeit zu Zeit Maschinen über die Klippen, ihre Luftverwirbelungen hinterlassen gekräuseltes Silber auf dem Wasser. Eine Familie feiert den Geburtstag der Maman, die Töchter lachen und winken, wir prosten der Runde zu und W. macht ihr ein Familienbild. Nur Franzosen scheinen hier zu sein, in all den Tagen haben wir keine andere Sprache gehört. Die großen Ziele sind andere, berühmtere. Einst residierten Greta Garbo und Winston Churchill in den Hotels der schönsten Lagen, auf einem Cap, in einem der verträumten Parks, und Jean Cocteau hat oberhalb des Dorfes ein Freilichttheater nach griechischem Vorbild entworfen und mit Mosaiken verziert. Jetzt liegt Cap d'Ail im Windschatten der lauten Welt, war es wohl trotz einiger großer Namen auch damals, als Mechtilde Lichnowsky hier lebte. „Nur Glück *erzwingen* ist Glück", schreibt sie. Da uns niemand Auskunft geben kann, gehen wir durch die schmalen Straßen in das Zentrum zurück und fragen uns, wo ihre Villa des Fleurs wohl gelegen sein und welchen Garten sie als passionierte Botanikerin angelegt haben mochte. Vielleicht das Areal der Villa des Camélias, die heute ein Kunstmuseum ist? Auch in Cap d'Ail wuchern neue Häuser die Berghänge hinauf, wie unseres am Chemin des Costas, aber sie sind eingebettet in Gärten. Keine Hochhäuser. Schmale, steile Kurvenstraßen, die keinen Massenverkehr erlauben. Bougainvilleas ranken sich bis in die Spitzen alter Zypressen, über verwilderte Terrassen hängen die Blüten von Glyzinien zur Erde, ein Brünnlein spendet Wasser aus bemoostem Stein.

Süden.

Vergessen, was sonst ist.

*

Mechtilde Lichnowsky war zweifellos eine faszinierende Frau. Eigenwillig, exzentrisch, verschreckte ihre Umgebung auch einmal in Männerkleidung, souverän im gesellschaftlichen Umgang. Aber außenstehenden Beobachtern, ja selbst ihren engsten Freunden blieb sie ein nie ganz aufzulösendes Geheimnis. Ludwig von Ficker hielt nach einer Begegnung fest: „Weltflüchtig und ich weißnicht-wohin-flüchtig. Sie machte den Eindruck, als sei sie auf der Durchreise durchs Leben", und Hugo von Hofmannsthal notierte, offensichtlich selbst etwas verwirrt, nach einem Besuch auf einem der Lichnowsky-Schlösser: „M.L. ist doch eine zu sonderbare Frau. Dabei ist sie wirklich so sehr jemand, aber es ist wirklich kaum zu glauben, wie sich ihr Bild in der Seele aller Menschen verzerren muß, die nicht vonvornherein sie wohlwollend sehen wollen. (Zu welch letzteren ich gehöre, weil ich sie wirklich gern habe.)" Für Else Lasker-Schüler, selbst ein Paradiesvogel und bewundert von Lichnowsky, war sie die „Angorakatzenblume". „Wie gequält ist dieses arme Leben, das so systematisch um allen inneren Reichtum betrogen wird!", schreibt Karl Kraus im November 1921 an Sidonie Nádherný, mit der Mechtilde eng befreundet war. So empfand sie sich auch selbst: zerrissen zwischen ihren gesellschaftlichen Aufgaben und ihrem künstlerischen Anspruch. Die ihr übertragene Rolle spielt sie gut – im Tiefsten will sie jedoch ein anderer Mensch sein. Delaïde lässt sie lakonisch feststellen: „Ich bin nicht mehr ich selbst", und in vielen Gestalten fragt sie sich, was das *andere* Leben in uns sei. In *Geburt* klagt die Hauptfigur Isabelle, ob ihrer Rätselhaftigkeit Isis genannt und als verschleiertes Selbstportrait der Autorin interpretiert, in einem ihrer anonymen Briefe an Matthias Lanner:

O um das schöne Leben ist mir leid mit all seiner Kraft, seinem Zynismus und meinem einsamsten aller Humore./O Ein Zeichen! Ich bin der verlassenste Sträfling dieser Erde./

Liebe, Wahnsinn, Einzelhaft. Es ist ein und dasselbe in der Praxis. Und herrlich in der Idee; ja, auch der Wahnsinn; vielleicht ist Norm nur Selbstüberhebung und Menschsein eine Schande, sagen die Geister von anderen Welten, den Wahnsinnigen aufmerksamen Augs betrachtend, in der Erwartung, dass auch dieses Chaos sich formen werde.[5]

Anonyme Briefe: Schnell fällt einem dazu Stefan Zweigs berühmte Novelle *Brief einer Unbekannten* ein. Sie ist im März 1922 erschienen, nur wenige Monate nach Lichnowskys Roman, an dem sie vier Jahre lang gearbeitet hat. Trotz grundlegender Unterschiede und Motivketten liegt beiden Werken dieselbe Idee zugrunde: Eine Frau erzählt von ihrer leidenschaftlichen, unseligen Liebe, der Geliebte wird die Identität der Briefschreiberin nie oder zu spät erfahren. Eine *zufällige* Parallele? Lichnowsky ist unversöhnlicher und radikaler, Zweig weicher und konziliant-bewegender.

Kalt und mitleidlos empfanden manche Zeitgenossen und Kritiker Mechtilde Lichnowskys Literatur, vor allem ihre Menschendarstellung. Das ist sie tatsächlich in der Vielstimmigkeit und Schärfe ihrer Kritik: „Wo ich aber hinsehe, fallen mir Köpfe ins Gesichtsfeld, die unter Schirmmützen blöd euphorisch oder albernstreng die Umwelt mustern […]“. Dem Tod des Einzelnen gehe nur allzu oft das gesellschaftliche Getötetwerden voraus, schreibt sie bereits in ihrem 1915 veröffentlichten Drama *Ein Spiel vom Tod. Neun Bilder für Marionetten,* dessen Höhepunkt ein symbolischer Totentanz ist, der nicht nur den Krieg meint. Das hohle und zur Schau getragene Besserwissertum der angeblich höheren Kreise und deren Phrasenhaftigkeit karikiert sie gnadenlos in dem Band *Der Kampf mit dem Fachmann* von 1924. In allen ihren Romanen stellt sie in starken Bildern aus dem

Alltag die Schablonenhaftigkeit und Scheinmoral der adeligen und großbürgerlichen Gesellschaft bloß, der sie selbst angehörte. Ihre Vertreter nennt sie „Flächlinge", die erzwungene Liebenswürdigkeit findet sie belästigend und wenn schon die Wahrheit nicht gesagt werden darf, würde man ein schönes Gewand für die Lüge finden, um sich zu schützen.

Jahrelang war ich verstrickt in dem verzweifelten Begriff von Unhaltbarkeit mit Unentrinnbarkeit. Heute sehe ich nur mehr das Symptom für das überhäufige Vorkommen des so genannten gemein-ungefährlichen Wahnsinns; und ich ertrage ihn als Naturforscher.[6]

Das Fremde, zu Erforschende, sagt Lichnowsky, ziehe sie an, denn Gleichgültigkeit hätte noch nie Gutes bewirkt. Sie beschäftigt sich intensiv mit Physiognomie, Astrologie und Graphologie, entwirft eine Geheimsprache und Zahlensysteme, um höchste Genauigkeit zu erreichen, fühlt sich auch zu Mythologie und Mystik hingezogen. Sie war eine hervorragende Pianistin, komponierte und war eine begabte Zeichnerin. Mit den Lehren Sigmund Freuds war sie bereits 1899 in München durch Wilhelm Freiherr Schenk von Stauffenberg, einem Verwandten des späteren Hitler-Attentäters, bekannt geworden. Stauffenberg, der ein bedeutender Neurologe wurde, hatte ein umfassendes Wissen und eröffnete der jungen Mechtilde, die sich in ihrer Erziehung ein Leben lang „trostlos" zurückgehalten fühlte, die Welt der zeitgenössischen intellektuellen Strömungen. Sie suchte Kontakt zur Kunst des Jugendstils, später zur Gruppe um den Blauen Reiter, zu expressionistischen Autorinnen und Autoren, interessierte sich für zeitgenössische Musik, auch für Architektur wie dem Bauhaus in Dresden, studierte die Werke von Virginia Woolf, war eng befreundet mit dem Kreis um Karl Kraus in Wien, sie kannte wahrscheinlich auch den *Tractatus Logico-Philosophicus* von Ludwig Wittgenstein, möglicherweise in der englisch-deutschen Ausgabe von 1922. Hermann Hesse stellte sie in eine Reihe mit Robert Walser und Rainer Maria Rilke. Ein später Verehrer ihrer Werke wurde Theodor W. Adorno und von den Autoren der Gegenwart Julian Schutting und Eva Menasse. Sie starb in London 1958, als Deutschland und Österreich, das erst drei Jahre zuvor den Staatsvertrag erhalten hatte, mitten in der Euphorie des Wiederaufbaus waren.

Auf unserem Balkon der Villa Echappée hoch über Cap d'Ail reden wir über diese Schriftstellerin, von der wir bis vor Kurzem nur den Namen kannten. Wir haben Rotwein mitgebracht, Käse und Oliven, das Übliche. Die Abendstimmung senkt ihr Blaugrau über das Meer, Jachten ziehen langsam zurück Richtung Monte Carlo oder Nizza, ihre Bahnen bleiben als silberne Straßen noch eine Weile stehen. Der Meereshorizont ist ein Schleier von zartem Orange, bevor er in das milchige Weiß des Himmels übergeht. Keine Stunde schlägt. Das ferne Rauschen der neuen Zubringerstraße zur Autobahn ist die Stimme der Zivilisation, die uns nichts angeht. Der Mond steht als schmale Sichel im durchsichtig gelblich-blauen Himmel. Die Lichter von Saint-Jean-Cap-Ferrat blinken herüber. Über den Bergen steigt die Venus auf, die Zypresse, die als schwarzer Pfahl in den Nachthimmel ragt, leiht ihr ihre Spitze für eine kurze Rast. Der Pool ist erleuchtet, unentwegt sprudelt links und rechts das Umwälzwasser. Der Garten ist mit bunten Lichterketten geschmückt, die Schoßhündchen spielen Ball, rücksichtsvoll leise Musik dringt aus den Räumen, die beiden Töchter des Hauses servieren am Buffet, Freunde sind da, es wird gefeiert. Wir ziehen die Vorhänge zu und legen Frank Sinatra auf.

*

Mechtilde Lichnowsky ist eine Schriftstellerin, die in allen ihren Werken umstrittene Themen aufgreift. In der öffentlichen Wahrnehmung der zeitgenössischen Kritiker wurde sie jedoch zu ihrer tiefen Enttäuschung, ja geradezu Wut, vorwiegend entweder als feudale *Fürstin* oder als *Frau* gesehen, die halt auch schreibt. Der geringschätzige Unterton Autorinnen gegenüber war in den 1920er, 1930er Jahren immer noch en vogue und lebte nach dem Ende des Krieges munter weiter, als sie bloß als „vergnüglich plaudernde Dame" eingestuft wurde. Im Dezember 1945 wehrt sie sich gegen eine Rezension von Otto Koenig über ihr Drama *Gespräche in Sybaris* in der *Wiener Arbeiterzeitung*, erschienen in der Rubrik „Das ewig Weibliche, Belletristik von, über und für Frauen":

Ich habe mich redlich bemüht zu verstehen, was die Verbindung „Dame" und „Poesie" bedeuten könnte, doch es blieb dunkel. Soll man sich eine Art Juckergespann darunter vorstellen? Man probiere die Verbindung „herrenhafte Poesie"; Resultat: greifbarer Unsinn [...][7]

Lichnowsky war kein Einzelfall, wie die Literaturgeschichte zeigt. Der berühmte Theaterkritiker Siegfried Jacobsohn schrieb 1919 anlässlich der Aufführungen von Else Lasker-Schülers *Die Wupper* und Lichnowskys *Der Kinderfreund* überrascht: „Plötzlich prasselts Dramen von Frauen." Als

Autorin fand Lichnowsky wenige Kritiker, die ihre Literatur zu verstehen schienen und sie würdigten, wie der Erfolgsautor Emil Ludwig in seiner Rezension über den Band *Der Stimmer*. Wenn er auch nicht auf die avantgardistischen Elemente ihres Schreibens eingeht, hebt Ludwig die große Musikalität ihrer Texte hervor, „Töne, wie im Orpheus von Gluck", und hält fest: „Aber nur, wer den stille rauschenden Dingen zuzuhören sich gewöhnte, wer Tiere bescheiden zu betrachten, wer Menschen aus Gesten, Lippen und Händen zu ergründen weiß, wer in einem tiefen Sinne die Menschen demokratisch, die Erde pantheistisch fühlen lernte, wer Weltverächter ist, doch gottergeben, enträtselt mühelos Welt und Dichtung dieser Künstlerin."

In der Beschreibung der fatalen Rollenverteilung zwischen den Geschlechtern war Lichnowsky radikal und wurde eine der wortgewaltigen Kämpferinnen für Gleichberechtigung. Dennoch trat sie nie einer der organisierten Gruppierungen von Frauenrechtlerinnen bei, ebenso wenig wie Tania Blixen. Als junge, konventionell erzogene Frau hatte Lichnowsky nicht öffentlich gewagt, zu revoltieren, wie zum Beispiel Bertha von Suttner, die spätere Friedensaktivistin und Nobelpreisträgerin. Bereits ein Vierteljahrhundert früher hatte Suttner ihren Widerstand verwirklicht, indem sie heimlich ihren um sieben Jahre jüngeren Geliebten heiratete, zum Entsetzen der Familie mit ihm für viele Jahre in das ferne Georgien ging, alle Vorurteile überwand und zu einer Autorin von Weltruhm wurde. Lichnowskys Protest ist nicht im realen Ablauf ihrer Biografie abzulesen, sie legt ihn jedoch in die misslingenden Lebensgeschichten ihrer Romanfiguren, anklagend, resignierend oder ironisch: „Es ist ohnehin dumm genug, als Frau zur Welt zu kommen."

*Zwei ganz schöne Teile besitzt mein Körper – die Ohren
und die Hände. Aber – wer kümmert sich um Ohren? Wäre
ich ein Weib, ich wäre bestimmt schön. Wäre ich ein Mann,
ich hätte Geist und brauchte nicht unsichtbar zu bleiben.
Gott weiß, was ich bin, wozu ich bin und wie lange noch
[…] Ich könnte dies wohl auch im Plural sagen: ‚Wer oder
was sind wir? Wer teilte die Menschheit in Geschlechter?‘*[8]

Trotzdem wird Lichnowsky nicht plakativ. Ihre Intention ist
vielmehr, zu differenzieren und das Wesentliche zu betonen.
In ihrem Essayband *Zum Schauen bestellt*, den sie schwer
krank und dennoch diszipliniert 1953 in London zu Ende
bringt, bezeichnet sie sich ausdrücklich als „Schriftstell*er*",
denn es käme weder in der Kunst noch im Leben auf das
Mann- oder Frausein an, sondern nur auf den *Menschen*.
Alles will sie ungeteilt und ununterschieden: Fantasie, Herz,
Kenntnis, Sehnsucht, Witz, einen Duft, einen Stern, eine
präzise Sprache und vor allem: die Beurteilung des Ge-
schlechts. Was sie will ist: In uns allen das jeweilige, dein,
mein „Genie als Mensch" zu entdecken.

Die Fürstin, die sich nach der Kunst sehnt, ist eine der
großen Liebenden, im Leben und in ihrer Literatur. Un-
glücklich oft genug, was der bittere Unterton bezeugt, den
sie als Vierzigjährige in die Worte fasst: „Ich bin ein Ein-
siedler. Ein Gewand verhüllt mich. Mein Gesicht trägt eine
Maske. Ich bin stärker als der Tod, denn ich tötete mich und
konnte das überleben. […]
Ich liebe unentwegt und ich sterbe unentwegt daran."

*

Spät brechen wir am nächsten Morgen auf. Nicht nach Monaco, das dabei ist, die große Tradition von schimmernder Schönheit zu verraten.

Wir fahren nach Èze Village.

Es liegt unweit unseres Apartments noch höher oben in den Küstenbergen. Sein Pendant hat es tief unten in Èze Bord de Mer, ein sinnfälliges Zusammenspiel aus alter Zeit von Fischern, Bauern und Händlern mit den Gütern von Wasser und Erde. Èze Village ist ein Dorf, das einer Kulisse entsprungen scheint, wenn man es zum ersten Mal sieht. Wie ein Fingerzeig ragt es in den Himmel. Mauern, Tore, geduckte Häuser im Felsen eingekrallt bis hinauf zur Spitze. Steile gepflasterte Straßen für Pferd und Ochs, Herr und Knecht und vielerlei Last, gewundene Stiegen unter Pinien und Lorbeer, ganz oben krönte die mittelalterliche Burg den Felsriegel. Heute ist sie eine Ruine, die nur durch den Jardin exotique zu erreichen ist, einen artenreichen botanischen Garten mit Kakteen und anderen Wüstenpflanzen.

Über den leeren, ummauerten Gipfelplatz streicht der Wind. Unter uns schimmernde Jachten wie Spielzeuge des Poseidon.
Kobalt in den Buchten, Türkis über seichtem Strand.
Azur ohne Widerhall, Aquamarin im lichtzerstäubten Tag.

Griechische Meeresgötter gehen mir durch den Sinn und Rilkes *Duineser Elegien* über das Schöne, das wir so bewundern, „weil es gelassen verschmäht, uns zu zerstören". Einen einzigen Gott hat Mechtilde Lichnowsky beschworen. In ihrem frühen Büchlein *Gott betet* von 1918, noch während des Krieges geschrieben, lässt sie in Umkehr aller Traditionen

Gott den Menschen anbeten: „Ich beuge mein Haupt in vollkommener Liebe zu Dir, o Mensch". Später erst bereut er seine Schöpfung, klagt sich an, fragt, wer den Menschen ihre blutigen Hände gegeben habe und spricht von einem „Meer aus Angst". Es war Lichnowskys erste Publikation in der Reihe „Der jüngste Tag" bei Kurt Wolff, dem bahnbrechenden Verleger des Expressionismus, der fünf Jahre zuvor auch den ersten Gedichtband von Georg Trakl veröffentlicht hatte. Aus Lichnowkys schmalem, irrlichterndem Band, der dem „O-Mensch-Pathos" verpflichtet ist, spricht die zage Hoffnung auf eine Zukunft, die vielleicht doch lebbar wäre, auf einen *neuen Menschen*. Wie die Historie des 20. Jahrhunderts zeigt, war es eine vergebliche Hoffnung. Gottfried Benn hat dieses poetische Gebet Gottes gewürdigt, indem er es in seine berühmte Anthologie *Lyrik des expressionistischen Jahrzehnts* von 1955 aufgenommen hat.

Ob Lichnowsky je hier heroben in den Dörfern der mittleren und oberen Corniche gewesen ist, in Èze oder in La Turbie? Mit einem Pferdegespann zu Beginn, in den späteren Jahren vielleicht mit Ralph Harding Peto in einem Automobil? Gehen konnte sie schlecht, sie war geplagt von Arthritis und wahrscheinlich auch von Arthrose. Sie war zudem viel auf Reisen, wohnte bei Verwandten oder Freunden in München, Kuchelna oder Paris, sogar bei ihrem Bruder in Südafrika, da es Schwierigkeiten mit dem Mitbesitzer gab und sie zeitweise das Haus nicht betreten durfte.

Wir haben Èze Village, die Menschenmassen, die Souvenirstände und das verwirrende Angebot von Fragonard-Parfums auf dem neueren Dorfplatz verlassen und suchen uns einen einsamen Weg im Hinterland. Kommen an einer größeren

Wiese vorüber, vielleicht die einzige flache Stelle in diesen zerklüfteten Bergen. Sorgsam ist sie mit einem alten, zerbröckelten Steinmäuerchen eingefasst als Weide für Kuh und Pferd, Schafe gingen meist durchs Wilde. Die Ruine eines großen Stalls steht am Rand, ein Brunnen. Hier hat wohl das Vieh des ganzen Dorfes Nahrung gefunden. Oft betont Lichnowsky, wie sehr sie sich den einfachen Leuten verschwistert fühlt, den Bauern, Handwerkern und Arbeitern, sie wehrt sich gegen die Auffassung, dass man sie „treten" müsse, weil sie Faulenzer wären, „immer wieder treten, dann parieren sie". Geschrieben hat sie jedoch vor allem über Adelige und Großbürger, über die Reichen und Gesellschaftshungrigen. Es war die Welt, die sie kannte und die sie hinter sich ließ, noch bevor sie unterging.

Der Weg, den wir gehen, ist nicht der Chemin Frédéric Nietzsche, der das Meeres- mit dem Bergdorf von Èze verbindet. Angeblich hat Nietzsche diesen steilen Weg, der heute touristentauglich nach ihm benannt ist, geliebt. Ein Teil seines Hauptwerkes *Also sprach Zarathustra* soll „im beschwerlichsten Aufsteigen von der Station zu dem wunderbaren maurischen Felsenneste Eza" gedichtet worden sein.

Niemand sonst ist unterwegs.

Ein Schwarm Vögelchen lässt sich in einem Busch nieder, singt uns einen lustigen Chor und fliegt weiter. Von dieser Höhe aus sieht man Richtung Norden die Staffelung der Alpes Maritimes, die in bizarren Felsketten Richtung Süden abbrechen, in das Blau, das Kobalt des Meeres. Ein paar Zistrosen, Lavendel und Ginsterblüten da und dort, es ist spät im Jahr. Süden, wie er duftet nach wildem Thymian und Oregano, nach Estragon und Salbei, wie er sich heiß in die

Macchia legt und sie blühen und verdorren lässt. Süden, den wir immer suchen mit der Sehnsucht der Nordländer. Für Lichnowsky war es nicht nur diese romantische Sehnsucht, die sie den Süden wählen ließ. Sie wollte weg aus Deutschland, weg aus der Tschechoslowakei. Das alte Europa war längst zerbrochen. „Er muß Europa verstehen und lieben", sagt Matthias Lanner noch um 1920 im Roman *Geburt* über Albert Kerkersheim, der erst zwanzig war. Vielleicht, so Lanners Hoffnung, würde eine jüngere Generation aus den Trümmern ein neues Europa bauen. 1928 war dieses Europa nur mehr ein leeres Wort. In der Weimarer Republik bereitete Adolf Hitler ein „Drittes Reich" vor, im ehemaligen Böhmen und Mähren baute die neu gegründete Tschechoslowakei ihre endlich erreichte Unabhängigkeit von der österreichisch-ungarischen Monarchie auf dem Hass gegen alles Deutschsprachige auf, England und Frankreich wandten sich verstärkt ihren Kolonien zu und Russland war durch Lenin in ein neues Zeitalter katapultiert. Nach Deutschland reiste Lichnowsky immer seltener. Sie beobachtete mit Argwohn und Sorge, was dort geschah. Geschult in den dreiundzwanzig Jahren ihrer Ehe in politischem Urteilsvermögen, sah sie die Dramatik der Entwicklungen.

*

1930er Jahre. Die Mittelmeerküste Frankreichs wird zunehmend zur Zufluchtslandschaft der Emigranten. Die vernichtende Nazi-Strategie gegen Juden und Widerständige lässt die Zahl der Verfolgten aus Deutschland und Österreich von Monat zu Monat ansteigen. War die Côte d'Azur ursprünglich willkommene Küste, um Urlaub zu machen oder in fashionablen Hotels die Wintermonate zu überdauern, wie für Stefan Zweig, Lion Feuchtwanger oder Joseph Roth (auf Zweigs Kosten), ist sie nun zum Landstrich geworden, an dem verzweifelte Menschen Hilfe suchen, eine Bleibe, einen Ausweg, eine rettende Überfahrt in die Vereinigten Staaten, nach Südamerika oder anderswohin. Viele der Schriftstellerinnen und Schriftsteller kannte Lichnowsky aus früherer Zeit, Annette Kolb, Heinrich und Golo Mann, Alfred Kerr, Hermann Kesten, Kurt Wolff, René Schickele, Carl Zuckmayer und viele mehr. Sie wird sie getroffen haben – die Bahnverbindungen nach Antibes und Sanary-sur-Mer waren gut, die Entfernungen von Cap d'Ail nicht groß, selbst nach Marseille, dem westlicheren Fluchtort, war es nur eine Reise von wenigen Stunden. Durch das Verbot ihrer Bücher am deutschen Markt ab 1936 ist sie zur Emigrantin geworden. Schreiben ging zwar gut in Cap d'Ail, es waren schöpferische Jahre und ab 1937 war Ralph Harding Peto, die wiedergefundene Jugendliebe, an ihrer Seite. Aber durch Familie und Freunde war sie gut informiert über das zunehmende Terrorregime in ihrer Heimat. Und die Schatten Berlins reichten weit. Als sie zu Beginn des Jahres 1939 mit einem deutschen Schiff auf dem Weg nach Südafrika unterwegs waren, äußerte sich Peto ironisch-abfällig über das Bild Hitlers, das auf die Passagiere niedersah. Er wurde denunziert und musste das Schiff verlassen.

Armin Strohmeyer schreibt in seinem Band *Verlorene Generation. 30 vergessene Dichterinnen und Dichter des „anderen Deutschland"*, dass Lichnowsky zwar keine *verbrannte*, aber eine *verbannte* Dichterin war. Sanary-sur-Mer war eines der Zentren des Exils, hier wurden Erfahrungen ausgetauscht, Fluchtpläne debattiert, Ängste im Gespräch kleiner gehalten. Bis spät in die Nacht hinein trafen sich die Emigranten in den vielen Cafés oder auf der Terrasse des Hotel de la Tour und lasen sich aus ihren jüngsten Manuskripten vor, in dieser milden Bucht mit dem breiten Quai und den bunten Fischerbooten. Vielleicht hat Mechtilde ein paar Seiten ihres sprachkritischen Manuskriptes *Worte über Wörter* mitgebracht, in dem sie – eine letzte Hommage an Karl Kraus, der 1936 gestorben war – unter dem harmlosen Deckmantel grammatikalischer Analyse mit beispiellosem Mut die Phrasen des nationalsozialistischen Regimes bloßstellt. Gottfried Bermann-Fischer konnte es 1939 nicht mehr publizieren, er war selbst bereits 1936 nach Wien emigriert und nach dem Anschluss Österreichs weiter in die Schweiz geflohen. Sein Interimsnachfolger Peter Suhrkamp in Berlin erkannte die Sprengkraft und hielt es für zu gefährlich, das Werk zu veröffentlichen. In ihrer Isolationszeit während des Zweiten Weltkrieges führte Lichnowsky ihre Arbeit fort, sie erschien schließlich 1949 im Wiener Bergland Verlag. Da war der Krieg vorüber, der „Nachkrieg" schwierig genug und niemand wollte mehr Passagen wie jene über Adolf Hitlers *Mein Kampf* lesen:

Aus dem in widerwärtigstem Un-Deutsch geschriebenen und gedruckten Machwerk, das Millionen von Deutschen gezwungen wurden zu erwerben und Millionen mit Begeisterung und Wonne lasen, sei ein Satz gewählt, der allein hätte genügen sollen, den Autor der Lächerlichkeit preiszugeben, ihn auf immer bloßzustellen, ja, ihm rechtzeitig das Handwerk zu legen und den Garaus zu machen [...],

schreibt Lichnowsky, führt Beispiele von Hitlers leeren Sprachfloskeln an und schließt: „So schreibt der elende Wirrkopf trostlos trauriger Berühmtheit, dessen Name niemals über meine Lippen kommt."[9]

Ende August 1939 ist Mechtilde Lichnowsky in München bei ihrer Schwester Helene zu Besuch und fährt auch nach Grätz, um den Kontakt zu ihrem Sohn Wilhelm und dessen Familie nicht ganz zu verlieren. In der Nacht zum 1. September bricht der Zweite Weltkrieg aus. Von der Gestapo wird Lichnowsky die Ausreise aus Deutschland verwehrt und mit wöchentlicher Meldepflicht unter Polizeigewahrsam gestellt. Sie gilt als mehrfach verdächtig: Seit ihrer Heirat mit Peto ist sie britische Staatsbürgerin. Ihr verstorbener Mann Fürst Lichnowsky ist den Nazis ein „Novemberverbrecher". Der Reichsschrifttumskammer beizutreten hat sie sich geweigert. Sie pflegt engen Kontakt mit Menschen, die auf den Listen stehen. Ihre Bücher scheinen zweifelhaft. Seit Ende 1936 dürfen sie in Deutschland nicht mehr ausgeliefert werden, seit dem „Anschluss" 1938 auch in Österreich nicht. Der Mann ihrer Schwester Anna, Rudolf von Marogna-Redwitz, wird 1944 Mitverschwörer des Attentats auf Hitler und wird in Plötzensee hingerichtet. In diesen düsteren Jahren sucht Lichnowsky Zuflucht in der Abgeschiedenheit der mährischen Schlösser, die zwar nur mehr ein Schatten ihres einstigen Glanzes, aber dennoch im Vergleich zum Elend von Abertausenden ein Privileg sind. Wie soll man sich dieses Leben vorstellen, als Deutsche auf tschechoslowakischem Staatsgebiet zu leben, das die Deutschen durch ihren Einmarsch im März 1939 zum „Reichsprotektorat Böhmen und Mähren" gemacht haben und mit Terror besetzt halten?

Sie ist gefangen im eigenen Land. Geht schreibend in eine Art „innere Emigration", obwohl sie nicht freiwillig ist wie bei jenen, die den Terminus in Anspruch nehmen und sich damit nach 1945 rechtfertigen. Sie schreibt eine Reihe von Romanen und sprachkritischen Arbeiten, die zum Großteil unpubliziert bleiben. Sie beendet jedoch jenes Buch, das

manche für ihr politischstes halten: *Gespräche in Sybaris.*
Tragödie einer Stadt in 21 Dialogen. Es erscheint 1946 im
Wiener Gallus Verlag. Den historischen Untergang der grie-
chischen Kolonie Sybaris in Süditalien nimmt Lichnowsky
als Folie für ihre vernichtende Kritik am Naziregime, an der
Barbarei eines machtbesessenen Volkes, das die hochstehen-
de Kultur der Sybariten, Symbol für Wissenschaft, Ideen-
reichtum und Lebensfreude, auslöscht. Die Vorgeschichte
liegt weit zurück: Schon in ihren Londoner Jahren war
„princess Lichnowsky" gern gesehener Gast in einer avant-
gardistischen Künstlerrunde, die sich „Omega" nannte, von
Roger Fry geleitet wurde und der auch Virginia Woolf und
Katherine Mansfield angehörten. Möglicherweise sind in
der Einschicht Mährens diese Erinnerungen zu einem der
Vorbilder für die pazifistischen, lebenszugewandten Sybariten
geworden. Die Figur OMEGAS, des Anführers der feind-
lichen Krotoniten, wird im Drama jedoch zum Gegenpol,
sie steht für Adolf Hitler, für Brutalität, Gemeinheit, Neid,
Kriegsrecht, Eroberung, Vernichtung. Gegen Ende des Stücks
versucht Lichnowsky vorsichtig zu differenzieren:

Du weißt doch, daß wir in hundertfacher Weise doppelt
sind: Himmel und Hölle; Richter und Verbrecher; das Tier
und der Genius schlummern oder wachen in uns; das Triviale
und das Erhabene […][10]

1943 wird Kuchelna zum Lazarett, sie weicht in das Weiße
Schloss von Grätz aus, das kalt und ungenützt ist. Immerhin
noch ein Dach über dem Kopf und ein Sohn im wachsenden
Chaos. Als 1945 die Rote Armee vorrückt, flieht sie mit
Wilhelm und dessen Familie an ihren Geburtsort in Bayern.
Sie versucht, Möbel, Bilder und kostbaren Hausrat aus Grätz

und Kuchelna zu retten. Vergeblich. Die Schlösser werden, wie jene ihrer Freundinnen aus glücklicheren Jahren, Sidonie von Nádherný und Mary Dobrženský, enteignet. Erst im Mai 1946 verlässt sie Deutschland. Ihren Mann hat sie nicht wiedergesehen: Ralph Harding Peto ist bereits im September 1945 gestorben. Über die britische Botschaft kann sie nach langen Bemühungen einen Teil ihrer zurückgelassenen Manuskripte wiederbekommen. Bis zu ihrem Tod 1958 lebt Mechtilde Lichnowsky in London. Verarmt und einsam. Die Tantiemen fließen nur mehr spärlich, die Freunde sind in alle Winde zerstreut. Ihre beiden Söhne sind nach Brasilien ausgewandert, ihre Tochter lebt in Rom. Auf einem hohen, ihren Schmerzen angepassten Stuhl, schreibt sie diszipliniert an weiteren Büchern: *Zum Schauen bestellt,* 1953, *Heute und Vorgestern,* 1958. Von offizieller Stelle erhält sie manche Ehrung. Von ihrem früheren großen Lesepublikum aber ist sie bald gänzlich vergessen. Als höchst spannende, nach wie vor in vielem rätselhafte und neu zu entdeckende Schriftstellerin bleibt sie über Jahre hinaus fast nur mehr der Literaturwissenschaft bekannt.

Abends auf unserem Balkon liegt dasselbe Schauspiel vor uns wie die Tage zuvor. Im schmalen Ausschnitt der trichterförmig zusammenlaufenden Schlucht liegen klein und still und tief unter uns die Häuser von Èze Bord de Mer. Menschen werden nach Hause kommen, wie überall. In den Fenstern einer großen Jacht spiegelt sich kurz die Sonne und sendet Blinkzeichen zu uns herauf, bevor sie hinter den abfallenden Felsrippen der Alpes Maritimes verschwindet. Es gibt keinen Horizont, Meer und Himmel sind eins. Die Berghänge liegen im Schwarz, Fledermäuse sausen lautlos durch die Luft. Es ist spät und mild. Wunschlosigkeit. Fern alles, was nicht dem Augenblick gehört. Irgendwo rauscht leise der Verkehr der Welt, die Gestirne ziehen über das Firmament.

weiszt du, 1 Rausch .... an-
himmeln den Himmel die Sterne
den Mond ++++++

Friederike Mayröcker schrieb dies in ihrem Band *fleurs*.
   Es ist noch nicht lange her, dass sie gestorben ist.
   Die Villa des Fleurs haben wir nicht gefunden.
   Vielleicht war Mechtilde Lichnowsky glücklich hier.

Wochen nach unserer Rückkehr kam ein freundlicher Brief des Bürgermeisters von Cap d'Ail, Monsieur Xavier Beck, mit der Auskunft, dass die Villa des Fleurs in der heute so bezeichneten Avenue du 3 Septembre situiert war, sie zu Beginn der 1990er Jahre für den Bau einer wohltätigen Einrichtung und das neue Rathaus abgerissen wurde und nur noch ein Pfeiler des Gartentores steht.

Für den letzten Abend auf unserem Balkon haben wir einen Wein aus Banyuls gekauft. Er ist berühmt für seine Süße.
   Morgen brechen wir auf.
   Morgen beginnen wir unsere Reise an diesen Ort, wo Walter Benjamin zuletzt noch einmal hoffte.

*

„Die Konstruktion des Lebens liegt im Augenblick weit mehr in der Gewalt von Fakten als von Überzeugungen" – mit diesen Worten eröffnet Walter Benjamin eines seiner wichtigsten Bücher, *Einbahnstraße* von 1928. „Die Gewalt von Fakten" hat sie bald alle, wahrscheinlich brutaler, als sie fürchteten, eingeholt. Alle, die vor Hitler flüchten mussten, die daran zugrunde gingen oder ein neues Leben fanden, das manchen dennoch den Tod brachte. An der Küste Südfrankreichs sind die Orte dicht gesät, die davon erzählen.

Wir sind unterwegs.

Aber wir sind nur flüchtige Reisende, wir haben einen weiten Weg vor uns und ein weit entferntes Ziel. In Nizza fahren wir am Haus an der Promenade des Anglais Nr. 121 vorüber, in dem Heinrich Mann, Joseph Roth und Hermann Kesten im Herbst 1934 für einige Monate einen ganzen Stock mieteten, um der zunehmenden Hektik der großen Emigrantenorte zu entkommen. Weiter nach Antibes, das mehr Durchreisestation als Flüchtlingsstadt für einen längeren Aufenthalt war. Es war damals schon zu mondän und hatte eine andere Tradition: die der reichen Amerikaner, die sich in den 1920er Jahren in Paris und an der Côte d'Azur tummelten, wie Ernest Hemingway, F. Scott Fitzgerald und seine exzentrische Frau Zelda oder Gertrude Stein mit ihrer Lebensgefährtin Alice B. Toklas. Am Cap Antibes hat Pablo Picasso nach den Jahren seines erzwungenen Rückzugs während der deutschen Besatzung, die er in Paris verbrachte – er war von den Nazis mit Ausstellungsverbot belegt, war als Gegner des spanischen Faschismus unter Verdacht und trat 1944 heimlich der Kommunistischen Partei bei – im Château Grimaldi Zuflucht gefunden. Auf Einladung eines Mäzens konnte er hier ungestört arbeiten. Seine Bilder aus dieser Zeit bilden heute den Kern des weithin berühmten Musée Picasso. Es liegt in der ehemaligen Festung auf dem höchsten Uferfelsen, um den sich die Altstadt schmiegt und in der man sich vielleicht einst gut verbergen konnte. Als sie nach 1928 aus ihrem Reichtum stürzte, musste Mechtilde Lichnowsky ihre Picassos und Chagalls verkaufen.

Und weiter: Sanary-sur-Mer, „Hauptstadt des Exils". Wie bitter war diese Realität. Hier ist jedes Haus in den Büchern der Rechercheure verzeichnet, wer wo wohnte, wann sie oder er kamen, wann sie weiterzogen, ob ihnen die Flucht gelang ... Nach dem Sieg über Frankreich durch die deutsche Wehrmacht und die darauffolgende Errichtung der Hitler-treuen Vichy-Regierung im Juli 1940 wurde die Überwachung durch die Gestapo lückenloser, die Panik der Betroffenen größer. Achtundsechzig Namen von Ernst Bloch bis Stefan Zweig sind auf der allgemeinen Gedenktafel neben dem Tourismusbüro angeführt, die Sanary als CAPITALE DE L'EXIL ARTISTIQUE ET LITTERAIRE hervorhebt. Hier fehlt Mechtilde Lichnowsky. Ihr Name ist hingegen auf jener Tafel, die 1987 am selben Ort enthüllt wurde und die nur sechsunddreißig Namen aufwies, eingraviert. Gewidmet ist sie „Den deutschen und österreichischen Schriftstellern mit ihren Angehörigen und Freunden, die auf der Flucht vor der nationalsozialistischen Gewaltherrschaft in Sanary-sur-Mer zusammentrafen". Hier ist Lichnowsky („Mechthilde" geschrieben, wogegen sie sich allerdings ein Leben lang wehrte) zwischen Arthur Koestler, Annette Kolb und Erika Mann zu finden.

Heute ist Sanary-sur-Mer ein bezaubernder Ort für Urlaub oder eine Rast für ein paar Stunden. Einheimische und Touristen genießen den Tag in den unzähligen Cafés und Restaurants an den großzügigen Quais. In der Fröhlichkeit der Menschen klingt kein Nachhall mehr von Hermann Kestens Worten: „Im Exil wird das Café zu Haus und Heimat, Kirche und Parlament, Wüste und Walstatt, zur Wiege der Illusionen und zum Friedhof. Das Exil macht einsam und tötet."

Es war ein Samstag im September, als wir hier waren. Unter den mehrreihigen Platanenalleen war großer Markt, nachmittags läuteten plötzlich wie wild die Glocken der Kirche von Saint Nazaire, links und rechts schlugen sie über das Gemäuer des Turms hinaus. Vor dem Eingangstor wurde ein Orgelkonzert von Matthieu Magnuszewski mit Werken von Bach und Mozart angekündigt. Die Fassade des ehemaligen Emigrantentreffpunkts Hotel de la Tour ist leicht heruntergekommen. Die alten, bunten Fischerboote liegen unbenützt und wie zur Schau gestellt, längst haben schnittige Motorboote und kleinere Jachten die Hafenbucht erobert.

Keine Spuren von dem, was einmal hier geschah.

In Marseille fahren wir durch, denken an Stefan Zweig, der hier 1926 innerhalb einer Woche die Komödie *Volpone*, frei nach Ben Johnson, schrieb. Werfen einen Blick auf den gigantischen Hafen, den chaotischen Hoffnungsort der 1940er Jahre, heute überfüllt mit Luxuslinern und Frachtschiffen. Auch Montpellier, Narbonne und Perpignan, Städte mit jahrhundertealter Tradition und prachtvollen Kirchen, Klöstern und mittelalterlichen Stadtkernen, können wir nur umfahren. Unsere Reise ist keine kunsthistorische und keine Städte-Reise.

Spät am Abend kommen wir in Banyuls an.

Es regnete in Strömen, es war eine lange, mühsame Fahrt.

*

„Das Denken hat die Eigenheit, daß es nächst sich selbst am liebsten über das denkt, worüber es ohne Ende denken kann". Friedrich Schlegel schrieb das in seiner *Lucinde* und Walter Benjamin zitiert es in seinem großen Essay *Der Be-*

griff der Kunstkritik in der deutschen Romantik. Und zieht an späterer Stelle die Folgerung: „Es wird demgemäß das Denken des Denkens zum Denken des Denkens des Denkens (und so fort) […]".

In Banyuls-sur-Mer ist alles fremder.

Die Höhenrücken der Pyrenäen, die Sprache mit katalanischem Akzent, der Mann Walter Benjamin und auch sein Werk. Große Geister haben ihn, der sich allen verfügbaren Kategorien wie Philosoph, Dichter, Historiker, Literaturkritiker, Gelehrter, mystischer Talmuddeuter usw. entzieht, tiefgehend und enthusiastisch gewürdigt: Gershom Scholem, Bertolt Brecht, Hannah Arendt, Theodor W. Adorno und viele mehr. Benjamins Schriften sind ohne Beispiel, Wegweiser bis in die Gegenwart. Sie sind immer aktuell geblieben, an ihnen entzünden sich immer neue Diskussionen. Über sein Werk, das durch den unglückseligen Verlauf seines Lebens Bruchstück geblieben ist, zu schreiben und seine für die Geistesgeschichte epochale Bedeutung auch nur anzudeuten, sind diese *Dichterlandschaften* nicht geeignet. Ich könnte es auch nicht. Ich komme zu früh an meine Grenzen, wenn ich an das Denken des Denkens des Denkens denken soll.

Aber dem Schicksal Walter Benjamins in seinen letzten Lebenstagen nachzugehen, dafür sind wir hier. Sein Aufbruch am 25. September 1940 vom französischen Grenzdorf Banyuls aus und sein Suizid in der Nacht vom 26. auf den 27. September im spanischen Portbou jenseits der Berge hat mich nicht losgelassen, seit ich vor Jahrzehnten davon las. Die Nachwelt nannte diesen Tod „tragisch". Aber er ist mehr. Er ist, wie jener von Lotte und Stefan Zweig und der vielen anderen, auch der Ungezählten, die nicht in den

Annalen festgehalten sind, Zeichen einer mörderischen Zeit. Er ist Schmerz.

„Er nahm sich ein Leben, das ihm die Welt verweigern wollte, seit er zu denken begann", schreibt Theodor W. Adorno unmittelbar nach Benjamins Tod.

Côte Vermeille. Unvergleichlich ist das Blau des Meeres. Hebt die Tiefen an die Sonne, senkt den Himmel an den Grund. Der Dichter René Char hat diese Küste geliebt, Henri Matisse hat ihren Azur gerühmt, nirgends sonst hätte er solche Schönheit gesehen. Im Dorf Callioure hat er der Côte Vermeille die zauberhaftesten Bilder gemalt.

Die benachbarte Bucht von Banyuls ist formvollendet. Am Tag nach den Wolkenbrüchen auf der Fahrt hierher ist strahlendes Wetter. Das Städtchen liegt unter uns, als ob es eben erschaffen worden wäre. Lehnt sich in unserem Rücken in die ansteigenden Hänge der Weinberge, vor uns staffeln sich seine Dächer in Rot und Terracotta bis zur Uferpromenade. Stiegen führen zwischen den Gärten hinunter in die Altstadt. Auch hier ist zufällig Wochenmarkt, laut und lebendig und voll der Früchte aus dem Umland. Tiefblau sind die Trauben, die Käsesorten mannigfaltig und die Würste verlockend. Unser Apartment ist diesmal eine Enttäuschung, es ist düster und beklemmend, im Internet ließen wir uns von der Blütenpracht rundum blenden, die es nicht gibt. Kaum aufgewacht, verlassen wir die Wohnung.

Banyuls ist der letzte größere Ort vor der französisch-spanischen Grenze, nur das kleine Cerbère wäre noch näher. Die Ausläufer der Pyrenäen fallen als Sperrriegel in das Meer, Straße gibt es keine, nur ein Tunnel für die wichtige Bahnstrecke von Perpignan nach Barcelona. Jenseits der Berge liegt das spanische Portbou (oder Port Bou). Ein großer

Teil des Küstenortes besteht aus Bahnhof, Gleisen und Lager-hallen. Auf der Suche nach der Bahnstation von Banyuls findet man ein aus hellen Steinquadern festgefügtes Gebäude, das auf einer Geländeterrasse über dem Zentrum liegt. Es scheint derzeit eher ein Depot für Veranstaltungsutensilien zu sein. Zugesperrt, verschmutzt. Da hält kein Schnellzug mehr, vielleicht ein- oder zweimal pro Tag eine Lokalbahn, die hier oder kurz danach in Cerbère endet. Dieser Bahnhof war in den 1940er Jahren die vorletzte oder letzte Möglich-keit, vielleicht doch noch in die Freiheit zusteigen zu können, mit einem legalen oder gefälschten Pass oder überhaupt als blinder Passagier. Als traumatisierter Exilant in jedem Fall. Auf dem weiten Bahnhofsvorplatz waren Drängen, Rufen, Rempeln, Kofferschleppen, scheue Gesten, ängstliche Blicke. Heute ist er leer und staubig und die Intercitys auf der zwei-spurigen Strecke rasen durch ohne ein Zeichen.

Schwer von Geschichte ist dieser Ort. Flüchtende und groß-zügige Menschen fanden hier zusammen, Hoffende und selbstlos Helfende, Berühmte und Namenlose, Hafenarbeiter, Polizisten und Weinbauern, ein großherziger Bürgermeister, ein mutiges Fluchthelferpaar und im Hintergrund hilfreiche Organisationen und Organisatoren sowie die Sedimente von Traditionen, politischen, sozialen und emotionalen. Ohne all das wäre es nicht zu diesem Wunder gekommen, das vielen Menschen das Leben gerettet hat. Es mag andere Orte mit ähnlicher Geschichte gegeben haben, aber Banyuls ist ein besonderer und ein besonders gut dokumentierter geblie-ben. Der Name allein reiht sich nicht in das Gefällige ein, man muss ihn üben, um ihn aussprechen zu können. Das Dorf war einmal am Ende der französischen Welt und ist für viele zur Welt geworden.

Heute ist Banyuls ein schmuckes Hafenstädtchen und ein beliebter Ferienort. Insbesondere für die Gemeinden und Städte der Region Roussillon und Midi-Pyrénées sowie ihre Gebirgstäler der Têt und des Tech mit seinen warmen Schwefelquellen, die schon die Römer schätzten, mit versteckten romanischen Klöstern und Kirchen und mit schneebedeckten Gipfeln. An den Sommerwochenenden ist Banyuls, wie die übrigen Orte der Côte Vermeille, überfüllt mit Autos und Menschen. Der berühmte Bildhauer und Maler Aristide Maillol wurde hier geboren, sein altes Bauernhaus und der Garten, zugleich seine letzte Ruhestätte, sind zu einem Museum umgebaut. Die Bucht hat einen verlockenden Sandstrand, die Uferpromenade ist gefällig angelegt und in den zahlreichen Cafés und Restaurants ist schwer Platz zu bekommen. An der gegenüberliegenden Seite der Bucht ist es ruhiger, hier ist das Areal der Einheimischen, hier nehmen sie ihr „déjeuner" und haben eine Flasche Wein mitgebracht, sitzen auf den Steinbänken, die im Mauerrund unter den Straßenbögen entlangführen, lachen und palavern, trinken, häkeln, spielen Karten. In der Badehose gehen sie spät nach Hause über die belebte Straße, die Kinder oder Enkelkinder an der Hand.

Von der Quaimauer aus sieht man gut den Bergkamm der letzten Pyrenäenausläufer im Massif des Albères, die Felswand des Puig de Querroig und den Col de Rumpissa. Im Mittagslicht scheinen sie wie entrückt über den Weinbergen zu schweben.

Die Schicksalsgeschichten aus diesen Bergen stehen in den Büchern.

Warum gerade die letzten beiden Orte vor der spanischen Grenze, Cerbère und Banyuls, diese Wichtigkeit in der Geschichte des Exils bekamen, ist leicht erklärt: Seit das Nazi-

Regime im Blitzkrieg vom Frühjahr 1940 Frankreich erobert hatte, wurde der Lebensraum für die Emigranten beängstigend enger. Der Norden und die Westküste des Landes waren von deutschen Truppen besetzt, der übrige Teil Marschall Petain und seiner Vichy-Regierung unterstellt. Sie waren Handlanger Hitlers. Im Waffenstillstandsabkommen mit dem Dritten Reich am 22. Juni 1940 stimmte die französische Marionettenregierung zu, „verdächtige Personen" an Deutschland auszuliefern. Die Gestapo war überall, selbst wenn sie anders genannt wurde. Suchte nach Widerstandskämpfern, Juden und Nazigegnern aller Couleurs sowie nach Mitgliedern der französischen Résistance. Internierungslager wurden errichtet. Die Grenzen waren gesperrt, die Häfen überwacht. Walter Mehring, der Berliner DADA-Dichter, beschreibt in seinen *Fragmenten aus dem Exil,* wie sich in Bayonne am südlichsten Punkt der französischen Atlantikküste an die Hunderttausend Flüchtlinge drängten und die Stadt schwarz von Menschen war. Auch an der gesamten Mittelmeerküste Frankreichs saßen die Emigranten in der Falle: von Menton über Sanary und Marseille bis an die spanische Grenze. Lisa Fittko, zusammen mit ihrem Mann Hans eine der wichtigsten Fluchthelferinnen und Führerin Walter Benjamins über die Berge, schreibt in ihrem aufschlussreichen Band *Mein Weg über die Pyrenäen. Erinnerungen 1940/41:*

In der apokalyptischen Stimmung im Marseille des Jahres 1940 gab es Tag für Tag Geschichten von absurden Fluchtversuchen: es gab Pläne mit Fantasiebooten und Fabelkapitänen, Visa für Länder, die auf keiner Karte zu finden waren, und Pässe aus Staaten, die es gar nicht mehr gab. Man war es gewohnt, durch Flüsterpropaganda zu er-

fahren, welcher todsichere Plan an diesem Tag wieder wie
ein Kartenhaus in sich zusammengefallen war.[11]

Unter vielen ähnlichen Szenen wird auch folgende berichtet: Zwei ältere Matrosen ducken sich auf einem Frachter im Hafen von Marseille in einen dunklen Winkel des Hinterdecks. Die Geheimpolizei vermutet, dass Flüchtlinge an Bord sind. Razzia. In der allgemeinen Verwirrung können die beiden Männer entkommen. Es stellt sich heraus, dass es der Neurologe und Suchtmediziner (er hatte auch die früheren kurzfristigen Haschisch-Experimente Benjamins überwacht) Dr. Fritz Fränkel und Walter Benjamin selbst waren. Für jeden Polizisten wäre ihre Verkleidung als Matrosen lächerlich gewesen. Aber sie wollten dennoch – zum wievielten Mal? – ihr Glück versuchen, um aus der Hölle zu entkommen. Mehr als fünfzigtausend Flüchtlinge hofften in jenem chaotischen Sommer und Herbst 1940 in Marseille auf eine Schiffspassage nach Marokko oder Algerien, nach New York oder nach Südamerika, hofften zumindest auf einen Zug nach Spanien – unter anderem Manfred Flügge hat es in seinem Buch *Das flüchtige Paradies* lebhaft beschrieben.

Was blieb, war: weiter- und weiterversuchen.

Weiterhoffen.

„Nur um der Hoffnungslosen willen ist uns die Hoffnung gegeben" – mit diesem Satz hatte Walter Benjamin seinen Essay über Goethes *Wahlverwandtschaften* geschlossen. In den langen Jahren der Emigration in Frankreich seit 1933, war Benjamin zunehmend mittellos geworden. Als begnadeter Übersetzer von Marcel Proust und Charles Baudelaire sowie als scharfsinniger Publizist und Philosoph war er zwar bekannt, galt unter Intellektuellen als Geheimtipp und exklusiver Denker ohne Vorbild, er hatte jedoch bisher nur drei Bücher und eine Reihe von Feuilletonbeiträgen veröffentlicht. Davon allein konnte er nicht leben. Es war ihm wenig gelungen in seinem bisherigen Leben, seine Habilitationsschrift zog er selbst zurück, eine Universitätskarriere war dadurch unmöglich, eine Anstellung im begehrten *Institut für Sozialforschung* in Frankfurt und später im New Yorker Exil kam nicht zustande, seine Ehe scheiterte, er verliebte sich schnell und oft, wie es für Einsame charakteristisch ist, seine Lieben endeten jedoch meist glücklos.

Es gab wenige Sternstunden in Benjamins Leben. Eine davon war der noch zukunftsfrohe Sommer 1924 auf Capri, wo sich Max Horkheimer, Herbert Marcuse, Ernst Bloch, Theodor W. Adorno und Walter Benjamin trafen und Benjamin sein großes Liebeserlebnis mit der lettischen Schauspielerin und Regisseurin Asja Lācis hatte. Gemeinsam prägten sie in ihrem Denkbild über *Neapel* den Begriff des „Porösen", eine Lebensform, die alles Eindeutige ablehnt und einer offenen, fließenden Durchdringung aller Bereiche der menschlichen Gesellschaft das Wort redet und ihr verlockende Bilder entwirft. Die letzten unbeschwerten Glücksstunden verbrachte Benjamin in den beiden Sommern 1932 und 1933 auf Ibiza, wo er in der Nähe von San Antonio im Haus eines Freundes leben, schreiben und für sich sein konnte, in beklemmender Armut auf europäischen Mindeststandard von ungefähr 50 bis 60 DM pro Monat reduziert. Er machte weite Spaziergänge, konnte gut arbeiten und schrieb unter anderem sein Erinnerungsmosaik *Berliner Kindheit um neunzehnhundert,* das erst posthum 1950 erschien und heute noch bezaubert. Auf Ibiza war es auch, dass er 1933 die letzte große Liebe seines Lebens fand, die niederländische Malerin Anna Maria Blaupot ten Cate. Zum Geburtstag schenkte er ihr den rätselhaften Prosatext *Agesilaus Santander*, der unter anderem den Engel des Glücks beschwört. Eine lange, schöne Sommerliebe, die wiederum mit einem Abschied endete.

Für den Kommunismus hatte Walter Benjamin Sympathien, trat jedoch nie der Partei bei und war dieser daher suspekt. Viele seiner philosophischen und poetischen Werke blieben Fragment, Splitter, Passagen auf der Reise durch ein konkretes und utopisches Weltverständnis. In allem liebte er die Durchlässigkeit und das Wandelbare. Leitete aus dem Nebenbei einen ganzen Kosmos ab, war ein Spieler mit allen Möglichkeiten und Unwägbarkeiten des Lebens. Verleger zögerten, ihn in ihr Programm aufzunehmen, da sie geringen Absatz fürchteten. Was ihn dazu veranlasste, sich in seinem schmalen Band *Einbahnstraße* selbstironisch als unwichtige „Archiv-Nr. 27" zu bezeichnen und zu folgern: „Ich bedaure, daß 27 nicht rauskam." Seit Hitlers Machtergreifung 1933 war er als Jude auf der Flucht. Das hat noch einmal eine historisch verhängnisvollere Dimension als das lebenslange Scheitern Franz Kafkas, dem sich Benjamin nahe fühlte und das er in einem Brief an den Freund Gershom Scholem vom 12. Juli 1938 aus Paris so kommentiert:

Um Kafkas Figur in ihrer Reinheit und in ihrer eigentümlichen Schönheit gerecht zu werden, darf man das eine nie aus dem Auge lassen: es ist die von einem Gescheiterten. Die Umstände dieses Scheiterns sind mannigfache. Man möchte sagen: war er des endlichen Mißlingens erst einmal sicher, so gelang ihm unterwegs alles wie im Traum.[12]

*

Banyuls – ein scheinbar unbedeutendes Dorf für Fischer und Weinbauern am südlichsten Punkt von Frankreichs Mittelmeerküste. Kaum jemand kannte diesen entlegenen Ort am Ende eines großen Reiches, aber damals, um 1940, war Banyuls ein Zauberwort für Menschen, die vor Hitler, der Gestapo und einer drohenden Verhaftung flüchten mussten. Walter Benjamin war weit gereist in Europas Ländern und in den Arealen der Literatur, der Kunst und allem Denkbaren. Als er jedoch in Banyuls ankam, galt er bereits als „der alte Benjamin". Da war er gerade achtundvierzig Jahre. Längst war er verloren und zermürbt im Chaos der Flucht und der Dämonen der Angst.

Aber er hoffte. Und klopfte gegen Ende September 1940 im Morgengrauen an die Tür von Lisa Fittkos Dachkammer in Port Vendres, dem Fischerdorf und ehemaligen französischen Kriegshafen für die Überfahrt nach Algerien, ein paar Kilometer nördlich von Banyuls. Mit vollendeter Höflichkeit und zwischen Tür und Angel stehen bleibend, meinte er mit leiser Stimme, ihr Ehemann, Hans Fittko, mit dem er gemeinsam drei Monate lang im Internierungslager Vernuche inhaftiert gewesen war, hätte ihm gesagt, dass seine Frau ihn über die Grenze nach Spanien bringen könne.

Sie konnte.

Lisa Fittko, 1909 noch in der Habsburgermonarchie in Ungarn geboren und in Berlin früh zur selbstbewussten Revolutionärin geworden, war wendig, unerschrocken und erfindungsreich. Über die Vermittlung von Hafenarbeitern hatte sie den Weg zum Bürgermeister von Banyuls gefunden, zu Monsieur Azéma. Dieser weihte sie in einen alten Schmugglerpfad ein, der auch von General Enrique Líster, einem Feind des faschistischen Franco-Regimes, als Fluchtweg benutzt worden war. Der Weg wurde in der Folge *la route Líster* oder die *F-Route* genannt. Azéma zeichnete den Weg auf, erklärte, riet, warnte: Erreichen könne man den Pfad nur, wenn man sich gegen vier Uhr morgens in die Schar der Bauern mische, die in die steilen Weinberge ziehen. Nichts reden. Nichts Auffallendes mittragen oder in einem Brotbeutel verstecken. Den aufgestellten Wachposten nicht auffallen. Diese und jene markante Stelle meiden, jene nicht versäumen. Unbedingt die Lichtung mit den drei Bäumen passieren. Zwei bis vier Stunden bis zum Gipfel, fast 700 Meter hoch und die Strecke bis dorthin sei weit. Das war wesentlich höher und beschwerlicher, als der bisher benutzte Übergang von Cerbère aus, der lediglich eine Höhe von 163 Metern aufwies. Dieser Weg war den Behörden jedoch mittlerweile als Fluchtroute bekannt, wurde streng überwacht und war zu gefährlich geworden. Später sogar unentschuldbar verunmöglicht durch Lion Feuchtwanger, dem Publicitygenie unter den deutschen Autoren, der der *New York Times* vom 6. Oktober 1940 ein langes Interview mit allen Details seines Fluchtweges von Cerbère nach Portbou gab. Die Fotografie, die Feuchtwanger im Lager von Les Milles, einem Stadtteil von Aix-en-Provence, zeigt, auf der er hinter Stacheldraht in die Kamera schaut, hatte ihn in den USA berühmt gemacht.

Also zwei bis vier Stunden, sagte Lisa Fittko.

Der Pfad ist steil und steinig.

Die Gipfelregion felsig und ausgesetzt.

Nichts für Schwindelanfällige.

Dann noch die lange Wegstrecke hinunter bis Portbou.

Überall sind Patrouillen möglich.

Wollen Sie dieses Risiko eingehen, Herr Benjamin?

Benjamin war herzkrank. Eine nicht ausgeheilte Herzmuskelentzündung. Eigentlich hätte er liegen müssen. Er war ein fragiler Mann. Trug starke Brillen. War ein Großstädter durch und durch. Die Figur des Flaneurs war seine Identifikationsfigur. Er hatte ein Leben am Schreibtisch, in Bibliotheken und in den Cafés von Berlin und Paris verbracht. Paris war bereits seit 1933 sein Exil gewesen. Aber nach der Besetzung Frankreichs 1940 hatte die Gestapo seine Pariser Wohnung und den aus Deutschland geretteten Teil seiner Bibliothek sowie die für seine Arbeit lebensnotwendige Zitate-Sammlung beschlagnahmt, nur einen geringen Teil konnte Georges Bataille, der um Benjamins Bedeutung wusste, verstecken. Verdächtig war außerdem, dass Benjamin mit vielen befreundet war, die entschiedene Nazigegner waren, vor allem mit Bertolt Brecht, der selbst seit 1933 im Exil lebte. Benjamin wusste, dass er auf der Schwarzen Liste stand.

Ja, er wollte das Risiko eingehen.

Und sogar zwei Menschen mitnehmen.

Eine Frau, Henny Gurland, und ihren Sohn.

Sie hatten sich ihm in Marseille angeschlossen.

Im Morgengrauen des 25. September 1940 gingen sie los.

„Chemin Walter Benjamin". So heißt der Weg offiziell seit 2007. Er beginnt heute an der für Benjamin und das Ehepaar Fittko errichteten Gedenkstätte am Rand des Dorfes. Es ist ein sonniger Septembertag des Jahres 2021, als W. und ich uns auf die Suche nach diesem Weg machen.

Benjamin ging langsam, schreibt Lisa Fittko.

Sehr diszipliniert, Schritt für Schritt.

Schaut auf die Uhr.

Alle zehn Minuten bleibt er stehen, um kurz zu rasten. „Pragmatische Strenge" hat Benjamin vom Denken gefordert, er verwirklichte sie auch im Leben. Die kleine Gruppe wollte am ersten Tag einen Probeversuch machen, nicht ganz ein Drittel hinter sich bringen und sehen, ob sie den Weg überhaupt fänden und wieder umkehren. Am kommenden Tag dann den gesamten Weg. Sie erreichen die von Azéma beschriebene Lichtung, rasten. Sie haben allein bis hierher fast drei Stunden gebraucht. Ein Stück Brot, ein paar Paradeiser, von Lisa mit gefälschten Lebensmittelmarken aufgetrieben. Dann zurück.

Aber Walter Benjamin weigert sich. Er will hierbleiben und die Nacht auf dem Berg verbringen. Hat keinerlei Ausrüstung dafür. Es hilft kein Zureden, er bleibt bei seinem Entschluss. Zu schwach, um hinunter- und am kommenden Tag wieder hinaufzugehen, sagt er. Seine Aktentasche trägt er immer bei sich, hütet sie wie einen Schatz. *Er* sei nicht wichtig, sagt er, nur das *Manuskript*. Das *Manuskript* muss gerettet werden.

Am kommenden Morgen finden Lisa Fittko und die beiden Mit-Wandernden Walter Benjamin gut aufgelegt und wartend. Sie brechen auf. Es ist ein schmaler Schmugglerpfad, der geschütztes, oft mühsam zu bewältigendes Gelände braucht. Der felsige Gipfel fern. Die Zeitspannen des Gehens werden kürzer, die kleinen Rasten dazwischen länger. Auf dem Kamm treibt ihnen starker Wind entgegen. Nach insgesamt beinahe zehn Stunden, vom Ausgangspunkt Banyuls aus gerechnet, sind sie oben.

*

W. und ich kennen den Großteil dieses Weges nur aus Beschreibungen. Wir sind 1 400 Kilometer gefahren, um diesen Weg zu suchen, aber wir werden ihn nicht mehr zur Gänze gehen können. Vor vier, ja, vor zwei Jahren wäre es vielleicht noch möglich gewesen. Jetzt nicht mehr. Das macht traurig, aber wir wussten es. So sind wir einen Teil des halsbrecherischen Weinbauernsträßchens gefahren und stellen das Auto an einer Gabelung ab. Wir wissen nicht mehr genau, wo wir sind, denn Wirtschaftswege machen große Schleifen. Wir suchen. Die Weinberge liegen prall der Sonne zugewandt, die Hänge sind ungemein steil, die Stöcke krallen sich in den Erdboden, der oft nur aus Steinbrocken und Geröll besteht. Manche Weingärten sind aufgelassen und verwildert, andere gepflegt nach jüngsten landwirtschaftlichen Erkenntnissen. Tiefblau, fast schwarz hängen die Trauben, ihr Saft wird den schweren, süßen Wein von Banyuls ergeben. Und da, unvermutet und wie aufgetan nur für uns: die gelbe Markierung. Und sogar ein kleines Schild „Chemin Walter Benjamin".

Tief unter uns und weit entfernt liegt das Meer. Der Weg ist schmal und steinigspitz. Ton- und Glimmerschiefer, Flysch, Granit und Pegmatit, rostbraun, porphyrfarben und staubiggrau, hat glatte, scharfe Bruchstellen, die in die Sohlen der Schuhe schneiden. Dornenbüsche und stachelbewehrte Lianen wachsen quer in den offenbar kaum begangenen Pfad und erschweren das Gehen. In der dichten Macchia schlingen sich Kreuzdorn, Mastixstrauch, Stechwinden und Steinlindenarten ineinander. Vögelchen schwirren auf, ihr Flügelschlag und das Summen von Insekten sind die einzigen Laute der Natur. Hörbar ist noch unser Atem, sind unsere Schritte auf rötlichem Stein. Unter einer verkrüppelten Steineiche machen wir schließlich Rast, Felsblock im Rücken, weicher, erdiger Boden.

Welche Schuhe hat Walter Benjamin getragen? Ehemals schöne Stadtschuhe mit dünnen Sohlen für die Chaussees in Berlin, das Quartier Latin in Paris? Ging er in elegantem

Anzug, abgetragen zwar, aber etwas anderes wird er nicht gehabt haben. Das Manuskript, fest gepresst an seinen Körper, welches Manuskript trug er in der Aktentasche, die er nur ungern den anderen überließ, wenn ihn die Schwäche überkam? Er trug Worte, nicht schweren Schmuck, Bargeld und Originalpartituren von Gustav Mahler und Anton Bruckner wie Alma Mahler-Werfel auf ihrem Weg über den niederen Pass von Cerbère. Der junge Amerikaner Varian Fry hatte ihr und Franz Werfel, Heinrich und Nelly Mann sowie Golo Mann diese Flucht ermöglicht, es war erst zwölf Tage her. Zwischen 1940 und 1941 hat Fry mit der Unterstützung der USA und einem raffinierten Netzwerk von Mitarbeiterinnen und Mitarbeitern auf vielen legalen und illegalen Wegen durch die Beschaffung von gefälschten Pässen, Geld, Einreisevisen, Affidavits usw. hunderte Menschen gerettet, zumindest dabei mitgeholfen, wie bei Alfred Döblin, Hannah Arendt, Friedrich Torberg, Friederike Zweig mit ihren beiden Töchtern, André Breton oder Marc Chagall.

Auch bei Benjamins Flucht war er einer der hilfreichen Hintermänner. Es muss jedoch ein ganzes Dorf mitgewirkt haben, sagen wir uns im Schatten der niederen Steineiche, sonst wären, wie im Fall Banyuls, keine Fluchtbewegungen über Wochen hin möglich gewesen. Welche Gründe dafür ausschlaggebend waren, sozialdemokratische, kommunistische oder patriotische, die gegen den Feind, den verhassten Aggressor Deutschland gerichtet waren, ist nicht wesentlich. Entscheidend war, *dass* sie halfen. Nicht nur der Bürgermeister muss auf der Seite der Bedrohten gewesen sein, sondern ebenso die mutigen und unbedankt-unbekannten Zimmervermieter, Gastwirte, Lebensmittelhändler, Marktständler, Weinbauern, ein Lokführer, der nachts am Ende des Tunnels den einen oder anderen Flüchtling absetzte, vielleicht auch manche Polizisten sowie die vielen Menschen, die einfach nur weggeschaut und weggehört haben. Anders als anderswo ging es hier um die Rettung des Lebens, nicht um Vernichtung und Mord.

Schlug sein Herz bis zum Hals, bis in die Schläfen? Schritt für Schritt weiter, ängstlich und umständlich? Und wie, und warum und …? Viele Fragen im Schatten mediterraner Sonne. Harzgeruch. Macchiaduft. An ihn denken. Ihm Nähe geben im Gedächtnis. Aber unseren Fragen haftet die Banalität der Überlegungen von Nachgeborenen an, die in gutem Glauben einem Menschen näherzukommen trachten, dessen Verzweiflung und Todesangst zu erahnen unmöglich, geradezu blasphemisch ist.

Dennoch wird diese Stunde bleiben.

*

Bevor Lisa Fittko am 26. September am frühen Morgen mit Frau Gurland und deren Sohn auf die Lichtung kam, wird Walter Benjamin den Sonnenaufgang gesehen haben. Angst wird ihn am Schlaf gehindert haben, Kälte, Feuchtigkeit, vielleicht sogar die Furcht vor wilden Stieren, die hier herumstreifen würden, wie er gewarnt worden war. Ob ihm das werdende Licht so wurde, wie er es in glücklicherer Zeit beschrieben hatte?

Wer den Sonnenaufgang wachend, bekleidet, auf einer Wanderung etwa, vor sich sieht, behält tagsüber vor allen anderen die Souveränität eines unsichtbar Gekrönten, und wem er unter der Arbeit hereinbrach, dem ist um Mittag, als hätte er sich die Krone selbst aufgesetzt.[13]

Alle, die ihn kannten, sprechen von der extremen Verschlossenheit und Scheu Walter Benjamins. Selbst Freunde wagten nicht, ihre Hand auf seine Schulter zu legen. Dennoch strahlte er Wärme aus, konnte sprühend und stundenlang debattieren, seinem Gegenüber intensiv zugewandt. Jedes Zusammensein mit ihm wäre ein Fest gewesen. Alle sprechen von seiner Aura. Manche von seiner Trauer. „Unerschöpflich schenkte der todtraurige Blick alle Wärme und Hoffnung in dem erkalteten Leben", schreibt Adorno.

Wir brechen auf und gehen weiter über Garigue und Trockenwiesen den Gipfelwäldern zu. Plötzlich hören wir Stimmen. Wir sind bisher noch niemandem begegnet. Sechs junge Männer kommen aus dem Schatten. Sie hören abrupt auf, sich zu unterhalten. Gehen gesenkten Kopfes hastig vorüber. Wir grüßen, unverständlich und verlegen antworten sie. Der letzte, er ist bullig und hat einen lauernden Blick, fragt in Zeichensprache, ob wir etwas zu trinken hätten. Schaut uns lange an, zögert. Wir haben kein Wasser mehr und sie gehen weiter. Flüchtlinge? Junge Arbeitssuchende, die diesen alten Schmuggler- und Fluchtweg benutzen, um in den Tourismusgebieten Südfrankreichs Anstellung und Lohn zu finden?

Über dem Gipfel des Col de Rumpissa ziehen in ungeheurer Geschwindigkeit Wolken auf. Weißgrau zunächst, dann schwarz, bald tiefschwarz und auf uns niederkommend. Wind treibt Staub in die Augen. Im Nu fegt er als Sturm über die Hänge der Pyrenäen, beugt die Büsche zu Boden. Wir kehren um, haben keine andere Wahl. Hasten den Steinweg zurück, verfangen uns in den Lianen, die ersten Regentropfen fallen, das Geröll des Pfades wird dunkelrot. Als wir im Auto sind, bricht das Gewitter mit aller Macht

los. Donner, Wolkenbruch, die Blitze sind durch die über-
fluteten Scheiben nur als momenthafte Lichtschimmer zu
erkennen.

In der darauffolgenden Nacht träumte ich viel. Nur an eine
einzige Traumsequenz erinnerte ich mich, als ich erwachte.
Sie wirkte harmlos, verstört mich jedoch bis heute: Ich war
ein Kind, ein weißhaariger Mann, er ähnelte meinem Groß-
vater, saß an einem Tisch unter einem Baum auf weiter Flur.
Ein Mann kam des Weges, der so aussah wie Walter Benjamin.
Auf seiner Schulter saß eine Möwe. Der Mann, der so aus-
sah wie mein Großvater, fütterte sie mit blauen Perlen und
ich brachte ihm die selbstgestopften Zigaretten – fünf
Groschen pro Stück erhielt ich dafür. Die Männer sprachen.
Und ich hörte, wie der Weißhaarige dem Mann mit den
runden Brillen erzählte, dass er Mitglied der NSDAP gewe-
sen wäre, er hätte zwei Töchter und vier Enkelkinder zu er-
nähren gehabt, die Schwiegersöhne beide im Krieg, der eine
bald gefallen, der andere wäre erst 1949 aus russischer Ge-
fangenschaft zurückgekommen, was hätte ich tun sollen,
sagte der Ältere und bot seinem Gegenüber eine Zigarette
an. Dieser nahm sie, sagte nichts und blieb steif sitzen. Dann
bestrich er die Flügel der Möwe mit roter Farbe, die er aus
seinem Jackett zog, und verscheuchte den Vogel. Ich sah
ihm nach. Der Himmel war groß, aber die Möwe flog auf
einen Tunnel zu, der in der weglosen Weite stand. Darin
verschwand sie. Ich fragte den Mann, wohin er denn unter-
wegs wäre. Ich kletterte auf seinen Schoß, was er zuließ. Er
sagte sehr bestimmt: „Über die Schwelle." Und nach einer
Pause: „Über die Grenze." Ich nahm ihm die Brille ab, strich
vorsichtig über seine Augen und sagte: „Es wird alles gut.
Du brauchst nicht über die Grenze, du bleibst bei uns."

*

Eine herbstliche Abenddämmerung senkt sich über die Bucht von Banyuls. Es ist unser letzter Abend an der Côte Vermeille. Auf dem Weg von unserem Apartment zum Meer haben wir in der Rue Sébastian das Schild an einer Hausmauer entdeckt, das an den Bürgermeister François Mestres erinnert, der von 1935 bis 1958 die Geschicke des Ortes geleitet hatte. Sprach Lisa Fittko nicht von einem „Monsieur Azéma"? Der bald nach 1940 verschwunden oder untergetaucht wäre und nie mehr gesehen wurde? Vielleicht war es ein Deckname, überlegen wir, vielleicht kam er zurück, als Fittko Banyuls schon verlassen hatte. Wer immer der Bürgermeister war, wir wollen ihm und einem ganzen Dorf danken.

Durch die schmale Rue Sébastian treibt der Wind verdorrte Platanenblätter. In den Restaurants an der Uferpromenade schimmert der Wein in den Gläsern, duftet es nach überkrusteten Langusten, es geht den Menschen gut. Wir gehen an den Rand der Bucht, bleiben im noch tagwarmen Sand. Reden. Es war ein Risiko, aber er *kam* auf den Gipfel. Er *kam* bis Portbou auf der spanischen Seite, das noch eine lange Strecke des Weges am südlichen Fuß der Berge liegt. Er *hat* sein Ziel erreicht, trotz seines kranken Herzens. Es wird bereits Nacht gewesen sein. Er meldete sich pflichtgemäß an der Polizeistation. Aber es fehlte ein Stempel, ein Fetzen Papier entschied über ein Menschenleben. Benjamin hatte keine Ausreiseerlaubnis aus Frankreich. Diese wurde damals selbstverständlich nur legalen Reisenden, keinesfalls je einem Flüchtling gegeben. Die lokalen spanischen Behörden wussten das und tolerierten es anstandslos. Aber just an diesem Tag, an diesem einen Tag, hatten sie aus Madrid eine neue Verordnung erhalten, die auf dieser Ausreiseerlaubnis bestand. Sie mussten sie einfordern. Benjamin hatte sonst alle Papiere bestens vorbereitet, die Durchreiseerlaubnis durch Spanien und Portugal bis in den Hafen von Lissabon sowie das Emergency-Visum für die Vereinigten Staaten. Er hatte nur diese eine einzige Bescheinigung, diesen einen einzigen Stempel nicht.

Hannah Arendt meint in ihrem Buch *Menschen in finsteren Zeiten*, dass Benjamin, wie Kafka, das Unglück angezogen hätte: „Einen Tag früher wäre er anstandslos durchgekommen, einen Tag später hätte man in Marseille gewußt, daß man zur Zeit nicht durch Spanien konnte. Nur an diesem Tag war die Katastrophe möglich."

Am nächsten Morgen sollte er nach Frankreich zurückgeschickt werden.

Die Gestapo würde auf ihn warten, das wusste er.

Und wußte auch, was das bedeutete.

Es war Nacht.

Er war allein in seinem kleinen Zimmer.

Die Lichter waren gelöscht im Hotel Francia de Portbou.

Jeder Engel ist schrecklich, hatte Rilke geschrieben.

Kaum eine andere Erdichtung hat die Verheerungen der Hitlerherrschaft so beklemmend in Worte gefasst wie Walter Benjamin mit dem religiös-säkularisierten Bild des „Engels der Geschichte". Inzwischen wird es inflationär gebraucht und oft genug seines radikalen Sinnzusammenhangs beraubt, der für die bittere Ohnmacht des Individuums steht. Für Benjamin war es zur Zeit der Abfassung eine Phase verzweifelter Hellsichtigkeit in den Wochen vor seiner Flucht nach Marseille, als der Fortgang des Krieges zwischen Hitler-Stalin-Pakt, dem Einmarsch in Polen, der Kapitulation Frankreichs, dem Luftkrieg über England und den geheimen, aber spürbaren Vorbereitungen zum Russlandfeldzug an Dynamik gewann sowie die Repressalien gegen „Staatsfeinde" verschärft wurden. Entworfen wurde der kurze Text 1939/40 als Kapitel IX seiner Gedanken *Über den Begriff der Geschichte* sowie als Weiterführung eines kurzen Gedichtes von Gerhard Scholem, seinem vertrautesten Freund, der eigentlich *Gershom* hieß und mit der Verdeutschung die Sehnsucht vieler jüdischer Bürger ausdrückte, dazuzugehören zu einem Volk und einem Land, das sie liebten, dessen Machthaber sie jedoch durch Europa hetzten und millionenfach ermordeten: „Mein Flügel ist zum Schwung bereit/ *ich kehrte gern zurück*/denn blieb ich auch lebendige Zeit/ ich hätte wenig Glück/Gerhard Scholem, Gruß vom Angelus". – Benjamin wusste aus schmerzlicher Erfahrung, dass alle seine Schriften konfisziert werden würden, darum schickte er das Engel-Manuskript an Hannah Arendt, die bereits nach New York entkommen war und es hier posthum 1942 zum Druck bringen konnte. Der Text bezieht sich auf ein Bild von Paul Klee, das Benjamin 1921 erworben hatte und ihm in den Jahren des Exils zum Sinn-Bild wurde. Unvergesslich, wer es einmal, zwei- oder dreimal gelesen hat:

Es gibt ein Bild von Klee, das Angelus Novus heißt. Ein Engel ist darauf dargestellt, der aussieht, als wäre er im Begriff, sich von etwas zu entfernen, worauf er starrt. Seine Augen sind aufgerissen, sein Mund steht offen und seine Flügel sind ausgespannt. Der Engel der Geschichte muß so aussehen. Er hat das Antlitz der Vergangenheit zugewendet. Wo eine Kette von Begebenheiten vor uns erscheint, da sieht er eine einzige Katastrophe, die unablässig Trümmer auf Trümmer häuft und sie ihm vor die Füße schleudert. Er möchte wohl verweilen, die Toten wecken und das Zer-

schlagene zusammenfügen. Aber ein Sturm weht vom Pa-
radiese her, der sich in seinen Flügeln verfangen hat und
der so stark ist, daß der Engel sie nicht mehr schließen
kann. Dieser Sturm treibt ihn unaufhaltsam in die Zu-
kunft, der er den Rücken kehrt, während der Trümmerhau-
fen vor ihm zum Himmel wächst. Das, was wir den Fort-
schritt nennen, ist dieser Sturm.[14]

Dieses enge Hotelzimmer in Portbou.
Der müde Mann kann keinen Sturm mehr ertragen.
Und keine Zukunft.
Rot getüncht ist das Haus.
Walter Benjamin ist erschöpft.
Gedacht, geschrieben, gesammelt, geflüchtet.
Gejagt, gehetzt und vertan.
Jedes Glück, schrieb er, sei „durch und durch von der Zeit
tingiert".
Aber die Zeit färbte die Gegenwart in Schwarz und Braun.
Und kein Glück war in sie verwoben.
Auch keine Erlösung, die er „unveräußerlich" damit ver-
band.
An die er geglaubt hatte, aus den Tiefen der jüdischen
Mythologie.
Stille lag über dem Hotel Francia de Portbou.
Alles schlief.
Vielleicht ging er zum Fenster und blickte Richtung Westen.
Dann nahm er das mitgebrachte Morphium.

– – –

Der Azur leuchtet ein letztes Mal auf über der abendlichen
Bucht von Banyuls. Schimmernder Samt, Indigo und Ultra-
marin. Als ob Glaukos Pontios, der griechische Gott der

Meerbläue, sich mit der Göttin der dunklen Iris vermählte und sie eine Tochter zeugten, die alle Töne des schattierten Blau in sich vereinigte und sie von innen her durchglühte. *Azur.* Leonardo da Vinci nannte dieses Blau eine metaphysische Mischung des Sonnenlichts mit der Schwärze der Weltfinsternis.

Ein einsamer Schwimmer steigt aus dem Wasser. Am Ufer prominieren die Paare, halten sich an den Händen, viele führen Hunde an der Leine. Rote und grüne Lichter blinken vom Hafen herüber. Der Mond steigt auf und spielt mit bizarren kleinen Wolken Verstecken. So still, wie sich das Erdunkeln des Himmels mit dem des Meeres mischt.

Und wo blieb das *Manuskript,* fragen wir uns, wir, die wir im Schönen und Gefahrlosen sind und süßen Wein von den Hängen über Banyuls trinken. Wo blieb dieses unbekannte Manuskript, das Walter Benjamin auf seinem Pyrenäenweg besser hütete als sein Herz? Es ist verschollen. Niemand wusste mehr davon, als man Jahrzehnte später danach zu suchen begann. Hat er es vielleicht jener mitreisenden Frau anvertraut, die er mitnahm auf seinem Weg in die erhoffte Freiheit? Die seinen Abschiedsbrief an Theodor W. Adorno las und zerriss, ihn erst später auf Drängen aus dem Gedächtnis niederschrieb und an dessen wiedergegebenem Inhalt man bis heute zweifelt? Hat *er* es selbst vernichtet? Aber wie hätte er das tun können, ohne sein ganzes Zimmer in Brand zu setzen? Wo blieb diese ominöse Aktentasche? Nichts davon steht in den Polizeiakten. Ein Rätsel bis heute. Walter Benjamins „Freitod" rüttelte die Beamten auf, sie ließen die anderen passieren. Einige Wochen später wurde die Verordnung zur Gänze wieder aufgehoben.

Dieses Manuskript, denke ich, liegt unter den Trümmern, die dem Engel der Geschichte vor die Füße geschleudert werden. Die Schuttberge wuchsen und sie wachsen noch immer. Walter Benjamin wurde in einem Massengrab verscharrt.

Wir werden nicht wieder hierher zurückkommen.
Eine letzte Sternennacht über allen Buchten dieses Meeres, über jenen von Cap d'Ail, Antibes und Sanary und über dieser verschwiegenen Bucht von Banyuls. Lärm der Möwen, die schreien bis zum letzten Luftvorrat, Körper und Hals vor Anstrengung lang niedergestreckt bis in den Sand.

*

Auf meinem Schreibtisch liegt ein dunkelroter Stein.

***

FRIEDRICH HÖLDERLIN

Geboren werden für nichts

FRIEDRICH HÖLDERLIN

Verlass Deutschland, geh nach Bordeaux

Banyuls und die Pyrenäen waren Erinnerung. Auch der Weg durch das Land der Katharer Richtung Bordeaux, der strahlenden Metropole am Atlantik. Wir waren zurück in Salzburg. Aber als Endpunkt unserer Frankreichreise hatten wir noch ihn finden wollen: Friedrich Hölderlin – –

Er war radikal. Suchte die „schreiende Wahrheit". Wusste, dass er unzeitgemäß war, es war sein Trotz und sein Leiden. Hätte so gerne dazugehört. Dass er je einmal zu den Großen seiner an Größen reichen Zeit zählen würde, wagte er, je länger er kämpfte, umso weniger zu hoffen. Legte es nur seinem *Hyperion* kryptisch in den Mund. „Ich werde seyn. Ich frage nicht, was ich werde." Dachte die Gegensätze, aber indem er sie lebte, ging er daran zugrunde. In der Schule lernten wir vom sprachgewaltigen Hymniker und weltfernen Poeten und als Nahrung für das Klischee von „Genie und Wahnsinn", dass er die zweite Hälfte seines Lebens in „geistiger Umnachtung" verbrachte. Heute feiert ihn das Feuilleton, aber er steht längst nicht mehr auf dem Lehrplan, er ist gestrichen.

Die partielle Missachtung kannte Friedrich Hölderlin gut. Vom ersten Band seines Romans *Hyperion oder der Eremit in Griechenland* wurden 1795 bei Cotta mit Mühe dreihundertsechzig Stück aufgelegt, vom zweiten möglicherweise weniger, denn der Absatz war äußerst schleppend, die Kritiken staunend unverständig. Es gab verstreute Veröffentlichungen einiger weniger Hymnen, Oden und Elegien in Zeitschriften und Almanachen, aber meist musste er drängen und bitten. Auf Häme und Spott stießen seine großen Projekte zwischen 1802 und 1806, bereits sie wurden als Zeugnis eines zerrütteten Geistes gesehen. Gefördert wurde er anfangs von Charlotte von Kalb, Hölderlins Dienstherrin für seine erste Hofmeister-, das heißt, Hauslehrerexistenz, die ihn ihrem Freund Friedrich Schiller empfahl. Der Hochverehrte protegierte den Aufstrebenden, distanzierte sich jedoch im Lauf der Jahre und ließ ihn schließlich fallen. Den letzten Brief Hölderlins mit der Bitte um Befürwortung einer Stelle als Privatdozent an der Universität Jena hat er nicht mehr beantwortet. Vielleicht ging der Brief verloren, vielleicht war Schiller schon vor dem nahenden Tod zu beschäftigt mit der Vollendung eigener Vorhaben.

Vielleicht jedoch war es auch Goethes Einfluss. Die unglückliche Szene ihrer ersten Begegnung ist bekannt und lebhaft vorstellbar: Hölderlin ist zu Besuch in Schillers Haus, der Gastgeber wird kurz hinausgerufen, der junge Dichter beachtet einen Mann nicht, der im dunkleren Hintergrund des Zimmers beschäftigt ist, reagiert kaum auf dessen Redeversuche und lässt ihn links liegen – zu spät erfährt er, dass es Goethe gewesen ist. Das wird der Olympier ihm nicht verziehen haben. Als Schiller ihm später Gedichte Hölderlins zur Beurteilung schickt, antwortet Goethe: „Ich möchte sagen, in beyden Gedichten sind gute Ingredienzien zu einem Dichter, die aber allein keinen Dichter machen." Und noch einmal später, als Hölderlin in Frankfurt Audienz bekommt, rät ihm Goethe, kurze, anschauungsstarke Gedichte zu schreiben. Es wird berichtet, dass Hölderlin in seiner Turmzeit höchst unruhig, fast rabiat geworden wäre, wenn man den Namen Goethes ausgesprochen hätte. Auf Goethes wohlmeinenden Rat hinauf machte Hölderlin das Gegenteil: Er verlängerte seine kurzen Oden und begann mit einem Mammutprojekt, dem Theaterstück *Der Tod des Empedokles*. Drei Fassungen gibt es davon sowie Vorreden und Notate, die in Kotzebues Zeitschrift *Der Freimüthige* als „heischeres, widerliches Krähen" abgeurteilt wurden, heute gelten sie als Zeugnisse einer entfesselten, dionysischen Sprache. Das Drama wurde nie vollendet, kaum je gespielt, nur der sensibelste Regisseur der 1970er und 1980er Jahre, Klaus Michael Grüber, wagte eine Inszenierung für die Berliner Schaubühne mit Jutta Lampe und Bruno Ganz.

Am Ufer des Leopoldskroner Weihers im Süden von Salzburg entlanggehend, denke ich an Hölderlin. Der Westwind fegt über das graugrüne Wasser und formt kleine, springende Wellen. Denke an diesen Mann, dessen Schicksal unergründbar bleibt. Seit Kindertagen und je später, je mehr, fühlte er sich wie ausgestoßen, „von allem schon so innigst abgeschieden, so mit ganzer Seele fremd und einsam unter den Menschen, so lächerlich begleitet von dem Schellenklange der Welt in meines Herzens liebsten Melodien". Denke an den *Holder*, wie ihn manche nannten, der die Dissonanzen der Welt in sich trug und in immer neue Bilder fasste: „Oft ist uns, als wäre die Welt Alles und wir Nichts, oft aber auch, als wären wir Alles und die Welt Nichts." Georg Wilhelm Friedrich Hegel, der mit dem als frühreifes Genie geltenden Friedrich Wilhelm Schelling und Hölderlin in einer Studentenstube im Tübinger Stift wohnte, machte aus solchen programmatischen Überlegungen jener Jahre um 1800 seine bahnbrechende Theorie der *Dialektik* – diese analytische Kraft stand Hölderlin nicht zu Gebote. Er blieb beim Versuch, das *Hen kai Pan*, das griechische Eins und Alles, in seinem Leben, seiner Liebe und in seiner Dichtung zu einem lebendigen Ganzen zu verschmelzen. Ein Versuch, um dadurch dem ewigen Widerstreit in uns selbst „den Frieden alles Friedens" zu geben, „der höher ist, denn alle Vernunft". Wir wissen, dass es ihm nicht gelang.

Ich träume ihm nach, der zeit seines Lebens hoffte, „daß ich nicht sinke, in dem Graun der/Großen Vernichtungen nicht versinke", während die untergehende Sonne goldene Spiegelungen in die Fenster des Leopoldskroner Schlosses am gegenüberliegenden Ufer zaubert. Scharen von Gänsen schwimmen gemächlich zum Ufer, Frösche quaken ihre Liebeslust hinaus, gelbe Iris blüht unter den Kastanien. Reisen geht kaum in diesem Corona-Jahr 2020, aber Gehen ist frei. „Es trümmert und wankt ja, wohin ich blicke", heißt es in Hölderlins Gedicht *Der Zeitgeist*.

Der „Zeitgeist" fand in Hölderlin einen Mitstreiter und zugleich einen seiner schärfsten Kritiker. Er studierte Kants Lehren, hörte die Ich-gesättigten Vorlesungen bei Fichte, beschäftigte sich mit Pantheismus, las Montesquieu und Herder, debattierte mit seinen Studienfreunden enthusiastisch Schillers *Räuber* und den *Don Carlos*, sympathisierte aufs Heftigste mit den Gedanken der Französischen Revolution und war ein entschiedener Gegner der despotischen Politik seines württembergischen Landesherzogs. Die Tat war jedoch seine Sache nicht, das wusste er selbst nur zu gut. In seiner Literatur hingegen entwarf er verführerische Gegenbilder und stellte die Gott- und Gedankenlosigkeit seiner Gegenwart mit scharfen Worten an den Pranger. Träumte sich vielmehr in ein idealisiertes klassisches Altertum, Griechisch sprach er wie seine Muttersprache, seine Zeitgenossen jedoch waren ihm ein geistloses „Gewimmel". Fühlte sich als „Todfeind aller einseitigen Existenz". Sah den Menschen eingebunden in die Transzendenz und sträubte sich ein Leben lang dagegen, Pfarrer zu werden, wofür er ausgebildet und als Stipendiat des Tübinger Stifts dem Konsistorium verpflichtet war. Suchte verzweifelt seinen eigenen Weg, den er nicht finden konnte, und wurde so zum Vorläufer der Moderne:

> *Oh ihr Armen, [...] die ihr auch so durch und durch ergriffen seid vom Nichts, das über uns waltet, so gründlich einseht, daß wir geboren werden für Nichts, daß wir lieben ein Nichts, glauben an's Nichts, uns abarbeiten für Nichts, um mälig überzugehen in's Nichts.[1]*

Er verherrlichte Athen und Griechenland, wo er nie war, über das Land jedoch, in dem er lebte, unter den Deutschen, legt er *Hyperion* die bitteren Worte in den Mund:

> *Es ist ein hartes Wort und dennoch sag' ich's, weil es Wahrheit ist: ich kann kein Volk mir denken, das zerrißner wäre, wie die Deutschen. Handwerker siehst du, aber keine Menschen, Denker, aber keine Menschen, Priester, aber keine Menschen, Herrn und Knechte, Jungen und gesetzte Leute, aber keine Menschen [...].[2]*

Die Deutschen sind ihm „Barbaren von Alters her, durch Fleiß und Wissenschaft und selbst durch Religion barbarischer geworden". Worte, die sich grauenhaft in der Historie des 20. Jahrhunderts bewahrheiten sollten. Er wollte mit seiner Dichtung „Erzieher des Volkes" sein und es zu einer segensreichen, friedlichen Einheit von Natur und Mensch führen, was er „Schönheit" nannte. Nach all den Jahren der Erfolglosigkeit jedoch kam er zu der für ihn letztlich verhee-

renden Erkenntnis: „aber sie können mich nicht brauchen."
Welch ein lakonischer, verzweifelter Satz.

Welch ein Dichten, welch ein Leben! „Zuweilen regte sich noch eine Geisteskraft in mir. Aber freilich nur zerstörend!" Das schrieb Friedrich Hölderlin bereits im ersten Band seines *Hyperion*-Romans, er war gerade siebenundzwanzig Jahre alt. Keine zehn Jahre später wird man ihn als *zerrüttet* bezeichnen, kurz darauf als *rabiat wahnsinnig* und ihn 1806 unter heftigster Gegenwehr in die neue Autenrieth'sche Nervenheilanstalt in Tübingen einliefern. Nach einigen Monaten wird er als *unheilbar* entlassen, drei Jahre gibt man ihm noch zu leben. Ein Schreinermeister, Ernst Zimmer, und dessen junge Familie nehmen ihn auf. Nur anfangs streng, bis er sich von seinen Anfällen erholt und beruhigt hat, immer jedoch geduldig und liebevoll pflegen und behüten sie ihn bis zu seinem Tod – bewundernswert bis heute und ein fast unfassbarer Glücksfall in Hölderlins glücklosem Leben. Ein amphietheatermäßiges Zimmer im Turm des Wohnhauses wird ihm zugeteilt, nur siebzig Meter von jener Anstalt entfernt, die ihn in gutem Glauben mit Radikalkuren, einer brutalen Gesichtsmaske und mit Gift versetzten Drogen fast zu Tode gebracht und die, so die neuere Forschung, seine psychischen Störungen möglicherweise tatsächlich in den Wahnsinn getrieben haben. Mehrere Fenster öffnen den Blick auf den Neckar und die liebliche Landschaft des Tales. Im legendären Turmzimmer lebt Hölderlin noch dieselbe Zeitspanne seines Lebens wie bis dahin, noch einmal sechsunddreißig Jahre und ein paar Monate dazu. Seine Bleibe wird zum Pilgerort für Neugierige sowie für Liebhaber des bis heute rätselhaften Werks und Menschen Friedrich Hölderlin.

Einmal werde ich nach Tübingen fahren.

*

Hölderlin. Was haben wir für ein Bild von ihm? Genie? Gescheiterter? Mann zwischen Klassik und Romantik? Manche Kritiker haben ihm Larmoyanz und pathetisches Selbstmitleid vorgeworfen. Ja, aber … Und immer wieder in solchen Augenblicken kommt mir Ingeborg Bachmanns allgemein gedachter Satz in den Sinn, als ich über die Moorwiesen von Leopoldskron gehe und die Grillen ihren Sommersang anstimmen: „Alle die tausend, Tausendstelsekunden von Gefallen, Angst, Begierde, Abscheu, Ruhe, Erregung, die einer durchmacht, worauf sollen die schließen lassen? Müssen sie schließen lassen? Auf eins doch nur: daß er von vielem gehabt und gelitten hat."

Überliefert sowie in seiner Dichtung nachzulesen ist vor allem die tragische Seite von Hölderlins Leben. Weniger weiß man von zuversichtlichen und zumindest aufblitzenden lebenslustigen Facetten, in denen er zum Beispiel, noch als Schüler in der Maulbronner Klosterschule, trotzig schreibt: „Dann jauchz' ich wieder, wo ist dein Stachel, Todt?", und später noch im *Lebenslauf* nimmt er sich „die Freiheit, aufzubrechen, wohin ich will". Er muss ein schöner Mann gewesen sein, seine Tübinger Kommilitonen meinten, dass Adonis den Speisesaal betrete, wenn er durch die Reihen ging. Er liebte guten und viel Wein, dürfte kein schlechter Reiter gewesen sein, kleidete sich sorgsam. Durch sein ganzes Leben hindurch wollten viele mit ihm befreundet sein, Nast, Neuffer, Magenau, Niethammer, Hegel, Schelling, Landauer oder Isaac von Sinclair, der vielleicht treueste, jedoch auch undurchsichtigste Freund. Und es hieß, dass er, obwohl scheu, an jedem Ort, an dem er länger lebte, eine Geliebte zurückgelassen hätte. Für jene Menschen, denen er vertraute, war Hölderlin, wenn er sich nicht für Wochen oder Monate zurückzog und unansprechbar war, heiter, lebhaft und man konnte in ihm lesen, wie in einem offenen Buch. Sprudelnd und feurig entwarf er neue Weltbilder, mit den Jugendfreunden Hegel und Schelling, mit denen er engen Kontakt hielt bis zu seinem Zusammenbruch, entwarf er um 1797 das von Hegel niedergeschriebene *Älteste Systemprogramm des deutschen Idealismus*. Fast alle Freunde erreichten hohe Ämter und Ansehen und machten als Politiker, Theologen oder Universitätsprofessoren für Philosophie Karriere – Hölderlin blieb der Erfolglose, Suchende, Rastlose, Flüchtende. „Ein Zeichen sind wir, deutungslos."

Seit Langem lese ich in diesen ruhigen Wochen einer weltweiten Epidemie ohne Termine und Gastlichkeit Friedrich Hölderlin. Verliere mich in seinen Dichtungen und philosophischen Schriften und in immer neuen Biografien, Essays, Kommentaren. Das langsame, qualvolle Sterben eines Freundes hat mich darauf gebracht. Der Dichter und Fischer Hans Eichhorn schrieb mir kurz vor seinem Tod, dass er vor allem Hölderlin lese. Er hatte einen Satz aus dessen *Dichtermuth* zitiert, der mich erschütterte: „Drum! so wandle doch wehrlos/Fort durchs Leben und sorge nicht!"

Die Literatur über Hölderlin ist uferlos. Die Landsleute aus Schwaben waren, allerdings erst nach Vorarbeiten des preußischen Leutnants Heinrich Diest, die Ersten, die den in seinem Turmzimmer der Welt Entrückten zu verstehen suchten und sich um das Weiterleben seiner Werke bemühten: Ludwig Uhland, Vater Gustav und Sohn Christoph Theodor Schwab, Wilhelm Waiblinger und Eduard Mörike, der, wie er schrieb, jederzeit für ein *testimonium für Hölderliniana* zu haben sei. Bettine Brentano und ihr Bruder Clemens wären noch als frühe Bewunderer zu nennen, im Grunde jedoch war er vergessen, wurde zwar alt, dreiundsiebzig Jahre, schien als Dichter jedoch mit sechsunddreißig Jahren gestorben zu sein. Nach seinem stillen Tod 1843 waren beim Begräbnis nur die noch lebenden Angehörigen der Zimmer'schen Pflegefamilie, ein paar Verstreute sowie eine Schar von Studenten, die den seltsamen Kauz auf ihre Art liebten. Keine Familienangehörigen, kein Stiefbruder. Die Mutter, die 1828 gestorben war, hatte ihren Sohn kein einziges Mal besucht, weder in der Nervenheilanstalt noch im Turm über dem Neckar, obwohl sie nur eine kurze Strecke davon entfernt in Nürtingen lebte. Hölderlins Schriften aus dieser Zeit wurden erst spät bekannt, er hat sehr wohl noch gedichtet, vieles ging verloren, manches wurde achtlos verschenkt oder verkauft. Meist schrieb er über Baum und Feld, Wald und Wiese.

Der Sommer

Die Tage gehen vorbei mit sanfter Lüffte Rauschen,
Wenn mit der Wolke sie der Felder Pracht vertauschen,
Des Thales Ende trifft der Berge Dämmerungen,
Dort, wo des Stromes Wellen sich hinabgeschlungen.

Der Wälder Schatten sieht umhergebreitet,
Wo auch der Bach entfernt hinuntergleitet,
Und sichtbar ist der Ferne Bild in Stunden,
Wenn sich der Mensch zu diesem Sinn gefunden.

d. 24. Mai 1758   *Scardanelli*[3]

Schrieb auch schnell einmal einem Besucher auf dessen Bitte ein paar Reime hin, die betroffen machen.

Das Angenehme dieser Welt hab ich genossen,
Der Jugend Freuden sind wie lang! wie lang! verflossen.
April und Mai und Junius sind ferne,
Ich bin nichts mehr, ich lebe nicht mehr gerne.[4]

Es war Friedrich Nietzsche, der Hölderlin wiederentdeckte, sich ihm verwandt fühlte, ihn liebte ob seiner Verlorenheit und der Feier von Orpheus und Dionysos. Es war nur folgerichtig, dass der Kreis um Stefan George, der ebenso sprachbewusst und hermetisch war wie Hölderlin, ihn ehrte und Norbert von Hellingrath seine Werke neu herausgab. Die große, bis jetzt anhaltende Renaissance kam erst um die zweite Hälfte des 20. Jahrhunderts, verstärkt zum 200., 2020 zum 250. Geburtstag. Kaum ein großer Denker oder Dichter, der sich nicht mit ihm auseinandergesetzt hätte, von Georg Trakl zu Walter Benjamin, von Martin Heidegger über Paul Celan, Martin Walser, Peter Weiss bis zu Navid Kermani und vielen anderen. Wolf Biermann trug kurz vor seiner Ausbürgerung aus der DDR Hölderlins Gedicht *Hälfte des Lebens*, das als meist zitiertes und meist interpretiertes deutsches Gedicht gilt, 1976 in der ausverkauften Kölner Sporthalle vor und verstärkte damit die politische Deutung von Hölderlins Hymnen, Oden und freien Versen. Peter Härtling schrieb Hölderlin eine hinreißende Roman-, jüngst Rüdiger Safranski eine neue, weniger emphatische Anlass-Biografie. Friederike Mayröcker gab einem ganzen Buch jenen Namen, mit dem sich Hölderlin in seinen letzten Lebensjahren unterschrieb: *Scardanelli*.

Mit gleichen oder ähnlichen biografischen Voraussetzungen wie jene Hölderlins mögen manche zurechtgekommen sein. Er selbst mühte sich, ein Gelingen zustande zu bringen, schrieb sogar Zeilen, die zum inflationären Ermunterungswort wurden: „Wo aber Gefahr ist, wächst/Das Rettende auch." Schrieb: „Komm! ins Offene, Freund!", für ihn selbst jedoch gab es weder das Rettende noch das Offene. Er scheiterte am Banalen, an der Liebe und, wie Lunatscharskij betonte, am ihn umringenden sozialen Leben.

Die Fakten seiner Kindheit sind hinlänglich bekannt, vom frühen Verlust des Vaters und des geliebten Stiefvaters, von drei Klosterschulen, die Eiseskälte in jeder Hinsicht sowie Indoktrinierung bedeuteten, was bis in die Gegenwart von Robert Musil über Josef Haslinger bis zu Thomas Hürlimann den Stoff für verstörende Erinnerungen liefert. Die Mutter ist eine zweifelhafte Gestalt. Er liebte und verehrte sie, die „Mamma". Gerade deshalb kam er nie wirklich von ihr los, die ihn kleinlich und permanent gängelte und aus ihm einen Pfarrer in einer beschaulichen Landgemeinde machen wollte, ihn traktierte, bis er zusammenbrach, die ihm sein beträchtliches väterliches Erbe vorenthielt – es allerdings auch geschickt zu vermehren wusste –, sodass er, wenn er versuchte, als freischaffender Schriftsteller zu leben, ein armer Schlucker blieb, der um jeden Gulden und Kreuzer bitten musste. Akribisch hielt sie auf sechs Folioblättern fest, was sie für ihn ausgab. An Isaac von Sinclair, der Hölderlin – ob aus homoerotischer Neigung oder nicht – vielfach aus tiefer Depression und Isolation herausgeholt, ihn großzügig finanziell unterstützt sowie ihn ermunternd wieder unter Menschen gebracht hat, schrieb sie, dass sie des Sohnes Rechnungen begleichen würde, „wan Er im gehorsam Bleibt". Da war Hölderlin über dreißig. Noch sein erstes größeres, so sehnsuchtsvoll erwartetes Honorar für den ersten Band des *Hyperion* von 100 Gulden ließ er vom Verleger Cotta der Mutter überweisen, um den Pelzrock und die Stiefel abzugelten, die er sich vor dem Winter hatte machen lassen. Als

Hölderlin 1806 dem Hochverratsprozess seines Freundes Sinclair nur dadurch entkam, dass er ärztlich als „wahnsinnig" eingestuft und mit Gewalt und verzweifelter, tobender Gegenwehr in die Nervenheilanstalt eingeliefert wurde, hatte dies zur Folge, dass er entmündigt wurde und bis zu seinem Tod keinen Zugang mehr zu seinem Vermögen und ebenso wenig Verfügungsgewalt über sein Werk hatte. Er starb als reicher Mann, wovon er nichts wusste. Vielleicht war es eine bewusste oder unbewusste Rache, dass er seine eigenen Gedichte, die 1726 durch Uhland und Gustav Schwab bei Cotta herauskamen, „geradewegs für unächt" erklärte.

*

Und dann waren noch: sein Beruf und seine große Liebe. „Hofmeister" zu werden, war, wie für viele seiner Zeit, die naheliegende Ausflucht aus prekärer Situation. Schon der Sturm-und-Drang-Dichter und Goethe-Freund Jakob Michael Reinhold Lenz ist am Hofmeisterdasein zerbrochen, in Moskau verlieren sich seine Spuren, Georg Büchner hat sein Schicksal für uns ergreifend nachlesbar gemacht. Eine Universitätsdozentur war für Hölderlin unerreichbar, er selbst auch zu zweifelnd und zu wenig hartnäckig. So blieb er Hauslehrer, der bei den Reichen letzten Endes als Domestik galt. Selten geschätzt und von der Gesellschaft, die ihn umgab, belächelt, mitunter gänzlich übersehen. Zunehmend deutlicher, vor allem in seiner Frankfurter Zeit im Hause des Bankiers Jakob Friedrich Gontard, in dem er in dessen Gemahlin Susette Gontard die große, zerstörerische Liebe seines Lebens fand, ist er „auf Kulturhaß" gestimmt, „zu Verachtung alles sehr bestimmten Geschäfts". Frankfurt war damals schon eines der großen Finanzzentren Europas, auch ein wichtiger Finanzier des Kaisers in Wien und des *Heiligen Römischen Reichs Deutscher Nation*. Diese tüchtige, berechnende, luxuriöse Welt einer auf den internationalen Kapitalmarkt konzentrierten Gesellschaft ist Hölderlin zuwider, ihre Vertreter sind ihm „lauter ungeheure Karikaturen. Bei den meisten wirkt ihr Reichtum, wie bei Bauern neuer Wein; denn gerad so läppisch, schwindlich, grob und übermüthig sind sie". Er fühlt sich übergangen, verletzt und verurteilt. „Nein! o nein! wer richtet denn itzt?/Ein Natterngeschlecht! feig und falsch". Und wer kennt nicht die Zeilen aus dem Gedicht *Menschenbeifall*?

> *Ist nicht heilig mein Herz, schöneren Lebens voll,*
> *Seit ich liebe? Warum achtet ihr mich mehr,*
> *Da ich stolzer und wilder,*
> *Wortereicher und leerer war?*
> *Ach! der Menge gefällt, was auf den Marktplatz taugt,*
> *Und es ehret der Knecht nur den Gewaltsamen;*
> *An das Göttliche glauben*
> *Die allein, die es selber sind.*[5]

Vier Hofmeisterstellen hatte Hölderlin inne. Den ersten Zögling musste er verlassen, da er dessen krankhafter, auch öffentlicher Onaniersucht nicht Herr werden konnte, der zweite, Henry Gontard, liebte ihn und vice versa, aber der Lehrer wurde nach einer heftigen Auseinandersetzung mit Jakob Friedrich Gontard aus dem Haus gejagt. Die dritte und vierte Dienststelle im schweizerischen Thurgau bei der Familie Gonzenbach und schließlich 1802 im fernen Bordeaux beim Hamburger Konsul und Weinhändler Daniel Christoph Meyer, dessen Familie vor der Revolution angeblich mit der Ausrüstung von Sklavenschiffen zu Reichtum gekommen war, verließ Hölderlin jäh und unerklärlich nach wenigen Monaten.

Bordeaux.

In die lebensvolle Hafenstadt am Atlantik war Hölderlin, wie meist bei seinen Reisen, im Winter aufgebrochen, Dezember 1801. Die gesamte Strecke von Nürtingen und Stuttgart, die rund 600 Kilometer, ging er zu Fuß. Mitunter mag er für kurz eine Postkutsche benutzt haben. Es war eine abenteuerliche, wiederholt unterbrochene Reise, aufgehalten von zermürbenden Passkontrollen, Einreise- und Aufenthaltsverboten, Schneestürmen. In Lyon hat er wahrscheinlich den Empfang für Napoleon miterlebt. Über die verschneiten französischen Mittelgebirge der Auvergne und des Massif Central musste er sich mühsam seinen Weg bahnen, halb erfroren, hungrig, von Räubergesindel bedroht, „in Sturm und Wildniß, in eiskalter Nacht und die geladene Pistole [...] im rauhen Bette" neben sich. Von Clermont-Ferrant nahm er nach neuesten Forschungen[6] die damalige Poststraße über Périgueux, die heutige Route Nationale 89. Am 11. Dezember 1801 war er aus Deutschland aufgebrochen, am 28. Jänner 1802 kam er erschöpft, aber voll Hoffnung in Bordeaux an.

Es war ein schwerer Abschied von Mutter, Geschwistern und Freunden gewesen, er hatte kurz zuvor nur Enttäuschungen erlebt. Die Universitätsstelle in Jena kam nicht zustande, weder von Schiller noch von seinem Freund Immanuel Niethammer hatte er auf seine Bitte um Fürsprache Antwort bekommen. Am 4. Dezember 1801 schreibt er an Casimir Ulrich Boehlendorff einen denkwürdigen Brief:

[...] es hat mich bittre Thränen gekostet, da ich mich entschloß, mein Vaterland noch jetz zu verlassen, vielleicht auf

immer. Denn was hab' ich lieberes auf der Welt? Aber sie
können mich nicht brauchen.[7]

In Bordeaux wird er herzlich von der Familie des begüterten
Konsuls und Weinhändlers Daniel Christoph Meyer emp-
fangen. Er werde hier glücklich sein, sagt der Hausherr des
palastartigen Anwesens im Zentrum der Stadt, das in Stil
und Ehrgeiz dem benachbarten Grand Théâtre angeglichen
ist, und Hölderlin glaubt es selbst. Er würde sich zwar mehr
Bescheidenheit wünschen, die Zöglinge sind ihm jedoch
„lebendige Bilder der Hoffnung".

Das Palais steht noch heute unverändert am Ende der Allées
de Tournay. W. und ich haben es gesucht, als wir am Ende
unserer Reise auf der Suche nach dem verlorenen Lebens-
glück von Dichterinnen und Dichtern von Cap d'Ail über
Banyuls nach Bordeaux fuhren, dieser Stadt der letzten Zu-
flucht, der letzten Flucht Friedrich Hölderlins. Das Palais
war vergraben und versteckt hinter Jahrmarktsbuden, Rin-
gelspiel und großen, hässlich-weißen Plastikzelten. Die Lage
jedoch ist ideal, ein großzügiges Quartier mit schönen, klassi-
zistischen Häusern, die die Allee einfassen, nicht weit ist es
zu den Ufern der Garonne – von den obersten Fenstern des
Meyer'schen Anwesens sah man angeblich die ein- und aus-
laufenden Schiffe des belebten Hafens, auch die Markt- und
Handelsplätze in der Nähe der für die Stadt so wichtigen
Börse sind leicht erreichbar.
   Man weiß sehr wenig über Hölderlins Leben in den kur-
zen dreieinhalb Monaten, die er hier war. Das Leben damals
ist jedoch gut vorstellbar und es muss für ihn von großer
Faszination gewesen sein. Zum ersten Mal lebt er in der
Nähe des Meeres. Der Atlantik ist zwar zu weit weg, als dass

er ihn täglich hätte sehen können, aber allein das Mündungsgebiet von Garonne und Dordogne lässt in seiner Weite und Offenheit das Meer spüren, es riecht nach Salz, die Gezeiten bestimmen den Rhythmus der ein- und auslaufenden Schiffe, sie kommen aus Indien und China, aus Kapstadt und von den amerikanischen Küsten. Die Schiffe bringen Menschen und Waren aus der weiten Welt, fremde Gedanken, fremde Kleider, Farben und Zauberdinge. Er hat bisher nur im kleinbürgerlichen Schwaben gelebt, in den Landschaften und Geisteszentren von Sachsen und in den deutsch-strengreglementierten Städten von Frankfurt und Stuttgart. In Bordeaux stoßen europäische Kleinstaaterei und das Grenzenlose zusammen, allein die Hausherrin war eine aus den Antillen stammende Französin, sie kam mit vier Kindern und gebar ihrem zweiten Mann, dem Konsul, weitere vier. Sie führen ein großes Haus, Bordeaux ist reich an Theatern, Oper, Bibliotheken und humanistischen Idealen, es gibt einen engen Zusammenschluss der hanseatischen Kolonie, wie die Deutschen insgesamt gut organisiert und höchst einflussreich sind, wobei die Religion keine unwesentliche Rolle spielt– aber in den Gassen und auf den weiten Plätzen der selbstbewussten Meeresmetropole hört Hölderlin fremden Sprachklang, sieht er Menschen unterschiedlicher Hautfarbe, findet und spürt er in den Gaststätten andere Sitten, Blicke, Leidenschaften. Der Winter 1802 war für Bordeaux eine kurze, lang erhoffte Zeit des wirtschaftlichen Aufschwungs, die Schreckensjahre der Revolution waren vorüber, der Krieg mit England bricht erst ein Jahr später wieder aus. Es wird März, es wird April, der Meerwind ist warm, man macht Ausflüge auf den grünen Hügel gegenüber der Stadt nach Lormont mit seinen Gärten und in die Wochenendvilla der Meyers in Blanquefort, wo schon die Weinberge an den Ufern nördlich der Dordogne beginnen. Zur Frühlingssonnenwende wird in der ganzen Stadt musiziert, getanzt und gefeiert …

Hätte Hölderlin glücklich werden können hier?

Lässt sich erklären, warum er es nicht wurde? Und wie liest sich dieses kurze Leben in Bordeaux in seinen eigenen Worten, in einem seiner schönsten Gedichte, das eine „Erinnerungshymne" genannt wurde, die die vielen Schichten von Mnemosyne über die Ereignisse eines Lebens zusammenfügt in einer „Topographie des Seyns"?

Andenken

Der Nordost wehet,
Der liebste unter den Winden
Mir, weil er feurigen Geist
Und gute Fahrt verheißet den Schiffern.
Geh aber nun und grüße
Die schöne Garonne,
Und die Gärten von Bordeaux
Dort, wo am scharfen Ufer
Hingehet der Steg und in den Strom
Tief fällt der Bach, darüber aber
Hinschauet ein edel Paar
Von Eichen und Silberpappeln;

Noch denket das mir wohl und wie.
Die breiten Gipfel neiget
Der Ulmwald, über die Mühl',
Im Hofe aber wächset ein Feigenbaum.
An Feiertagen gehen
Die braunen Frauen daselbst

Auf seidnen Boden,
Zur Märzenzeit,
Wenn gleich ist Nacht und Tag,
Und über langsamen Stegen,
Von goldenen Träumen schwer,
Einwiegende Lüfte ziehen.

Es reiche aber,
Des dunkeln Lichtes voll,
Mir einer den duftenden Becher,
Damit ich ruhn möge; denn süß
Wär' unter Schatten der Schlummer.
Nicht ist es gut,
Seellos von sterblichen
Gedanken zu sein. Doch gut
Ist ein Gespräch und zu sagen
Des Herzens Meinung, zu hören viel
Von Tagen der Lieb',
Und Taten, welche geschehen.

Wo aber sind die Freunde? Bellarmin
Mit dem Gefährten? Mancher
Trägt Scheue, an die Quelle zu gehn;
Es beginnet nämlich der Reichtum
Im Meere. Sie
Wie Maler, bringen zusammen
Das Schöne der Erd' und verschmähn
Den geflügelten Krieg nicht, und
Zu wohnen einsam, jahrlang, unter
Dem entlaubten Mast, wo nicht die Nacht durchglänzen
Die Feiertage der Stadt,
Und Saitenspiel und eingeborener Tanz nicht.

Nun aber sind zu Indiern
Die Männer gegangen,
Dort an der luftigen Spitz'
An Traubenbergen, wo herab
Die Dordogne kommt,
Und zusammen mit der präch'tgen
Garonne meerbreit
Ausgehet der Strom. Es nehmet aber
Und gibt Gedächtnis die See,
Und die Lieb' auch heftet fleißig die Augen.
Was bleibet aber, stiften die Dichter.[8]

*

Ende April, Anfang Mai 1802 beantragt Hölderlin seinen Rückreisepass. Am 10. Mai wird er ihm bis Straßburg ausgestellt. Warum ergreift er, wie er es sonst auch immer getan hat, auch von Bordeaux so schnell wieder die Flucht? Reist ab, obwohl ihm Konsul Meyer das beste Zeugnis ausstellt, es offensichtlich keinen Streit, keine Unzufriedenheit gab? Nur Fragen und Mutmaßungen hat selbst die Forschung anzubieten: Will er sich den Zumutungen der deutschen Kolonie, Predigtdienst zu leisten, entziehen? Was verbirgt sich hinter den „braunen Frauen"? War es Symptom einer Geistesverwirrung? Hatte er aus Frankfurt Nachricht vom besorgniserregenden gesundheitlichen Zustand Susette Gontards?

Wie weit war er da, überlege ich, bereits von der enthusiastischen Lebensbejahung und Zukunftsfreudigkeit des jungen *Hyperion* und seines Romanfreundes *Alabanda* entfernt: „Wir schwelgen, [...] wir töten im Rausche die Zeit." Aber die Zeit hatte das Beste in ihm selbst getötet. Er ist Empedokles geworden, der sich in den Feuerkrater stürzt. Es treibt ihn zurück, rastlos und rätselhaft bis heute, diesmal über Paris. Leichenblass, abgemagert, verstört und verwahrlost, in höchster Erregung kommt er gegen Ende Juni in der Heimat an. Wild und ungeschnitten Bart und Haar, ein Schock für Freunde und Angehörige. Wusste er da vielleicht doch schon von der ernstlichen Erkrankung, später vom Tod jener Frau, die er verzehrend liebte und von deren Ableben Sinclair ihm nach Bordeaux berichtete, ohne zu wissen, dass er schon längst auf dem Rückweg war? Am 22. Juni 1802 ist Susette Gontard in Frankfurt an Röteln gestorben.

Susette Gontard, die Geliebte.

Die unerreichbar geblieben war im gesellschaftlichen Korsett der Zeit, eine Liebe, die ihn zerrüttete bis in die Knochen. Susette, seine *Diotima*: „[...] Hat, noch eh wir uns gesehen/ Unser Wesen sich erkannt [...]" Diese herzergreifende, bis zur Abgenutztheit beschriebene Liebesgeschichte zwischen der Frau eines reichen Frankfurter Bankiers und einem Dichter, der als Hofmeister in dessen Palais engagiert war.

Ach! an deine stille Schöne,
Seeligholdes Angesicht!
Herz! an deine Himmelstöne
Ist gewohnt das meine nicht;
Aber deine Melodien
Heitern mälig mir den Sinn,
Daß die trüben Träume fliehen,
Und ich selbst ein andrer bin;
Bin ich dazu denn erkoren?
Ich zu deiner hohen Ruh,
So zu Licht und Lust geboren,
Göttlichglückliche! wie du? – [9]

Eine Liebe für zweieinhalb Jahre, eine Liebe für die Ewigkeit. Glückseligkeit, Heimlichkeit, Demütigung, Scham, Verzweiflung. „Du schweigst und duldest, und sie verstehn dich nicht", schreibt er im Gedicht *Diotima*, und ein ganzes Schicksal liegt darin. Nach einer morgendlichen heftigen Auseinandersetzung mit Susettes Ehemann flüchtet Hölderlin Hals über Kopf nur wenige Stunden später aus dem Haus, ohne Abschied von der Geliebten, von seinem Schützling Henry und der unhaltbaren Situation. Es war September 1798. Die Trennung von Susette erscheint ihm später wie Mord. „Trennen wollten wir uns? wähnten es gut und klug?/Da wir's taten, warum schröckte, wie Mord, die That?" Schon im Sommer 1797 ist ein Schatten auf diese verbotene Liebe gefallen. An seinen Freund Neuffer schreibt er: „[…] ich schweige und schweige, und so häuft sich eine Last auf mir, die mich am Ende fast erdrüken, die wenigstens den Sinn unwiderstehlich mir verfinstern muß? […] Ich bin zerrissen von Liebe und Haß."[10] Bis Mai 1800 bleiben sie in Verbindung. Verstohlene, wagemutige Treffen, Hintertreppe und Theater, Briefe durch Hecken zugesteckt, aus dem Fenster geworfen, ein hastiges Wiedersehen an einem bestimmten Tag der Woche, dann des Monats, schließlich des Jahres, damit sie wisse, ob er noch lebe. Seit Hölderlins Weggang kränkelnd und entkräftet, stirbt Susette Gontard, ohne dass sie Hölderlin noch einmal gesehen hat. Ihre Briefe und Aufzeichnungen wurden spät erst gefunden und zeigen die Glut und Klugheit dieser Frau. Die zahlreichen, klagenden Gedichte Hölderlins an Diotima, vor allem jedoch sein *Hyperion*-Roman, dessen zweiten Band er im Herbst 1799 Susette überreicht, haben das Idealbild für immer bewahrt. In diesem Band lässt er seine Literatur-Diotima sterben, er entschuldigt sich bei der wirklichen dafür in einem Briefentwurf, der erhalten ist:

Hier u n s e r n Hyperion, Liebe! Ein wenig Freude wird diese Frucht unserer seelenvollen Tage Dir doch geben. Verzeih mirs, daß Diotima stirbt. Du erinnerst Dich, wir haben uns ehmals nicht ganz darüber vereinigen können. Ich glaubte, es wäre, der ganzen Anlage nach, nothwendig. Liebste! alles, was von ihr und uns, vom Leben unseres Lebens hie und da gesagt ist, nimm es wie einen Dank, der öfters umso wahrer ist, je ungeschikter er sich ausdrükt. [...] Es ist wohl der Thränen alle werth, die wir seit Jahren geweint, daß wir die Freude nicht haben sollten, die wir uns geben können, aber es ist himmelschreiend, wenn wir denken müssen, daß wir beide mit unsern besten Kräften vielleicht vergehen müssen, weil wir uns fehlen.[11]

Hölderlin widmet den Band Susette Gontard mit den Worten: „Wem sonst als Dir"

*

Anderes gibt es, das verstörend ist bis heute. Die Ode *Der Tod fürs Vaterland* zum Beispiel, in der, wie Daniel Kehlmann sagt, „die scheußlichste aller großen Gedichtzeilen unserer Sprache" steht: „Und zähle nicht die Toten! Dir ist,/ Liebes! nicht e i n e r zu viel gefallen." Unverzeihlich, selbst wenn man in Betracht zieht, dass Hölderlin zur Zeit der Napoleonischen Kriege lebte, in der die angegriffenen europäischen Großmächte und die über zweihundert Splitterstaaten Deutschlands aufgerufen waren, sich zur Wehr zu setzen. Kein noch so „gerechter" Krieg rechtfertigt einen einzigen Toten. Auch kein Idealbild von Vaterland, das Hölderlin letztlich als friedliches, demokratisches im Sinne von „Freiheit, Gleichheit und Brüderlichkeit" erhoffte. Ein

Hymnus auf den freudigen Opfertod für das Vaterland rächt sich und verleitet zu Gebrauch und Missbrauch: Die Nationalsozialisten gaben ihren frisch ausgemusterten Soldaten eine *Hölderlin Feldauswahl* mit in den Tornister und in den Tod. Wem war bewusst, dass sie den „Wahnsinnigen" als „unwertes Leben" in die Gaskammer geschickt hätten?

Es war nicht diese Ausgabe, in der ich lese, die ich mit mir herumtrage im Leopoldskroner Weiherwald, gegenüber von Schloss und Park, die unter anderem einem König, einem Fleischermeister und schließlich Max Reinhardt zu eigen waren. Von den Nazis wurde der große Regisseur und Mitbegründer der Salzburger Festspiele daraus vertrieben, ihre Bonzen residierten nun selbst darin, und als das Ende kam, richtete einer von ihnen ein Blutbad an, indem er seine Frau, seine Kinder und sogar noch das flüchtende Küchenmädchen erschoss. Die Ausgabe, in der ich lese, ist jene des Philipp Reclam jun. Verlages Leipzig s.a., aber auf der ersten Seite steht die Eintragung meines Vaters „Steyr, im Julmond 1936". Da war er bereits ein illegales Mitglied der NSDAP. „Für Führer und Vaterland" starb er 1942 an den Ufern der oberen Wolga. In einem seiner letzten Briefe an meine Mutter schrieb er von dem „dunklen Tor", das auf ihn warte.

*

Widersprüchlich war Friedrich Hölderlin, gewiss. „Täglich' geh ich heraus, und such' ein anderes immer […]", heißt es in *Menons Klage um Diotima*. Er sieht sich als „Augenblicklicher". Einmal schreibt er, dass er „nie nichts werden" werde und ein andermal „[…] doch will zuvor ich/Mir gehören und mir Leben erbeuten und Ruhm". Er weiß es: Zuletzt wird er den furchtbaren Schicksalsgöttinnen anheimfallen, aber zuvor will er „Leben erbeuten". Diese Hölderlin'schen Wendungen. Das Zitat stammt aus den verstreuten Schriften. Viele Bruchstücke hinterließ er, viele Versuche, Variationen, Unvollendetes. Aber – Sie wissen es selbst – wie viel Vollendetes auch, niederschmetternd einfach und schön:

Hälfte des Lebens

Mit gelben Birnen hänget
Und voll mit wilden Rosen
Das Land in den See,
Ihr holden Schwäne,
Und trunken von Küssen
Tunkt ihr das Haupt
Ins heilignüchterne Wasser.

Weh mir, wo nehm' ich, wenn
Es Winter ist, die Blumen, und wo
Den Sonnenschein
Und Schatten der Erde?
Die Mauern stehn
Sprachlos und kalt, im Winde
Klirren die Fahnen.[12]

Manchmal gehe ich in der Morgendämmerung an den Weiher. Nebel liegt über dem Wasser und taucht die Gänse und Schwäne in mystisches Licht. Hölderlin liebte solche Stimmungen. Fast täglich stand er im Morgengrauen auf, ging, rannte über Wiesen und Felder, lange, bevor er zum Frühstück und zum Dienst des Unterrichtens seiner privaten Schützlinge erschien. Und noch im Turmzimmer sei er ruhe- und rastlos umhergewandert, stundenlang, auch nachts. War er, wurde er tatsächlich wahnsinnig? Oder war er, wie Pierre Bertaux 1969 in seiner revolutionären These vermutete, ein genialer Schauspieler wie Hamlet, der sich aus der Welt zurückzog und die „Umnachtung" nur vortäuschte, um in Frieden leben zu können? Generationen von Psychologen und Psychiatern haben Hölderlins „Krankheit" unterschiedliche Ursachen und Namen gegeben: Nachkrankheit der Krätze, Schizophrenie, Kataphasie, Schizophasie, geschauspielerte Narretei, historisch-kritische Psychoseerfahrung, Melancholie. Unter dem Rauschen der Eichen und Silberpappeln denke ich mir, ohne jede haarspalterische Unterscheidung: Es war einfach alles zu viel für dieses „reinste, weichste Gemüt", wie Nietzsche schrieb, für ihn, der zu seinen Lebzeiten nur vereinzelt anerkannt wurde, dem seine große, erschütternde Liebe, seine politischen Ideale und schließlich seine Sendung als Dichter, als Medium der Götter, zugrunde gingen. Vor seinem endgültigen Zusammenbruch wandte er sich dem Selbstmörder Empedokles zu, der sich in den feuerbrodelnden Krater des Ätna stürzte, sowie der Übersetzung der Lyrik Pindars und der Sophoklesdramen des geblendeten Ödipus und der aufrührerischen Antigone. In den späten Notaten vor dem Abtransport in die Tübinger Klinik zertrümmert er selbst noch sein „Heiligstes", die Sprache, indem er sie zur *techné, poiesis*, zur mechanischen Verrichtung transformiert, und will sich zukünftig der Architektur und der Vermessung des Himmels zuwenden und dessen Verhältnis zur Erde im „gesezlichen Kalkül". Früher als den Künstlern der nächsten Jahrhundertwende sowie der Moderne zerbrach Hölderlin alles: die Welt und die Werte, der Götterhimmel, das Menschenvertrauen und das Versprechen einer besseren Welt. Der Glaube an den Fortschritt ertrank ihm im Blut der Guillotine und jener an demokratische Regierungsformen im Kaiserreich Napoleons. Er sah die Besiegten und die Sieger, die zu Vergewaltigern, Plünderern und Mördern wurden. „Immerhin hat das den Staat zur Hölle gemacht, daß ihn der Mensch zu seinem Himmel machen wollte." Und schließlich konnte er nicht mehr anders als zu schreien, rasend und tobend zu schreien. Alle Schranken waren gefallen, alle Schleusen offen, Angst, Panik, Wut, alle Zügel losgelassen, alles ein Leben lang Unterdrückte brach sich Bahn, Hass, Enttäuschung, Verzweiflung. „O spottet, wenn ich hin bin, spottet und sagt: er starb, weil ihm ein Traum sich nicht erfüllte."[13]

Das Leben war für Hölderlin keine Zeit der Klassik, keine Zeit des Edlen und Schönen, selbst seine unvergleichlichen romantischen Naturbilder zeigen Risse. Seine Sprache, verstörend und verzaubernd gleichermaßen, kennt den hymnisch antiken Ton, der heute fremd klingen mag, ist andererseits jedoch von atemraubender Modernität. Das universell bedrängende seiner Schriften, aufgeladen mit der Energie, uns zu verwandeln, sowie die Brüchigkeit seiner Existenz sind zeitlose Chiffren. Die krude Empirie, die Realität als verarmte Wirklichkeit, die alles, was undeutbar, unfassbar über uns steht, leugnet, waren ihm zu wenig. Stärker als alles andere fühlte er Umbruch und Aufbruch, Zerwürfnis und Selbstsucht, Verdinglichung und Verlorenheit im Nichts, in der Sinnlosigkeit einer entgötterten Welt. Mit selbstzerstörerischer Konsequenz hielt er an seiner Radikalität fest, an der Utopie eines menschenwürdigen, einander in Liebe zugeneigten Zusammenlebens im Strom der Zeit. „Wohl gehen die Frühlinge fort, ein Jahr verdränget das andre,/ Wechselnd und streitend, so tost droben vorüber die Zeit/ Über sterblichem Haupt" heißt es in *Menons Klagen um*

Diotima. Jenseits aller Dunkelheiten blieb die Sehnsucht nach dem Einfachsten: „Leben will ich denn auch!"

Und Dichten! An die Schicksalsgöttinnen hat er, wenn er nicht der Verzweiflung Rede geben will, in einer seiner berühmtesten Oden nur einen Wunsch:

An die Parzen

Nur Einen Sommer gönnt, ihr Gewaltigen!
Und einen Herbst zu reifem Gesange mir,
Daß williger mein Herz, vom süßen
Spiele gesättiget, dann mir sterbe.

Die Seele, der im Leben ihr göttlich Recht
Nicht ward, sie ruht auch drunten im Orkus nicht;
Doch ist mir einst das Heil'ge, das am
Herzen mir liegt, das Gedicht, gelungen,

Willkommen dann, o Stille der Schattenwelt!
Zufrieden bin ich, wenn auch mein Saitenspiel
Mich nicht hinab geleitet; Einmal
Lebt ich, wie Götter, und mehr bedarfs nicht.[14]

*

Jeweils im Winter nimmt ein Biber Quartier auf einer der Weiherinseln. Rundum am Ufer nagt er eifrig und erbarmungslos alle Weidenbüsche an, auf den Inseln fällt er Bäume, Birken, Buchen, Eschen, gestürzt liegen sie tot im Wasser, nur die Schlossufer lässt er unberührt. Ebenso den Park, in dem einst Max Reinhardt Shakespeare hatte spielen lassen. Kaum ein Tier kommt in Hölderlins Werken vor, aber immer

Bäume und Wälder, Flüsse und Täler und die Unrast der Quellen, die er in sich fühlte. Beständig war er auf der Flucht, Besitz hatte er keinen. Er liebte die Haine von blühenden Apfelbäumen, die Gärten, Blumen und Blüten, die er mit Susette besprach, liebte die Nacht, die Sterne, betete die Sonne an, die Botin des Himmels. Ach, wäre er Botaniker oder Astronom geworden, vielleicht wäre er glücklicher geworden. In der jüngsten Studie *Hölderlin. Das Klischee vom umnachteten Genie im Turm* kommen die Psychiater Uwe Gonther und Jann E. Schlimme zur Ansicht, dass Hölderlin vielleicht nie so zufrieden gelebt habe wie in seiner Rückzugszeit. Wie viel wird diesem unentwegt fragenden Hölderlin von seinem *Zustand* bewusst gewesen sein? Alles? Nichts? Ein Teil, ein kleiner, ein großer, momenthaft, schmerzlich oder erlösend?

Es war ein Leben fern der Menschen und Forderungen des Tages, der fremden und eigenen Ansprüche, nur gestört von lästigen Besuchern, die er ironisch oder selbstvergessen mit „Ew. Heiligkeit" oder ähnlich devoten Titeln ansprach. Es kam jedoch vor, dass er sehr präzise fragte, ob er „Strophen über Griechenland, den Frühling oder den Zeitgeist" schreiben solle. Und schrieb dann, irgendwann, über den Winter: „Wenn ungesehen und nun vorüber sind die Bilder/Der Jahreszeit, so kommt des Winters Dauer,/ Das Feld ist leer, die Ansicht scheinet milder,/Und Stürme wehn umher und Reegenschauer." Das Ende des Jahres ist ihm „Wie einer Frage Ton, daß dieser sich vollende" und er wartet auf die „Pracht auf Erden", die der Frühling bringt. Sie allein ist ihm wohl in aller Zerrissenheit geblieben. Dann begleitete er die Zimmer'sche Familie hinaus aufs Feld und half der Frau. Sie kochte ihm eigens seine fast fleischlose Kost, und gerne trank er den Wein der milden Hänge des Neckartals.

Er sah die Kinder der Familie aufwachsen, spielte mit ihnen, erlebte die Geburt der Jüngsten und schrieb ihr ein Gedicht. Achtzehn Jahre später wird es sich Lotte nicht nehmen lassen, nach dem Tod des Vaters die Pflege des alternden Dichters zu übernehmen. Meist blieb er allein mit sich, seinem stundenlangen Klavierspiel, seinem kleinen Kreis von Wegen durch den Garten oder am Ufer des Neckar, in lautes Gespräch mit sich selbst vertieft, in das Lesen von Klopstock und im eigenen *Hyperion*. Vielleicht ist es wirklich ein Asyl gewesen.

Man kann Hölderlin lieben, in allem verstehen muss man ihn nicht. Die Melodie seiner Verse jedoch zieht auf unsichtbaren Fäden ins Herz, um zu bleiben.

Doch uns ist gegeben,
Auf keiner Stätte zu ruhn,
Es schwinden, es fallen
Die leidenden Menschen
Blindlings von einer
Stunde zur andern,
Wie Wasser von Klippe
Zu Klippe geworfen,
Jahr lang ins Ungewisse hinab.[15]

***

GEORG TRAKL

Die Seele ist ein Fremdes auf Erden

GEORG TRAKL

Die drei Teiche in Hellbrunn

Ein junger Mann geht die Allee entlang. Ihr Ende verliert sich als dunkle, ferne Wölbung. Weit nach Süden führt sie hin. Alt und riesig sind die Eichen, Buchen und Kastanien, er liebt ihr Rauschen im Föhn. Manche sind zweihundert Jahre alt, wahrscheinlich mehr. Hoch brütende Vögel wohnen in den Kronen und Fledermäuse. Er weiß es, oft geht er einsam in dunkler Nacht diesen Weg. Jetzt ist heller Tag. Er weicht den Menschen aus. Sein Blick ist zu Boden gerichtet oder verliert sich starr im Leeren, als ob er etwas sähe, was nur ihm gehört, nur ihn bedrängt. Seine Freunde erzählen davon. Auch, wie schnell seine Stimmungen wechseln, abrupt vom weinseligen Übermut in sternenlose Angstgespenster. Er geht langsam und stetig. Hört die Glocken der Rinder, die zu beiden Seiten der Allee auf den sich hinbreitenden Wiesen grasen, sieht die Hirten, die Kornfelder stehen hoch. Ein Schwarm von Mücken schwingt, Schwalben ziehen irre Zeichen, „Leise fließt im Grenzenlosen/Dort das goldne Waldland hin."

Es ist ein langer Weg, den der Mann zu gehen hat. Aber er ist jung, gerade zweiundzwanzig Jahre alt, hat eine kräftige Statur, ist gut zu Fuß, stundenlang wandert er durch die Stadt, die Dörfer ringsum, die Wälder, über die Hügel. Früh hat er Aufmerksamkeit erregt, er war erst neunzehn, als zwei dramatische Szenen im Stadttheater von Salzburg uraufgeführt wurden, *Totentag* im April 1906 und im November bereits *Fata Morgana, Tragische Szene*. Erstere war gefällig aufgenommen worden, die zweite vernichtend: „Eine oberflächliche Lektüre hätte doch gezeigt, daß im Ganzen kein Sinn und Verstand enthalten ist", war in der *Salzburger Chronik* zu lesen.[1] Er weiß es wohl, hat darum die Texte vernichtet, nie wieder wird er Dramatisches veröffentlichen. Das ist zu viel für die Bürger seiner Stadt gewesen, in der er sich fremd fühlt, diese Mischung aus religiösen, erotischen und aggressiven Elementen seiner beiden Szenen. Im Puppenspiel *Blaubart* wird er später alles noch steigern, aber für sich behalten, verborgen in einem Wust von Unveröffentlichtem, das Stück bleibt Fragment, wie *Don Juans Tod*. *Blaubart* wird später selbst die großen Bühnen erobern, aber er wird es nicht mehr erfahren.

Und dann ist Georg Trakl beim Tor angelangt. Es ist in die hohe, gelbe Mauer gebrochen, hinter der sich ein weitläufiger Park öffnet, der Schlosspark von Hellbrunn. Vielleicht zögert er diesen Blick in die Offenheit auf Wiesenrund, Hügel und Gebirge hinaus und geht rechts durch das schmälere, von Obelisken gekrönte Tor. Geht die lange, schmale Zufahrt entlang, die von den Erbauern dafür gedacht war, den Moment manieristisch hinauszuzögern, der endlich das Schloss mit den beiden geschwungenen Freitreppen sichtbar macht. Über fünfzig Obelisken gibt es in der gesamten Anlage. Eine symbolische Demonstration der Lust, die verboten war? Das Schloss war dennoch als Tribut an die Zeit als *Lustschloss* bezeichnet, von Fürsterzbischof Markus Sittikus von Hohenems erbaut, der 1612 zum Salzburger Erzbischof ernannt worden war. Bereits ein Jahr später ging er daran, seinen Traum von Geselligkeit und Repräsentation zu verwirklichen, begann mit dem Bau des Schlosses und stattete es reich mit bald weithin berühmten Wasserspielen sowie einem Wasserparterre mit kunstvollen Teichen aus, weiters mit einem Zier-, Jagd- und einem mythischen Garten, denen sich später ein englisch-naturbelassener Park anfügte und am Fuß des Hellbrunner Hügels weit Richtung Süden entlangzieht. Große Feste wurden hier gefeiert, Schausteller, Gaukler und Musikanten kamen, die Adelsgesellschaft und die hohe Geistlichkeit trafen sich zu ausgelassenen Vergnügungen im üppig gestalteten Festsaal, im Theatrum wurden heitere und erbauliche Stücke gespielt, es wurde getanzt, getafelt und gejagt. Tierhatzen fanden statt, man berichtet aus dem Jahr 1618, dass ein Bär, ein Stier und ein Pferd gegeneinandergehetzt wurden, letztlich wurde der Stier, das uralte Kulttier, durch Jäger mit Spießen getötet. Wollte Markus Sittikus von seiner Angst vor der mächtigen Verwandtschaft seines Vorgängers Wolf Dietrich ablenken, den er auf der Festung Hohensalzburg eingekerkert und sterben hatte lassen, und von der er fürchtete, aus Rache vertrieben und getötet zu werden? Wollte er zeigen, wie gut er das Leben zu genießen wusste, jetzt, da er selbst an der Macht war?

Das alles geht Trakl nichts an.

Macht ist ihm fremd, die Mächtigen fern. Er steht auf der Seite der Machtlosen, der Verlorenen, ist selbst einer. Ist getrieben von anderen Bildern, von blutigen Linnen, zerbrochenen Augen, erloschenen Sternen. Von verpesteten Seufzern der Schwermut. Gesenkten Blicks geht er durch den Schlosshof, der Kies knirscht unter seinem Schuh. Vielleicht ist er aber auch im Parkinneren der hohen Mauer entlanggegangen, unter den seltenen, riesigen, zum Teil exotischen Bäumen, die nach einem genauen botanischen Plan vor Jahrhunderten hier gesetzt wurden und die Zeiten und

Stürme überlebt haben. Sein Ziel: die drei Teiche von Hellbrunn. Groß und kunstvoll geschwungen ist der mittlere, gewölbte Brückchen verbinden seine Teile. Die beiden Weiher zur Linken und Rechten sind oval, der eine, zum Landschaftsgarten hin, etwas versumpft und unter dichtem Blätterdach, der andere im Schatten des steil aufsteigenden Hügels, einsam, beschützt und verdunkelt. Diesen Ort liebt Trakl. Hier ist er allein.

DIE DREI TEICHE VON HELLBRUNN

DER ERSTE

Um die Blumen taumelt das Fliegengeschmeiß,
Um die bleichen Blumen auf dumpfer Flut,
Geh fort! Geh fort! Es brennt die Luft!
In der Tiefe glüht der Verwesung Glut!
Die Weide weint, das Schweigen starrt,
Auf den Wassern braut ein schwüler Dunst.
Geh fort! Geh fort! Dies ist der Ort
Für schwarzer Kröten ekle Brunst.

DER ZWEITE

Bilder von Wolken, Blumen und Menschen –
Singe, singe, freudige Welt!
Lächelnde Unschuld spiegelt dich wider –
Himmlisch wird alles, was ihr gefällt:
Dunkles wandelt sie freundlich in Helle,
Fernes wird nah. O Freudiger du!
Sonne, Wolken, Blumen und Menschen
Atmen selige Gottesruh.

DER DRITTE

Die Wasser schimmern grünlich-blau
Und ruhig atmen die Zypressen,
Es tönt der Abend glockentief –
Da wächst die Tiefe unermessen.
Der Mond steigt auf, es blaut die Nacht,
Erblüht im Widerschein der Fluten –
Ein rätselvolles Sphinxgesicht,
Daran mein Herz sich will verbluten.[2]

Der Verwesung Glut und die freudige Welt, selige Gottesruh und ein rätselvolles Sphinxgesicht, daran einer verblutetet – das ist Trakl. Geh fort! Geh fort! Wohin? Er wird vieles versuchen, siebenmal wird er neu ansetzen, angekommen ist er durch den Ausbruch des Ersten Weltkrieges in der Nähe von Grodek in Westgalizien, in einer Scheune mit neunzig Schwerverletzten, denen er als Medikamentenakzesist seiner Einheit 7/14 der k.u.k. Armee des Habsburgerreiches nicht helfen kann. Unfähig, dieses Grauen, die Schmerzens- und Todesschreie zu ertragen, will er sich erschießen. Er wird in das Garnisonsspital von Krakau zur „Beobachtung des Geisteszustandes" eingewiesen. Dann wartet nur noch der Tod auf ihn. Herzlähmung durch eine Überdosis Kokain. Es war der Abend des 3. November 1914.

GRODEK

Am Abend tönen die herbstlichen Wälder
Von tödlichen Waffen, die goldnen Ebenen
Und blauen Seen, darüber die Sonne
Düstrer hinrollt; umfängt die Nacht

Sterbende Krieger, die wilde Klage
Ihrer zerbrochenen Münder.
Doch stille sammelt im Weidengrund
Rotes Gewölk, darin ein zürnender Gott wohnt
Das vergoßne Blut sich, mondne Kühle.
Alle Straßen münden in schwarze Verwesung.
Unter goldnem Gezweig der Nacht und Sternen
Es schwankt der Schwester Schatten durch den schweigenden
Hain,
Zu grüßen die Geister der Helden, die blutenden Häupter;
Und leise tönen im Rohr die dunkeln Flöten des Herbstes.
O stolzere Trauer! Ihr ehernen Altäre
Die heiße Flamme des Geistes nährt heute ein gewaltiger
Schmerz,
Die ungebornen Enkel.[3]

Nur kurze fünf Jahre werden zwischen den Schlachten von Galizien und Georg Trakls Wanderungen in den südlichen Schlosspark von Salzburg liegen. *Die drei Teiche von Hellbrunn* sind in dieser Form die erste Fassung des Gedichts aus dem Jahr 1909. Sie wurde am 8. April im *Salzburger Volksblatt* veröffentlicht. Wahrscheinlich noch im selben Jahr hat Trakl begonnen, das Gedicht zu verändern, es wird wie ein anderes klingen, das wenig gemein hat mit diesem ersten, und später werden wir es finden, wenn wir durch sein Leben gestreift sind, W. und ich, als scheue Suchende, die wir dennoch nur das Äußere sehen können, nicht das Eigentliche.

Von den *Drei Teichen* sind insgesamt zwölf Textstufen mit zum Teil minimalen Veränderungen erhalten und aus dem Nachlass genau studiert und interpretiert, vom Reimschema über die Vorliebe für dreigeteilte Strophen bis zur Bedeutung der einzelnen Motive und ihrer Einbettung in Trakls sich verändernde Auffassung von Dichtung. Das Brenner-Archiv in Innsbruck und die Salzburger Trakl-Forschungs- und Gedenkstätte sind die Hüter von des Dichters Erbe, Alfred Doppler und Hans Weichselbaum sind in der langen Reihe ihrer Vorgänger seit Jahrzehnten ihre wichtigsten Exponenten in der Gegenwart. Eine Schar von internationalen Forscherinnen und Forschern arbeitet immer von Neuem an jedem Gedicht, jeder Prosaarbeit, an den Dramen, Fragmenten und Briefen, ist Georg Trakl doch der bedeutendste Lyriker seiner Zeit und zeitlos in der Musikalität seiner Sprache bis heute. Existenzieller, gefährdeter als alle, beispiellos in der Schönheit seiner Bilder, nur Hölderlin verwandt, der ihm nahe war.

UNTERGANG

Über den weißen Weiher
Sind die wilden Vögel fortgezogen.
Am Abend weht von unseren Sternen ein eisiger Wind.

Über unsere Gräber
Beugt sich die zerbrochene Stirne der Nacht.
Unter Eichen schaukeln wir auf einem silbernen Kahn.

Immer klingen die weißen Mauern der Stadt.
Unter Dornenbogen
O mein Bruder klimmen wir blinde Zeiger gen Mitter-
nacht.[4]

*

Hellbrunn: ein mythischer Ort[5], voll mit perlmuttbesetzten Grotten, sprudelnden Quellen und Brunnen, mit klassischen Statuen antiker Göttinnen und Götter, Faunen, Nymphen, Tritonen und Einhörnern sowie der Figur des Germauls mit herausgestreckter Zunge. Ein Park mit versteckten Höhlen, dem aus dem Konglomerat des Hügels gebrochenen Steintheater und prähistorischen Funden auf der Westseite, wo die Erhebung jählings in senkrechten Felsen abstürzt – vor Jahrhunderten in das erzbischöfliche Jagdgebiet, heute unmittelbar in das Areal des Tiergartens. Ob dieser Schroffheit wird der Hügel gerne auch „Berg" genannt, der „Hellbrunner Berg" heißt es im Sprachgebrauch nicht zu Unrecht. W. und ich kennen ihn gut. Sommers und winters gehen wir hier herum, in der Ebene des weitläufigen Parks und oben auf dem Berg, freuen uns an den fröhlichen Kinderstimmen des ausgedehnten Spielplatzes und den heiteren Picknickliebhabern an den verstreuten Tischen auf dem großen Rasengrund, wir kennen die begangenen Wege und die verborgenen, wo man im Frühling kleine blaue Hyazinthen findet und im Herbst edle Pilze. Es ist eine eigene Welt. Der Lärm der nahen, vierspurigen Ausfahrtsstraße Richtung Anif und Autobahn bricht sich an der hohen Schlossmauer, die mehr als hundertjährige Fichtenallee, exakt in der Symmetrie der gesamten Anlage angepflanzt, steht unberührt vom Weltenlauf, nach langem Regen bilden sich kleine Tümpel in den weiten Grasflächen, die nicht gemäht werden, und in schneereichen Wintern wird eine Langlaufloipe über sie hinweggezogen. Vom südlichen „Gipfel" des Berges aus liegt das Schwemmland des Salzachtales breit und mit Dörfern durchsetzt zu Füßen, zur Rechten steht der Untersberg in seiner Mächtigkeit im Bild und nur etwas entfernter das Kleinod des Berchtesgadener Landes, der Watzmann mit

Frau und den sieben Kindern, frei und schneegleißend. Einmal war der Platz belebt von hurtigen Meerkatzen, die sich an Bäumen und Büschen herunterpflückten, was ihnen schmeckte – vielleicht waren sie ausgekommen aus ihrem Gehege, vielleicht lässt man sie frei für einen kurzen Ausflug, wohl wissend, dass sie zurückkehren werden. An manchen Tagen dringt das Gebrüll eines Löwen herauf. Die nördlichste Erhebung am entgegengesetzten Ende des Hügelkammes, unmittelbar über dem weithin sichtbaren *Monatsschlössl*, um das es manche Geschichte gibt, nennt sich *Stadtblick*: Die fast drei Kilometer lange Hellbrunner Allee, die in ihrer Art heute die älteste erhaltene Mitteleuropas und wahrscheinlich der ganzen Welt ist, führt direkt auf das Zentrum von Salzburg zu, über dem die Festung thront wie eine Krone, weiß und beherrschend. Die gesamte Schlossanlage von Hellbrunn ist von hier aus am besten zu sehen, der mittlere der drei Teiche unmittelbar unter uns ist der einzige, der nicht von den Bäumen des steil abfallenden Hanges verdeckt wird.

*

„Bilder von Wolken, Blumen und Menschen –/Singe, singe freudige Welt" ... Wie selten hat Trakl so geschrieben. Vielleicht sind es die unbeschwertesten Zeilen seines gesamten Werks. Vielleicht beziehen sie sich auch auf das ausgelassene Treiben an den Sonntagen in Hellbrunn, wenn die Dampftramway, die vom Salzburger Hauptbahnhof bis zum Untersberg geführt wurde, hier Station machte und die Menschen aus den überfüllten Waggons quollen, Einheimische und bereits viele Fremde von weither, denn damals schon wäre der Fremdenverkehr, wie Trakls Jugendfreund Erhard

Buschbeck in seinem Erinnerungsbuch *Ersehnte Weite* schreibt, „berühmt" gewesen.[6] Für das „einfache Volk" lud gleich an der Haltestelle eine schlichte Gaststätte zu Bier und Wein, die Vornehmen tafelten in der eleganten Restauration im Schlosshof und promenierten vor dem Souper noch an den Ufern der drei Teiche entlang. Wer weiter nach Berchtesgaden und an den Königssee wollte, auf den warteten an der Endstation der Dampftramway, die 1909 elektrifiziert wurde, Pferdeomnibusse für die Weiterfahrt.

Vielleicht hat Trakl dieses Treiben einmal beobachtet. Sonst wird er es gemieden haben, wird geflüchtet sein vor zu vielen Menschen. Immer ergreift er die Flucht, panisch oft. Horror, berührt zu werden. Er hasst Bewegung und Veränderung, hält einen Mann auf, der es eilig hat, will ein Pferd zügeln, das ihm entgegentrabt, stellt sich auf die Schienen, um einen Zug zum Stehenbleiben zu zwingen. Freunde erzählen davon. Selten ist er gelöst. Er kann es sein, redet sprudelnd, meist jedoch sitzt er stumm da, verzurrt in sich. Kann sehr präzise sein, seine frühen Rezensionen von Theateraufführungen oder Büchern bezeugen es. Oscar Wildes *Salome* lobt er, Franz Karl Ginzkeys Roman *Jakobus und die Frauen* vernichtet er. Da ist er neunzehn, zwanzig Jahre alt. Er ist aufgewachsen in einer großen Familie mit sieben Kindern und dem Sohn aus der ersten Ehe des Vaters, dessen Vorfahren aus dem Ungarischen kommen, die der Mutter aus dem Böhmischen. Der Vater kam nach Salzburg und wurde als Eisenhändler ein angesehener Kaufmann, von der Mutter sagt man, sie hätte zurückgezogen und verschlossen in ihren Gemächern gelebt, Antiquitäten gesammelt und wenig Interesse für ihre Kinder gehabt, deren Erziehung sie einer französischen Gouvernante überlassen habe. Das Haus ist alt, dick sind die Wände, im Hof laufen nachts die Ratten und „huschen pfeifend hier und dort/Und ein gräulicher Dunsthauch wittert/Ihnen nach aus dem Abort", enge Wendeltreppen und ein Loggiengang. Die Fenster der Wohnung gehen auf die Salzachseite hin, der Kapuzinerberg mit dem Kloster gegenüber. An der Hand des Vaters ist er einmal den Kalvarienberg hinaufgegangen, dort, wo in einer der Kapellen der Scherge mit dem Messer steht. Es ist jener Weg, den zwanzig Jahre später Stefan Zweig täglich nehmen wird ins Café Bazar, um die internationalen Zeitungen zu lesen, oder ins Café Mozart, um Schach zu spielen, und wo die illustren Gäste aus Theater- und Opernwelt in die Zweig-Villa hinaufpilgern werden. Bei Trakls ist alles alltäglicher, gutbürgerlicher, auf der Kommode stehen Erinnerungsstücke der Urgroßmutter, der Duft der Spätäpfel ist aus dem vorigen Jahr, Spitzenvorhänge, silbernes Tafelgeschirr und ein Klavier. Als die Familie in die helle, große Wohnung auf dem Mozartplatz übersiedelt, direkt über der erweiterten Eisenwarenhandlung des Vaters und dem heutigen Café Glockenspiel, hat Trakl einen großen Teil der Stadt vor und unter sich: das Mozartdenkmal, die Neue Residenz, den Residenzplatz mit dem barocken Brunnen und den vier wasserspeienden Meerrössern sowie dem beherrschenden Dom, dessen Erbauung während des Dreißigjährigen Krieges vollendet wurde; das Nonnberger Kloster samt Kirchlein, die Festung. Auf jedem Schritt, wenn er das Haus verlässt, Mittelalter, Renaissance und Barock, Kirchen, Plätze, enge Gassen, die Juden-, Gold- und Herrengasse heißen, uralter Stein, gesprungener Fels, dunkle Winkel. Er sieht „ein Dunkles in Abend und Untergang". Er spürt das Leben mehr als andere und er spürt es doppelt, gut und böse, Schönheit und Verfall.

VERFALL

Am Abend, wenn die Glocken Frieden läuten,
Folg ich der Vögel wundervollen Flügen,
Die lang geschart, gleich frommen Pilgerzügen,
Entschwinden in den herbstlich klaren Weiten.

Hinwandelnd durch den dämmervollen Garten
Träum ich nach ihren helleren Geschicken
Und fühl der Stunden Weiser kaum mehr rücken.
So folg ich über Wolken ihren Fahrten.

Da macht ein Hauch mich von Verfall erzittern,
Die Amsel klagt in den entlaubten Zweigen.
Es schwankt der rote Wein an rostigen Gittern,

Indes wie blasser Kinder Todesreigen
Um dunkle Brunnenränder, die verwittern,
Im Wind sich fröstelnd blaue Astern neigen.[7]

Die Stadt ist gebaut zwischen Gott und Kreatur. Glocken läuten immer, sie läuten zur Messe und zu Christi letztem Atemzug, sie läuten zum Fest, zum Frieden und sie läuten zum Tod. Der St.-Peters-Friedhof ist einer von Trakls Lieblingsplätzen: „Ringsum ist Felseneinsamkeit./Des Todes bleiche Blumen schauern/Auf Gräbern, die im Dunkel trauern – /Doch diese Trauer hat kein Leid [...]".

Der Tod zieht ihn an und die Verwesung, er ist schamlos und geht in das Leichenhaus und sieht die grünschwarzen Flecken auf den schönen Händen der Toten, ihr wächsernes Antlitz. Er geht dorthin, wo nicht ein Glanz das Elend deckt.

[...]
Am Kehricht pfeift verliebt ein Rattenchor.
In Körben tragen Frauen Eingeweide,
Ein ekelhafter Zug voll Schmutz und Räude,
Kommen sie aus der Dämmerung hervor.

Und ein Kanal speit plötzlich feistes Blut
Vom Schlachthaus in den stillen Fluß hinunter.
Die Föhne färben karge Stauden bunter
Und langsam kriecht die Röte durch die Flut.
[...][8]

Die Schule verlässt er, nachdem er in der vierten und aber-
mals in der siebten Klasse des k.k. Staatsgymnasiums nicht
versetzt wird. Er beginnt ein Praktikum in der Apotheke
Zum weißen Engel in der Linzergasse am rechten Salzach-
ufer. Verschafft sich Zugang zu Drogen. Beginnt zu trinken.
Schon als Schüler wird er zum Bordellbesucher, einige Jahre
später schreibt er den Prostituierten bewegende Gedichte,
Sonja vor allem, diesem Inbild einer Erbarmungswürdigen
aus Dostojewskis Roman *Schuld und Sühne*. Und Margarethe
ist da, Grete, die jüngste der Schwestern. Geheime Stunden,
dunkle Zimmer, Sonatenklänge. Sie ist es, die bis in sein letz-
tes Gedicht, *Grodek*, durch sein Werk ziehen wird, durch sein
Leben und seine Qual – Bücher sind darüber geschrieben
worden, Vermutungen und viele Fragen. Von „Blutschuld"
wurde gesprochen, andere wiesen solche Anschuldigung
zurück, auch enge Freunde. Zahlreich sind die Theorien,
die auf eine prinzipielle, entpersonalisierte Deutung zielen,
differenziert, belegbar und ebenso möglich. Das Geheim-
nis bleibt. „Ja, was ist denn die Wahrheit über mich, über
irgendeinen?" Bachmann lesen. Trakl lesen.

Gott hat deine Lider verbogen.
Sterne suchen nachts, Karfreitagskind,
Deinen Stirnenbogen.[9]

Wenn er in der Apotheke Kunden bedienen soll, durch-
schwitzt er mehrere Hemden, er geht durch die Stadt, geht
über Land, stundenlang und allein, gejagt von seinen Ge-
sichten, den Alpträumen, dem Höllenschlund. Am Abend
noch schleicht er sich in den Schlosspark von Hellbrunn
und lässt sich einsperren, um allein zu sein, liegt in der
feuchten Kälte, „Gottes Geier zerfleischen" sein Herz. „Und
ich beugte mich über den Rand des Brunnens/und sah, daß
mich der Wahnsinn ergriffen hatte."

Am 20. September 1908 beendet Georg Trakl seine Prakti-
kantenzeit in der Apotheke *Zum weißen Engel* und erhält
sein Tirocinalzeugnis.

Was zwingt dich still zu stehen auf der verfallenen Stiege,
im Haus deiner Väter? Bleierne Schwärze. Was hebst du
mit silberner Hand an die Augen; und die Lider sinken wie
trunken von Mohn? Aber durch die Mauer von Stein siehst
du den Sternenhimmel, die Milchstraße, den Saturn; rot.
Rasend an die Mauer von Stein klopft der kahle Baum. Du
auf verfallenen Stufen: Baum, Stern, Stein! Du, ein blaues
Tier, das leise zittert; du, der bleiche Priester, der es hin-
schlachtet am schwarzen Altar. O dein Lächeln im Dunkel,
traurig und böse, daß ein Kind im Schlaf erbleicht. Eine rote
Flamme sprang aus deiner Hand und ein Nachtfalter ver-
brannte daran. O die Flöte des Lichts; o die Flöte des Tods.
Was zwang dich still zu stehen auf verfallener Stiege, im
Haus deiner Väter? Drunten ans Tor klopft ein Engel mit
kristallnem Finger.[10]

*

Wien. Am 5. Oktober 1908 immatrikuliert Trakl zum Studium der Pharmazie an der Universität in der Metropole des Habsburgerreiches. Es ist das einzige Studium, das ohne Matura zugelassen ist. Grete geht mit, sie will sich zur Konzertpianistin ausbilden lassen, sie ist hochbegabt. Sie nehmen getrennte Wohnungen. Freunde aus Salzburg heißen ihn willkommen. Er braucht sie, ist hilflos, wie Erhard Buschbeck schreibt, und dankbar, dass sie ihn vor der Hölle retten. Das Leben in der Großstadt wühlt ihn auf, anfangs ist er verzweifelt, er ist zum ersten Mal auf sich selbst gestellt. An die Schwester Hermine/ Minna schreibt er bald nach seiner Ankunft in Wien:

[...] Als ich hier ankam, war es mir, als sähe ich zum ersten Male das Leben so klar, wie es ist, ohne alle persönliche Deutung, nackt, voraussetzungslos, als vernähme ich alle jene Stimmen, die die Wirklichkeit spricht, die grausamen, peinlich vernehmbar. Und einen Augenblick spürte ich etwas von dem Druck, der auf den Menschen gewöhnlich lastet, und das Treibende des Schicksals.

Ich glaube, es müßte furchtbar sein, immer so zu leben, im Vollgefühl all der animalischen Triebe, die das Leben durch die Zeiten wälzen. Ich habe die fürchterlichsten Möglichkeiten in mir gefühlt, gerochen, getastet und im Blute der Dämonen heulen hören, die tausend Teufeln mit ihren Stacheln, die das Fleisch wahnsinnig machen. Welch entsetzlicher Alp!

Vorbei! Heute ist diese Vision der Wirklichkeit wieder in Nichts versunken, ferne sind mir die Dinge, ferner noch ihre Stimme und ich lausche, ganz beseeltes Ohr, wieder auf die Melodien, die in mir sind, und mein beschwingtes Auge

träumt wieder seine Bilder, die schöner sind als alle Wirk-
lichkeit! Ich bin bei mir, bin meine Welt! Meine ganze, schöne
Welt, voll unendlichen Wohllauts. [...][11]

Das hält nicht lange. Wirre Tage, dunkle Nächte. „Wenn ihn
das Leben antritt, so fällt er – und er fällt in die Hölle",
schreibt Buschbeck in seinem expressionistisch beeinflussten
Lebensbild Trakls.[12] 1909 entstehen dennoch viele Gedichte.
Für Buschbeck, der in Wien vielseitig im Literaturbetrieb
tätig ist, stellt er die *Sammlung 1909* zusammen. Sie findet
keinen Verleger. 1911 bittet Trakl den Freund, ihm die Ma-
nuskripte, die er ihm „in einem Anfall von Kritiklosigkeit"
überlassen habe, auf keinen Fall zu veröffentlichen und sie
ihm am besten zurückzuschicken. Nach der Veröffentlichung
der *Drei Teiche von Hellbrunn* müht er sich dennoch uner-
müdlich weiter an neuen Fassungen ab – schließlich nehmen
Buschbeck wie auch Trakl selbst Abstand von weiteren Publi-
zierungen. Zu viel sei daran herumgemeißelt worden. In
Zeiten der Verzweiflung hat Trakl Sehnsucht nach Hause,
nach Salzburg. Schreibt das allbekannte Gedicht *Die schöne*
Stadt: „Alte Plätze sonnig schweigen./Tief in Blau und Gold
versponnen/Traumhaft hasten sanfte Nonnen/Unter schwü-
ler Buchen Schweigen [...]". An Maria Geipel, sein „liebes
Schwesterlein", die nach einer kurzen Ehe wieder geschieden
und nach Hause zurückgekehrt ist, schreibt er aus Wien in
einem Moment der Sentimentalität:

Ich denke, der Kapuzinerberg ist schon im flammenden Rot
des Herbstes aufgegangen und der Gaisberg hat sich in ein
sanft' Gewand gekleidet, das zu seinen so sanften Linien am
besten steht. Das Glockenspiel spielt die „letzte Rose" in den
ernsten, freundlichen Abend hinein, so süß-bewegt, daß

der Himmel sich ins Unendliche wölbt. Und der Brunnen
singt so melodisch hin über den Residenzplatz und der
Dom wirft majestätische Schatten. Und die Stille steigt und
geht über Plätze und Straßen. Könnt' ich doch inmitten all
dieser Herrlichkeit bei euch weilen, mir wäre besser. Ich
weiß nicht, ob jemand den Zauber dieser Stadt so empfinden
kann, ein Zauber, der einem das Herz traurig von über-
großem Glücke macht! Ich bin immer traurig, wenn ich
glücklich bin! Ist das nicht merkwürdig![13]

Noch einmal Salzburg, bevor die Welt in Brüche geht. In
den Universitätsferien, später in den Pausen seines Militär-
dienstes, kehrt Trakl immer wieder in seine Geburtsstadt
zurück, bleibt einige Wochen, Monate sogar. Ist außerhalb
des gutbürgerlichen Lebens, schreibt, streift ruhelos durch
Stadt und Dörfer, Mönchsberg, Kapuzinerberg, St.-Peters-
Friedhof, das Moor von Leopoldskron, „Wanderer im schwar-
zen Wind; […] Quere über finsteren Wassern". Weiter zieht
es ihn in den Süden, nach Fürstenbrunn zu den Marmor-
brüchen am Fuß des Untersberges, deren erbarmungswür-
digen Arbeitern mit den „verrenkten Gliedern" im roten
Staub und inmitten von heulendem Hornsignal, „Aufruhr
und Grau'n im Herzen", er ein denkwürdiges, sozialkri-
tisches Gedicht schreibt.[14] Weiter wandert er hinüber zum
Wasserschloss von Anif und schließlich, wie immer, zu den
Teichen im Schlosspark von Hellbrunn, die er in wieder an-
deren Bildern zu fassen sucht.

IN HELLBRUNN

Wieder folgend der blauen Klage des Abends
Am Hügel hin, am Frühlingsweiher –

Als schwebten darüber die Schatten lange Verstorbener,
Die Schatten der Kirchenfürsten, edler Frauen –
Schön blühen ihre Blumen, die ernsten Veilchen
Im Abendgrund, rauscht des blauen Quells
Kristallne Woge. So geistlich ergrünen
Die Eichen über den vergessenen Pfaden der Toten,
Die goldene Wolke über dem Weiher.[15]

*

Nur wenige Schritte entfernt, wohnen wir in der Nähe eines Weihers, dem Leopoldskroner Weiher im Süden von Salzburg. Es vergeht kaum ein Tag, an dem wir nicht an seinem Ufer entlanggehen, unter den Weiden, Silberpappeln, Eichen und Kastanien. Wir beobachten die Schar der Graugänse, die von Jahr zu Jahr größer wird. Im Februar beginnen sie bereits, sich zu jagen und zu paaren, die ganze Nacht über hört man ihre Rufe von Lockung und Flucht, im April kommt der Nachwuchs zur Welt, oft hat eine Familie fünf, sechs Junge. Sie wachsen schnell, knabbern das frische Gras nieder. Tagsüber rasten sie still auf dem Wasser oder auf einer der Inseln, auf die Max Reinhardt einst von seinem Schloss aus den einen oder andern Gast im Kahn hinüberführte zu einer kleinen theatralischen Überraschung und einem indischen Tee aus silberner Tasse. Ein Haubentaucherpaar hat mitten auf dem See sein Nest gebaut, bei Föhn treibt es über die bewegte Flut. Am Ufer sitzen die Fischer mit Unmengen von Gerätschaft, mehreren Angeln und Dosen voll Mais und Maden. Die meisten von ihnen sprechen fremde Sprachen, Männer, die hier Arbeit gefunden haben in der Stadt der Reichen, vielleicht in dunklen Zimmern wohnen und sich abends oder sonntags zum Palaver mit Freunden hier treffen in frischer Luft und zu harmlosem Zeitvertreib. Im Sommer sind oft Frauen und Kinder dabei, Decken werden auf das Gras gebreitet, Speisen sind aufgetischt und viel Bier, Spielzeug liegt am Rand. Einst war das nordwestliche Ufer als Schwimmschule für die k.u.k. Armee verbaut, die Soldaten sollten schwimmen lernen für zukünftige Schlachten. In Königgrätz waren 1866 Tausende durch geöffnete Schleusen in den Strudeln der Elbe erbärmlich ertrunken, auf der Flucht vor den siegreichen Preußen.

Wenn die Gänse im Sommer und Herbst in Dreiecksformationen laut schreiend über unser Haus fliegen, denke ich sie in Trakls Bildern: „Am Himmel ahnet man Bewegung,/Ein Heer von wilden Vögeln wandern/Nach jenen Ländern, andern./Es steigt und sinkt des Rohres Regung." Trakl liebte Vögel, kannte ihren Ruf, ihre Freude und ihre Klage, war ein guter Beobachter. Dohlen, Raben und Möwen, Spatzen, Krähen, Eulen, Amseln und Schwalben, ein Kranich, ein Habicht, ein Schwarzvogel. Er kannte Bäume und Blumen, Sonnenblumen sind ihm Frieden, Hyazinthen deuten auf Dunkles. Farben werden zu Signalwörtern, sie wiederholen sich im betörenden Rondel seiner Sprache. Golden und silbern, blau, immer wieder blau, zyan, purpur und rot, braun, weiß als kaltes Ausgesetztsein, schwarz als Untergang.

RONDEL

Verflossen ist das Gold der Tage,
Des Abends braun und blaue Farben:
Des Hirten sanfte Flöten starben
Des Abends blau und braune Farben
Verflossen ist das Gold der Tage.[16]

„O unser verlorenes Paradies" heißt es im Gedicht *Psalm* von 1912. Es beginnt mit jenen revolutionären Zeilen, die die stilistische Wende von Trakls Dichtung anzeigen, nach der er sich von allen spätromantischen und symbolistischen Vorbildern trennt, Reim und Metrum über Bord wirft, sich Verlaine und Rimbaud nähert, surreal-assoziative Bildreihen entwirft und expressionistische Ausdrucksmittel wählt.

Es ist ein Licht, das der Wind ausgelöscht hat.
Es ist ein Heidekrug, den am Nachmittag ein Betrunkener verläßt.
Es ist ein Weinberg, verbrannt und schwarz mit Löchern voll Spinnen. [...][17]

Wenn die Welt entzweibricht, ist Sprache ihr Seismograf. Dünnhäutig und hochsensibel, fühlt er sich zerrissen, so, wie ihm das Leben seiner Zeit entgegentritt. „Dich sing ich, wilde Zerklüftung." Die Wende vom 19. zum 20. Jahrhundert und die Jahre vor dem Ersten Weltkrieg sind tiefgreifende Umwälzungen innerhalb der Gesellschaft, der Wissenschaften und der Künste, Wertesysteme brechen zusammen, neue entstehen. Schönberg kreiert die Zwölftonmusik, Einstein entdeckt die Relativität, Max Planck die Quantenphysik, die Malerei treibt in die Abstraktion und Hofmannsthal zerbricht in seinem berühmten *Lord-Chandos-Brief* die Sprache. Das feudale System geht langsam, aber endgültig zu Ende, das bürgerliche Lager ist gespalten, Nationalismus und Antisemitismus nehmen rasant zu, die Arbeiterschaft erobert sich mehr Rechte und durch die Veränderungen des europäischen Gleichgewichts steigt die Kriegsbereitschaft. 1913 kommt es zum Balkankrieg, Trakl sieht „Reiter entlang an

Roggenfeldern, leeren Mühlen. [...] Fahnen von Scharlach,
Lachen, Wahnsinn, Trompeten."

MENSCHHEIT

Menschheit vor Feuerschlünden aufgestellt,
Ein Trommelwirbel, dunkler Krieger Stirnen,
Schritte durch Blutnebel; schwarzes Eisen schellt,
Verzweiflung, Nacht in traurigen Gehirnen [...][18]

Trakl hat den Krieg längst in sich, bevor er grausam und
weltweit ausbricht. Es hat sich viel getan in seinem Leben in
den Jahren bis 1914. Es sind faktische Veränderungen, im
Innern bleibt die Einsamkeit, das Irrewerden an sich und
der Welt. Innerhalb von zwei Jahren schließt Georg Trakl
mit „Genügend" sein Studium ab, im Juli 1910 findet seine
Sponsion zum Magister der Pharmazie statt. Er tritt seinen
Präsenzdienst als Einjährig-Freiwilliger in der k.u.k. Sanitäts-
abteilung Nr. 2 an. In der kurzen Zeit, die er noch zu leben
hat, bewirbt er sich mit großer Hartnäckigkeit in unterschied-
lichen Ministerien um immer neue Stellen, um Praktikanten-
posten und Probedienste, ersucht beständig um Versetzung,
Abbruch und Neueinstellung. Er wird zum Landwehrmedi-
kamentenakzessist ernannt, wird Offizier, wie es üblich ist
für einen Bürgerssohn, der sonst nichts wird. Das Militär
bleibt jedoch überraschenderweise seine Hoffnung auf dauer-
haften Unterhalt. Seine Uniform trägt er mit selbstverständ-
licher Lässigkeit. Selbst nach Ablehnungen bewirbt er sich
neuerlich. „Ich kehre vorbehaltslos wieder zum Militär zu-
rück, d. h. wenn man mich noch nimmt", schreibt er im
Dezember 1913 an Ludwig von Ficker. Noch zu Ende seines
Lebens plant er, als Militärapotheker nach Borneo zu gehen

und macht eine Eingabe beim Niederländischen Kolonialamt, überlegt die galizischen Garnisonen als Alternative zu Wien. Welche Ironie des Schicksals. Dort, in Galizien, wird auch eine Scheune in der Nähe eines Ortes liegen, der den Namen Grodek trägt ...

Georg Trakl war kein Pazifist. Aber auch kein Militarist, er bleibt ambivalent, wie in allem, was die Realität betrifft.[19] Er lebt in ihrem Schatten, in einer anderen Wirklichkeit. Und diese Wirklichkeit ist Erbarmen. Mit-Leiden mit jeder Kreatur, mit Tier und Mensch, es ist *er*, der verletzt wird, er selbst, er *ist* der Leidende. Er schreit und schluchzt und wirft sich gegen die Mauer und rennt wie ein Irrer fünf Stunden durch die Stadt, als ein Freund einen Hund aufs Eis lockt und dieser einbricht und zu ertrinken droht. Er hat die „Geister der Erschlagenen" vor Augen, bevor er sie gesehen hat, ihre Todesschreie dringen in seine schlaflosen Nächte und er sieht die erschrockenen Frauen, die der Mond von den Stufen jagt. „Wilde Wölfe brachen durchs Tor." Die Wölfe sind nicht nur in den Kriegern, sie sind in ihm, in uns allen, und um das ertragen zu können, betäubt er sich im Rausch mit allen Mitteln, die ihm zur Verfügung stehen.

Die Leidenden. Die vom Schicksal Geschlagenen, die Opfer von gesellschaftlicher Rohheit, überkommenen Geschlechterrollen, sozialem Unrecht. Immer ist Trakl auf der Seite der Gedemütigten und Ausgegrenzten. Freunde erzählen von seiner Güte und seiner schnellen Reue, wenn er glaubt, jemanden verletzt zu haben. Sie sprechen von seiner Hilfsbereitschaft, öfter allerdings von seiner Hilfsbedürftigkeit. Deutlich entgegengesetzt zu manchen seiner Kollegen, etwa Karl Hauer, ist Trakls Haltung Frauen gegenüber. Hauer, der wie er Mitglied der Salzburger Künstlervereinigung *Pan* ist, nennt in Nietzsches Nachfolge die kulturelle Funktion des Weibes, dem Manne „zur Erholung und Erquickung zu dienen, seinen Sinn zu beleben, […] ihn kampffreudig und wohlgelaunt zu erhalten."[20] Solche missachtenden Plattitüden kennt Trakl nicht. Es ist nicht nur die antibürgerliche Haltung der Bohème in jungen Jahren, die ihn auf die Seite der Huren stellt, sondern mit Prägnanz bezeichnet er das Los der armen Schichten der Bevölkerung: der Frauen, die die Eingeweide vom Schlachthof holen, um ihre Kinder ernähren zu können, der Wäscherinnen, die tagein, tagaus am kalten Bache knien, der Bäuerinnen, die vor Erschöpfung niedersinken, der Mütter, die schwanger im Fieberbett frieren, der Mädchen, denen Gewalt angetan wurde. *Die junge Magd* – ich kenne kein anderes Gedicht, das Brutalität und stummes Sterben mit solchem Erbarmen je dargestellt hätte. Klaus Gmeiner hat es vor vielen Jahren Oskar Werner lesen lassen – vielleicht ist es für Findige im Internet abrufbar, zu hören nur unter Tränen.

[…]

6

Abends schweben blutige Linnen
Wolken über stummen Wäldern,
Die gehüllt in schwarze Linnen.
Spatzen lärmen auf den Feldern.

Und sie liegt ganz weiß im Dunkel.
Unterm Dach verhaucht ein Girren.
Wie ein Aas in Busch und Dunkel
Fliegen ihren Mund umschwirren.

Traumhaft klingt im braunen Weiler
Nach ein Klang von Tanz und Geigen,

Schwebt ihr Antlitz durch den Weiler,
Weht ihr Haar in kahlen Zweigen.[21]

Das Gedicht ist Ludwig von Ficker zugeeignet, dem Mann, der die letzten beiden Lebensjahre Trakls entscheidend geprägt hat, der sein Mentor und seine über alle Tiefen hinwegsehende Stütze wurde, sein Freund, Tröster und Wegbereiter der Veröffentlichung von Trakls einzigen beiden Dichtungsbänden, die er selbst noch zusammengestellt hat. Im Juni 1912 hatte Trakl in Innsbruck seinen Probedienst in der Apotheke des Innsbrucker Garnisonsspitals angetreten. Über Robert Müller, einen Freund Erhard Buschbecks, kommt der Kontakt mit Fickers bahnbrechender Zeitschrift *Der Brenner* zustande, in dem ab nun kontinuierlich Trakl-Gedichte erscheinen. 1913 vermittelt Ficker Trakls erste Buchpublikation mit dem schlichten Titel *Gedichte* im Avantgarde-Verlag von Kurt Wolff in Leipzig. Auch die zweite Sammlung von Gedichten und Prosatexten, *Sebastian im Traum,* wird noch von Trakl selbst redigiert und von Kurt Wolff angenommen – ihr Erscheinen im Frühjahr 1915 hat er nicht mehr erlebt. Durch Ficker kommt Trakl in Berührung mit dem Brenner-Kreis, mit Karl Röck, Carl Dallago und Karl Borromaeus Heinrich. Aus Wien stößt Karl Kraus dazu, was für Trakl während seiner Wien-Aufenthalte wichtig wird, er in die Wiener Kunstszene Eingang findet, Adolf Loos kennenlernt und momenthafte Glücksstunden erlebt. In der *Fackel* druckt Kraus Aufrufe zur Subskription von Trakls erstem Gedichtband. Arnold Schönbergs Musik, die alle bisherigen Eckpfeiler des überlieferten Dur-Moll-Systems aufbrach und ab 1908 nach einer „Freien Atonalität" strebt, wird für Trakl der Widerhall des eigenen Empfindens: der Disharmonie der Zeit mit einer sich auflösenden Sprache

Ausdruck zu geben. Mit Karl Kraus, Adolf Loos und dessen Gefährtin, der Revuetänzerin Elisabeth Bruce, genannt Bessie, fährt er im August 1913 nach Venedig. Das Ehepaar Ficker kommt nach, sie bleiben zehn Tage. Gerade hier in Venedig, unter Menschen, die den Tag und die funkelnde Stadt lieben und genießen, ist ihm der steinerne Raum verdunkelt, „Und es starrt von der Qual/Des goldenen Tages das Haupt/Des Heimatlosen." Immer noch hat er kein festes Einkommen. Durch Fickers Vermittlung lässt ihm der großherzige Philosoph Ludwig Wittgenstein, ein Verehrer Trakls, der sein reiches Erbe an Darbende aus der Kunstszene verschenkt, 20 000 Kronen zukommen. Die gleiche Summe erhielt auch Rainer Maria Rilke, der viel im *Sebastian im Traum* gelesen hat, „ergriffen, staunend, ahnend und ratlos", wie er an Ficker schreibt.

1913, 1914. Tage, Monate verzweifelter Ratlosigkeit. Trakl ist nicht geschaffen für diese Welt. Nicht für „Normalität", Alltag, Lebensmut und Fortschritt, nicht für die Fassaden und Lügen seiner Gegenwart und nicht für Geschäftigkeit und Geschäftstüchtigkeit. Wien ist ihm eine „Dreckstadt", „O, der Wahnsinn der großen Stadt, […] O, das gräßliche Lachen des Golds" und in *Westliche Dämmerung* noch deutlicher: „Vor Banken bleich ein Dämon wacht." Trakl fühlt sich selbst als „entartet", ist rauschgiftsüchtig und Alkoholiker, steht am Rand, wird immer ein „Kaspar Hauser bleiben". Er weiß es, will es nicht, kann nicht anders. Hofft, dass sich im „sanften Wahnsinn" auch Wahrheit zeigen könnte. Aber „es wird alles im Dunklen enden". An Ludwig von Ficker schreibt er Mitte Juni 1913 aus Salzburg:

Hier ist ein Tag trüber und kälter als der andere und es regnet ununterbrochen. Bisweilen fällt dann ein Strahl der

letzten sonnigen Innsbrucker Tage in diese Düsterniß und
erfüllt mich mit tiefer Dankbarkeit für Sie und all' die edlen
Menschen, deren Güte ich in Wahrheit so gar nicht verdiene.
Zu wenig Liebe, zu wenig Gerechtigkeit und Erbarmen, und
immer zu wenig Liebe; allzuviel Härte, Hochmut und allerlei
Verbrechertum – das bin ich. Ich bin gewiß, daß ich das
Böse nur aus Schwäche und Feigheit unterlasse und damit
meine Bosheit noch schände. Ich sehne den Tag herbei, an
dem die Seele in diesem unseeligen von Schwermut verpeste-
ten Körper nicht mehr wird wohnen wollen und können, an
dem sie diese Spottgestalt aus Kot und Fäulnis verlassen
wird, die ein nur allzugetreues Spiegelbild eines gottlosen,
verfluchten Jahrhunderts ist.[22]

Grete ist inzwischen nach Berlin übersiedelt. Sie ist vom be-
kannten Pianisten Ernst von Dohnanyi als Schülerin auf-
genommen worden und will ein neues Leben beginnen und
ihre Ausbildung fortsetzen. Aber sie ist zerrüttet, von labiler
Gesundheit. Der Bruder hat in den Wiener Jahren auch sie
zum Rauschgift verführt, sie ist empfänglicher dafür, schran-
kenloser. Sie wird daran zugrunde gehen. Bleibt er immer
noch der Beobachter seines Zustands, ist sie Drogen und
Alkohol rettungslos ausgeliefert. Entziehungskuren haben
keinen Erfolg. 1910 heiratet sie nach beträchtlichen büro-
kratischen Schwierigkeiten, da sie noch nicht vierundzwanzig
und daher dem Gesetz nach minderjährig ist, den um mehr
als dreißig Jahre älteren Arthur Langen. Da die Familie die
Heirat unterbinden will, strengt Langen einen Prozess an,
um sie zu erzwingen. Trakl wird vorübergehend ihr gericht-
licher Vormund, eine Paradoxie. Die Gerichtsprotokolle
werfen ein scharfes Licht auf Gretes besorgniserregenden
Zustand; über das dubiose Verhalten Arthur Langens ist viel

spekuliert worden. Trakl stimmt schließlich der Heirat zu. Namenlose Pein, verbunden mit tiefsten Schuldgefühlen, quälen ihn nicht erst jetzt – sie sind in ihm, seit Grete und er fast noch Kinder waren und er ihr verfallen war als Inbild seiner selbst. Der schwarze Schatten der „Fremdlingin" begleitet ihn, wohin immer er geht, was immer er tut.

Schwester, da ich dich fand an einsamer Lichtung
Des Waldes und Mittag war und groß das Schweigen des
Tiers;
Weiße unter wilder Eiche, und es blühte silbern der Dorn.
Gewaltiges Sterben und die singende Flamme im Herzen.[23]

Georg Trakl pendelt zwischen Wien, Salzburg und Innsbruck, das ihm zur letzten Zuflucht wird. 1913 und zu Beginn des Jahres 1914 haben sich die Geschwister selten gesehen. Mitte März trifft von Berlin die Nachricht ein, dass Grete eine Fehlgeburt erlitten habe und ihr Gesundheitszustand besorgniserregend sei. Über die Gerüchte und Mutmaßungen darüber, wer der Vater dieses Kindes gewesen sei, will ich Schweigen legen. Trakl ist jedenfalls bis ins Mark erschüttert und getroffen wie von jedem Schmerz, den andere erleiden. Er fährt sofort nach Berlin. „Ihr Leben", schreibt er an Ficker über seine Schwester, „ist von einer so herzzerreißenden Traurigkeit und zugleich braven Tapferkeit, daß ich mir bisweilen sehr gering davor erscheine". Er bleibt einige Zeit bei Grete, die in häusliche Pflege entlassen wird. Trakl lernt die exzentrische große Lyrikerin Else Lasker-Schüler kennen, sie sind sich vertraut vom ersten Augenblick an. Es hätte für beider Dichtungen fruchtbringend sein können, wären sie einander in glücklicheren Zeiten begegnet.

Seine Augen standen ganz fern.
Er war als Knabe einmal schon im Himmel.

Darum kamen seine Worte hervor
Auf blauen und auf weißen Wolken.

Wir stritten über Religion,
Aber immer wie zwei Spielgefährten,

Und bereiteten Gott von Mund zu Mund.
Am Anfang war das Wort.
[...][24]

Aus Berlin schreibt Trakl einen verzweifelten Brief an Ludwig von Ficker, den verständnisvollsten Begleiter all seiner Zusammenbrüche.

[...] Ja, verehrter Freund, mein Leben ist in wenigen Tagen unsäglich zerbrochen worden und es bleibt nur mehr ein sprachloser Schmerz, dem selbst die Bitternis versagt ist. [...] Vielleicht schreiben sie mir zwei Worte; ich weiß nicht mehr ein und aus. Es (ist) ein so namenloses Unglück, wenn einem die Welt entzweibricht. O mein Gott, welches Gericht ist über mich hereingebrochen. Sagen Sie mir, daß ich die Kraft haben muß noch zu leben und das Wahre zu tun. Sagen Sie mir, daß ich nicht irre bin. Es ist ein steinernes Dunkel hereingebrochen. O mein Freund, wie klein und unglücklich bin ich geworden.

Es umarmt Sie innig

> *Ihr*
> *Georg Trakl*[25]

172

Nach Trakls Abreise aus Berlin im April 1914 haben sich die Geschwister nicht mehr gesehen. Im August bricht der Erste Weltkrieg aus. Am 3. November macht Georg Trakl in einer Zelle des Garnisonsspitals von Krakau seinem Leben ein Ende. Grete wird nach kurzen Affairen mit Erhard Buschbeck und angeblich mit einigen *Brenner*-Mitgliedern 1916 in Berlin geschieden. Nach dem Tod des Vaters sechs Jahre zuvor ist das Eisenwarengeschäft langsam in die Insolvenz geschlittert, 1916 wird es aus dem Handelsregister gestrichen, 1917 das Haus verkauft, Gretes Notlage wird prekär. Sie wechselt ihre Aufenthalte kurzfristig zwischen Salzburg, Innsbruck und Berlin, dazwischen Kliniken und Entziehungskuren. Im September 1917 erschießt sie sich in der Potsdamerstraße in Berlin im Haus der Galerie von Herwarth Waldens *Sturm* mit einem Revolver, der aus der Erbschaft ihres Bruders auf sie gekommen ist – –

Seine Zeilen aus *Herbstseele* wird sie gekannt haben.

Untröstlich und verloren, wie sie war, hätte sie sie vielleicht verbrannt. Auch für ihn selbst dürften sie kein Trost gewesen sein.

[...]
Gott in deine milden Hände
Legt der Mensch das dunkle Ende,
Alle Schuld und rote Pein.[26]

*

„Im Namen Georg Trakls mit einer Freude konfrontiert zu werden, kann bis zum Äußersten bewegen. Nicht zum Verstummen, aber bis zu einem Schweigen, das imstande sein sollte, jedes Wort zu decken. Trakl setzt in der Beziehung zwischen Schicksal und Werk ein Maß für dieses Schweigen. […] Von der ‚Süße der traurigen Kindheit' bis zu den zerfetzten Rändern seiner Existenz hat die Angst ihn nie verlassen. Er holt aus den Todeskämpfen seiner Tage die stillen Nachmittage, die wir notwendig haben, die Gefaßtheit der schmerzenden Vormittage, an denen unser Leben hängt. Er holt aus dem Untergang, der so früh für ihn begann, noch die Freude des Entdeckens, den Geschmack des Weins und der Nüsse, die schöne Stadt. Er erleidet alles und schmilzt es ein. Die Erstarrung, das Ersticken überläßt er sich selbst. Die Drogen, diese weiße Welt waren nicht das erste, das erste war sicher die Angst, […] Angst vor dem grinsenden Nichts."[27]

Worte einer Dichterin, die diese „Angst vor dem grinsenden Nichts" gut kannte und die ein langes Leben dagegen anschrieb in der Anarchie ihrer Gedanken: Ilse Aichinger. Solche Energie, solcher Wille zum Widerstand war Trakl nicht gegeben. Er hat einen schweren Schritt. Die Klage und die „Qual ohne Ende" trägt er mit sich. Er sieht, was ist, er geht daran zugrunde, aber wehren kann er sich nicht. Er bleibt der „Einsame unterm Sternenzelt", der „Fremdling", dem im Schatten ein Leichnam folgt, Teil eines verfluchten Geschlechts und sterbender Völker, inmitten der „schwarzen Schwerter der Lüge." Mit „Ahnungsschwere", wie Buschbeck es nennt, weist er voraus auf die Katastrophen des Jahrhunderts. Zu wenig Zorn, der seinen Freund Karl Kraus beflügelt, zu wenig Wut, wie die Expressionisten des Ersten Weltkrieges, die seine Erben werden. Zu viel Erleiden wie Hölderlin ein Jahrhundert zuvor, wie Paul Celan ein halbes Jahrhundert später. Aber auf uns ist das Verstörende nie gesehener Bilder gekommen, die unendliche Schönheit seiner Sprache. Das Leben ein schimmernder Schaukelkahn, die

Seele ein Fremdes auf Erden. Und inmitten aller Verdammnis sieht er die Liebenden, die ihren Sternen zublühn, riecht die Erde, sieht die Sonne und die mähenden Bauern, hört die Rufe der Hirten, die Abendglocken kommen vom Dorf herüber und die Osterglocken von der Stadt, der grüne Sommer geht leise zur Neige, auf dem Tisch stehen Brot und Wein und „Strahlender Arme Erbarmen/ Umfängt ein brechendes Herz". Er kennt Goldglanz und Gosse und alle Vergänglichkeit, aber in der Stadt, in der er aufwuchs und von der er nie loskam, zieht zwischen Kirchen, Weihrauch und den Flammen der Hölle auch die Melodie des Erlösers, das Lied von Gloria und Sanctus über die Plätze. Das vergisst sich nicht. Und mit der Sehnsucht des Verdammten nach der Ewigkeit mischt er Helian und Pan, Christus und Orpheus und alle Schuld verliert sich im Gedicht.

PASSION

Wenn Orpheus silbern die Laute rührt,
Beklagend ein Totes im Abendgarten,
Wer bist du Ruhendes unter hohen Bäumen?
Es rauscht die Klage das herbstliche Rohr,
Der blaue Teich.
Hinsterbend unter grünenden Bäumen
Und folgend dem Schatten der Schwester;
Dunkle Liebe
Eines wilden Geschlechts,
Dem auf goldenen Rädern der Tag davonrauscht.
Stille Nacht.

Unter finsteren Tannen
Mischten zwei Wölfe ihr Blut

In steinerner Umarmung; ein Goldnes
Verlor sich die Wolke über dem Steg,
Geduld und Schweigen der Kindheit.
Wieder begegnet der zarte Leichnam
Am Tritonsteich
Schlummernd in seinem hyazinthenen Haar.
Daß endlich zerbräche das kühle Haupt!
[...][28]

Am Tritonsteich ... Dahin sind wir zurückgekehrt, W. und ich, zum dritten der drei Teiche in Hellbrunn. Wir schauen den Fischen zu. Es sind fünf Störe, *Sibirische* und *Weiße*, die im Oval des Beckens gefangen sind. Sie sind unterschiedlich groß, es werden wohl ältere und jüngere sein, trotz des weißen Namens glänzen ihre Rücken tiefschwarz, mit hellen Zackenbändern sind sie verziert, nur ihre Kopfformen und schlankeren Körper unterscheiden sie. Sie schwimmen ohne Unterlass und in einer so berührenden Langsamkeit und Eleganz, dass man ihnen immerzu zuschauen möchte. Sich auf den Uferstein setzen und einfach nur zuschauen, zeitvergessen und trostreich. Mit großer Gelassenheit schwimmen diese Urfische rundum im Teich und quer über ihn hin, kreisen um die beiden Tritonen und gleiten ungerührt durch die Wellen des aus den Tritonshörnern herabstürzenden Wassers, sie gleiten über einander hinweg, als ob sie von Zeit zu Zeit Berührung brauchten, schwimmen und knabbern hie und da am Moos der Einfriedung und schwimmen ewig weiter, langsam und lautlos, bei Regen und bei Schnee, die Morgensonne streift über sie hinweg, sonst ist Schatten über diesem Teich, den Trakl liebte, im Februar breitet sich ein dichter Teppich von Frühlingsknotenblumen über das kleine, ansteigende Wiesenstück dahinter, im Sommer ist das

Buschwerk dicht und an heißen Tagen kommt aus dem letzten Gehege des Tiergartens der Geruch der Felsziegen herüber.

Hier ist Orpheus nicht weit, in der Grotte seines Namens hat Fürsterzbischof Markus Sittikus ihm Reverenz erwiesen, wie auch Venus, Neptun, Perseus und den Nymphen des Wassers. Am Ufer des Weihers steht ein kleines, oktogonales Gebäude. Alles hat hier Bedeutung, die mythische Zahl acht neben der praktischen Funktion: Es war die 1613 errichtete *Brunnstube*, auch *Saiblingsstube* genannt. Die kostbaren Fische wurden hier für die reichen Gelage des Fürsten gezogen, in der Nische an der Rückwand beschützt sie eine Meeres- oder Moosgöttin mit einem Bündel *Rohrkolben* im Arm, dem alten Begriff für Schilf, der am mittleren Teich bis um 1900 noch angepflanzt und dann ausgerissen wurde. An der dem Tritonsteich zugewandten Seite des Oktogons ist eine Marmortafel angebracht. Sie ist eine der neun Tafeln, die auf Initiative von Hans Weichselbaum im ganzen Stadtgebiet angebracht wurden, um an jene Orte des Dichters zu erinnern, die er beschrieben hat. *Die drei Teiche in Hellbrunn* sind hier in Stein gemeißelt, und zwar im Chaos der Textstufen in der sogenannten *2. Fassung*, die erstmals von Walter Killy und Hans Szklenar in der Historisch-Kritischen Ausgabe von Trakls Werken 1969 veröffentlicht wurde – eine der vielen Fassungen, die Trakl nach vielen ermüdenden Veränderungen schließlich hinterlassen hat. Nur wenig ist aus der 1. Fassung geblieben, der schwarzen „Kröten ekle Brunst" fügt Trakl in andere Gedichte ein und auch der dramatische Aufruf „Geh fort!" scheint nicht mehr auf. Aber auch der Jubel der „freudigen Welt" ist verklungen, geblieben ist das schwermütige Lied des Orpheus über die Vergänglichkeit.

DIE DREI TEICHE IN HELLBRUNN

Hinwandelnd an den schwarzen Mauern
Des Abends, silbern tönt die Leier
Des Orpheus fort im dunklen Weiher
Der Frühling aber tropft in Schauern
Aus dem Gezweig in wilden Schauern
Des Nachtwinds silbern tönt die Leier
Des Orpheus fort im dunklen Weiher
Hinsterbend an ergrünten Mauern.

Ferne leuchten Schloß und Hügel.
Stimmen von Frauen, die längst verstarben
Weben zärtlich und dunkelfarben
Über dem weißen nymphischen Spiegel.
Klagen ihr vergänglich Geschicke
Und der Tag zerfließt im Grünen
Flüstern im Rohr und schweben zurücke –
Eine Drossel scherzt mit ihnen.

Die Wasser schimmern grünlichblau
Und ruhig atmen die Zypressen
Und ihre Schwermut unermessen
Fließt über in das Abendblau.
Tritonen tauchen aus der Flut,
Verfall durchrieselt das Gemäuer
Der Mond hüllt sich in grüne Schleier
Und wandelt langsam auf der Flut.[29]

*

Wenn der junge Mann vom Beginn dieser Erzählung zurückgeht Richtung Stadt, wenn er abends heimkehrt von Schloss und Hügel und seinen ruhelosen Wanderungen, wenn er in der Hellbrunner Allee an den kleineren Schlössern von Emslieb und Emsburg vorübergeht, die Vögel in die Kronen der riesigen Bäume zurückkehren und die ersten Fledermäuse aufbrechen zur nächtlichen Jagd, wenn er am Wasserschloss von Freisaal vorüberkommt und die reifenden Kornfelder zu seiner Rechten und Linken leise mit trockenen Ähren und Grannen rascheln, der rote Mohn klein dazwischensteht und am Wegrand der Gekreuzigte unter den zwei Linden auf ihn herabblickt, und wenn er im letzten Teil der Allee der Festung immer näher kommt und schon die Kirchtürme des Frauenklosters von Nonnberg, von St. Erhard und St. Kajetan vor sich sieht und den Dom, auf den alles zuläuft, erahnen kann –

kommt er, würde er heute dort gehen, bei sich selbst an.

Am Ende des Weges oder an seinem Anfang steht an der Südseite des neuen Universitätsgebäudes die *Trakl Allee*. Ein Saum von vierzehn über drei Meter hohen Stelen aus hellrötlichem Untersberger Marmor, die durch ein kompliziertes Verfahren auf beiden Seiten mit lebensgroßen Fotografien von ihm selbst bedruckt sind, mit Portraits, Szenen, Grete, Familie, Freunden und Auszügen aus seinen Gedichten. Errichtet wurden die vierzehn Stelen zur einhundertsten Wiederkehr von Trakls Todestag am 3. November 1914.

Kein Dichter hat ein Denkmal wie dieses. Wind, Sonne und Regen haben ihre Spuren hinterlassen, wie die Schicksalslinien des Lebens in einem Gesicht.

Am Ende seines Weges oder an seinem Anfang ist Georg Trakl bei sich selbst angekommen.

DAS TIEFE LIED

Aus tiefer Nacht ward ich befreit.
Meine Seele staunt in Unendlichkeit,
Meine Seele lauscht über Raum und Zeit
Der Melodie der Ewigkeit!
Nicht Tag und Lust, nicht Nacht und Leid
Ist Melodie der Ewigkeit,
Und seit ich erlauscht die Ewigkeit,
Fühl nimmermehr ich Lust und Leid![30]

***

ILSE AICHINGER

Das Meer, die *Gruppe 47* und eine junge Dichterin

ILSE AICHINGER

Niendorf an der Ostsee

Es war Mitte März. Timmendorfer Strand. Das Meer war ein wildes Grau und Graugrün. An den Wellenkämmen schmutziges Weiß. Der Himmel hing tief. Schlammfarben der Horizont. Ein scharfer, eiskalter Ostwind blies uns entgegen. Wollmütze, Schal, dicker Mantel. Die erhöhte Uferpromenade war etwas geschützter zwischen Villen, hohen kahlen Bäumen und durch den kurvigen Verlauf. Im breiten Sandgürtel tiefer unten waren nur wenige Menschen unterwegs, sich schräg dem Sturm entgegenstellend oder in kleinen, tänzelnden Schritten dem Rückenwind davonlaufend.

„Wenn Sie durch den Kurpark gehen und sich dann auf der Promenade nach links wenden, kommen Sie nach Scharbeutz", sagte die freundliche Frühstücksserviererin auf unsere Frage, wo man am besten spazieren gehen könne, „und wenn Sie nach rechts abbiegen, kommen Sie in den kleinen Hafen von Niendorf. Wenn Sie wollen, können Sie dann weiter bis Travemünde wandern."

Travemünde: Bei der Erwähnung dieses Ortes werden wohl in allen Thomas-Mann-Liebhabern Bilder der hanseatischen Familie Buddenbrook aufsteigen, die Kurhotels der reichen Lübecker und Hamburger Kaufleute, die luxuriösen Empfänge, gelangweilten Konversationen und die so anders gearteten glücklichen Ferienwochen der jungen Tony Buddenbrook, die im Haus des Lotsenkommandanten Schwarzkopf das einfache Leben kennenlernen soll und mit dessen Sohn ihre erste Liebe erlebt.

Aber Niendorf?

Meine Erinnerung sagte mir sehr schnell, dass hier für die Literaturszene der Jahre nach 1945 etwas Wichtiges geschehen war: In Niendorf hatte im Frühjahr 1952 die *Gruppe 47* getagt, die legendäre Literaturvereinigung der Nachkriegsjahre, die es sich zum Ziel gesetzt hatte, nach der Katastrophe des Dritten Reiches offene und demokratische Wege zu gehen, junge Talente zu fördern, sie in spontanen Diskussionen zu prämieren und Literatur als lebensvollen und unreglementierten Wegweiser einer neuen Gesellschaft zu definieren. Hier ist der Stern einer jungen Dichterin aus Wien aufgegangen, denn hier hat Ilse Aichinger 1952 für ihre Erzählung *Spiegelgeschichte* den Preis der *Gruppe 47* bekommen.

Wenn einer dein Bett aus dem Saal schiebt, wenn du siehst, dass der Himmel grün wird, und wenn du dem Vikar die Leichenrede ersparen willst, so ist es Zeit für dich, aufzustehen, leise, wie Kinder aufstehen, wenn am Morgen Licht durch die Läden schimmert, heimlich, dass es die Schwester nicht sieht – und schnell![1]

Solche Anfänge vergisst man nicht. Fremd, rätselhaft, präzise. Es ist die Geschichte einer jungen Frau, die an einer Abtreibung stirbt und deren Leben vom Ende her zurück bis zur Geburt erzählt wird, gleichsam gespiegelt. So erzählt, dass sie alle aus der *Gruppe 47* sprachlos machte, verzauberte und ratlos zurückließ, dass diese Faszination bis heute und immer von Neuem anhält; so vorgelesen damals und später ebenso, mit leiser, monotoner Stimme, schnell und beiläufig, dass es unerhört war und die Autorin den Preis gewann. Allerdings nur mit einer Stimme Mehrheit. Der wesentlich bekanntere Schriftsteller Walter Jens war unterlegen. Wie auch ein Jahr später bei der Abstimmung für Ingeborg Bachmann, die Gedichte aus der *Gestundeten Zeit* las und damit ausgezeichnet wurde. Diese jungen Österreicherinnen! Aber Jens trug es mit Würde.

Niendorf – all das stand plötzlich vor mir. Die *Spiegelgeschichte* hatte ich oftmals gelesen und sie wurde auch das Stilprinzip für mein späteres Aichinger-Fernsehportrait für den ORF und den Bayerischen Rundfunk zu ihrem 70. Geburtstag 1991, *schreiben ist sterben lernen*. Wir hatten vorwiegend in ihrer Geburtsstadt Wien, in die sie 1988 zurückgekehrt war, sowie in ihrer Kindheitsheimat Oberösterreich gefilmt.

Ich hatte gewusst, dass Niendorf an der Ostsee lag, aber nicht ganz genau, wo. War uninformiert hierhergekommen, hatte im Vorfeld zu wenig Zeit gehabt. Es sollten auch nur ein paar Tage sein, ein verlängertes Wochenende mit unserer Tochter – jedes Jahr fahren wir irgendwohin, nur wir zwei, und wir lieben dieses Zusammensein sehr. Diesmal hatte sie sich die Ostsee, die wir beide nicht kannten, ausgesucht und ihre Wahl war auf ein kleines Hotel in einem Ort namens Timmendorfer Strand im Südosten von Schleswig-Holstein gefallen. Nicht weit vom Hamburger Flughafen entfernt, aber doch weit genug, um die Küste, das Meer und die traditionsreiche Geschichte rundum als erste Anregung für eine spätere längere Reise kennenzulernen, Lübeck vor allem. Dass wir jedoch so nahe an Niendorf waren, war eine der Überraschungen, die das Reisen zu schenken vermag.

„Wenn Sie nach rechts gehen, kommen Sie in den kleinen Hafen von Niendorf ..." Selbstverständlich wandten wir uns nach rechts. Salziger Wind fegte übers Meer, peitschte die Wellen, kein Schiff weit und breit. Das Ufer hatte breite dunkle Ränder im Sand. „Das ist die Ebbe, die die See von allen Küsten wegzieht. Sogar die Flüsse sinken zur Zeit der Ebbe. Und drüben, auf der anderen Seite lösen die Wipfel endlich die Krane ab. Weiße Schindeldächer schlafen darunter", heißt es in Aichingers *Spiegelgeschichte*. Als ob sie sie hier, am Ostseestrand, in der Nähe der Mündung der Trave, geschrieben hätte. Aber die Erzählung war bereits publiziert, in der Zeitschrift *Merkur*. Eine Ausnahme, denn zu Beginn der *Gruppe 47* wurden nur unveröffentlichte Manuskripte vorgetragen. Hans Werner Richter, der Initiator, Organisator und Spiritus Rektor der *Gruppe 47*, hatte Aichinger diese Ausnahme im April 1952 zugestanden, als er ihr anlässlich eines Besuches in Wien empfahl, gerade diese Geschichte beim nächsten Treffen in Niendorf zu lesen. Richter, selbst Autor und journalistisch für die neuen Medien tätig, war mit alliierter Genehmigung nach Wien gekommen, um mit Hans Weigel ein Interview zu führen. Er besuchte Ilse Aichinger in ihrem Untermietzimmer am Schwarzenbergplatz, sie unterhielten sich gut, in der Sofaecke saß eine Freundin Aichingers und sagte die ganze Zeit über kein Wort. Es war Ingeborg Bachmann. Richter übernachtete bei Milo Dor, der damals mit Reinhard Federmann zusammenwohnte und mit ihm an einem Romanprojekt arbeitete. Am nächsten Morgen packten die beiden alles Bewegliche der Wohnung ein, Teppiche, Geschirr, Bilder, Stühle. Auf die erschrockene Frage Richters, was dies bedeute, eröffneten sie ihm, dass sie kein Geld mehr hätten und alles ins Pfandhaus bringen müssten. Dort, meinte Milo Dor lachend, würde man sowieso halb Wien treffen.

Hans Werner Richter ließ sich von Ilse Aichinger Wien zeigen. Es war eine zerstörte Stadt, immer noch Bombenruinen, Tarnfarben, grau und schwarzgrün und von den Besatzungsmächten in vier Zonen geteilt, sodass man ohne Passierschein nicht überall hingehen konnte. Aber es war kein Krieg mehr. Es war Frieden. Es gab Hoffnung, Freude, Zukunft. Aichinger war für Eingeweihte keine Unbekannte mehr: 1946 hatte sie mit dem wagemutigen *Aufruf zum Mißtrauen*, der in der Zeitschrift *Der Plan* publiziert wurde, die österreichische Nachkriegsliteratur eingeläutet, ein flammender Appell gegen die um sich greifende Haltung der Verharmlosung und des Schönredens sowie ein Aufruf zu Zweifel und Skepsis der Geschichte und uns selbst gegenüber.

[…] Uns selbst müssen wir mißtrauen. Der Klarheit unserer Absichten, der Tiefe unserer Gedanken, der Güte unserer Taten! Unserer eigenen Wahrhaftigkeit müssen wir mißtrauen! […] Kaum haben wir gelernt, den Blick zu heben, haben wir auch schon wieder gelernt, zu verachten und zu verneinen. Kaum haben wir stammelnd versucht, wieder „ich" zu sagen, haben wir es schon mißbraucht! Und wir beruhigen uns wieder. Aber wir sollen uns nicht beruhigen![2]

Eine Haltung, bei der Ilse Aichinger blieb bis zu ihren letzten Texten zu Beginn des 21. Jahrhunderts. Sprachskepsis ist das Fundament ihres Schreibens, „Wortwörtlichkeit" ihre Stärke. „Ohne Überheblichkeit, nur konsequent. Ohne Resignation, nur unbeirrbar", formuliert es die Schweizer Schriftstellerin Ilma Rakusa.

1948 erschien Ilse Aichingers erster Roman bei Bermann-Fischer in Amsterdam/Wien – er sollte ihr einziger bleiben – *Die größere Hoffnung*. Ein epochaler Roman, der damals wenig Beachtung fand und heute zu den Grundbüchern der europäischen Literatur nach 1945 zählt. Es ist die zeitlos erschütternde Geschichte des heranwachsenden und rassisch verfolgten Mädchens Ellen und ihrer Freunde, die versuchen, im Wien der nationalsozialistischen Gewaltherrschaft zu überleben – ein Buch von Widerstand und Mut, von Grauen, Angst und Hoffnung, ein Schicksal zwischen Leben und Tod. „Wir werden es nicht überleben – aber er, Hitler, wird nicht siegen!", sagte Ilse Aichinger in einem der vielen Gespräche, die ich mit ihr über mehr als zwanzig Jahre führte, das wäre die Grundidee des Romans gewesen. In der Schlussszene schreibt sie der Gewalt, dem Krieg und dem Terror ein ergreifendes Gegenbild.

Noch einmal hörte Ellen das grelle, erschrockene Schreien der fremden Soldaten, sie sah Georgs Gesicht über sich, heller und durchsichtiger, als es jemals gewesen war.
„Georg, die Brücke steht nicht mehr!"
„Wir bauen sie neu!"
„Wie soll sie heißen?"
„Die größere Hoffnung, unsere Hoffnung!"
„Georg, Georg, ich sehe den Stern!"
Die brennenden Augen auf den zersplitterten Rest der Brücke gerichtet, sprang Ellen über eine aus dem Boden gerissene, emporklaffende Straßenbahnschiene und wurde, noch ehe die Schwerkraft sie wieder zur Erde zog, von einer explodierenden Granate in Stücke gerissen.
Über den umkämpften Brücken stand der Morgenstern.[3]

Brücken hatten in Ilse Aichingers Leben eine besondere Bedeutung. Auf der Schwedenbrücke über den Donaukanal, unweit des Gestapo-Hauptquartiers im ehemaligen Hotel

Métropole am Morzinplatz im Ersten Wiener Gemeindebezirk, hatte sie miterlebt, wie ihre geliebte Großmutter, bei der sie mit ihrer Zwillingsschwester Helga aufgewachsen war, sowie die beiden jüngeren Geschwister der Mutter auf einem „offenen Viehwagen" abtransportiert wurden. Alle wurden in den Konzentrationslagern des Hitlerregimes ermordet. Aichingers Mutter, eine Ärztin, die nach dem *Anschluss* Österreichs sofort ihre Arbeit verlor und zwangsverpflichtet in einer Lederfabrik arbeiten musste, entkam durch die NS-Rassegesetze nur knapp dem Tod: Ilse konnte sie als „halbjüdische" Tochter (der Vater war ein „arischer" Mühlviertler Lehrer) bis zu ihrer Großjährigkeit schützen. Helga war noch mit einem Flüchtlingstransport nach England entkommen. Dieses Ereignis auf der Schwedenbrücke hätte ihr Leben entschieden, schreibt Aichinger noch mit vierundachtzig Jahren in den *Unglaubwürdigen Reisen,* „auch jede glückliche Wendung." Immer sei ihr Schreiben das Eine gewesen: ein Bergen der Opfer in der Sprache. Zur Erinnerung an dieses nie vergessene und in ihrem gesamten Werk wirksam gebliebene Schreckensereignis fand auf der Brücke zu Aichingers 100. Geburtstag am 1. November 2021 eine besondere Gedächtnisveranstaltung statt, bei der eine poetische Skulptur enthüllt wurde, deren Text auf der Balustrade über die ganze Brücke hinwegläuft und somit den Ersten mit dem Zweiten Bezirk, wo ursprünglich das Ghetto angesiedelt war, verbindet. Worte wie „wenn die Foltern gebündelt sind", „wer ist den Verlorenen nachgegangen", „flieht weiter, stirbt nicht" und viele mehr durchziehen Aichingers Gedichte aus dem Band *verschenkter Rat.* „Ich trau dem Frieden nicht,/den Nachbarn, den Rosenhecken,/ dem geflüsterten Wort", heißt es im Gedicht *Ortsanfang.* Alles Festgefügte ist ihr suspekt, im Gesicherten nistet Ideologie. Sie wohnt in den Ortlosigkeiten, zweifelt, setzt auf Widerstand, jedes Wort ein illusionsloses Hinter-Fragen. Es gäbe keine „engagierte Literatur", sagt sie, Literatur *ist* engagiert, sonst ist sie keine. Mit welcher Lakonie und Präzision sie das tut, können kurze vier Zeilen zeigen. Dem Heiligen Martin, der für einen Frierenden seinen Mantel teilt, ruft sie entgegen:

Gib mir den Mantel, Martin,
aber geh erst vom Sattel
und laß dein Schwert, wo es ist,
gib mir den ganzen.[4]

*

Jetzt lasse ich sie aber zu Beginn der 1950er Jahre noch einmal mit Hans Werner Richter durch Wien gehen. Sie ist jung, gerade dreißig ist sie geworden. Sie wird ihm die Universität gezeigt haben, wo sie ein Medizinstudium begonnen und abgebrochen hat, den Stephansdom, die Hofburg der Habsburger und immer ist Literatur dabei. Am Franz-Josefs-Bahnhof habe Aichinger ihm erzählt, schreibt Richter viele Jahre später, dass hier der Ausgangspunkt der Züge für die k.u.k. Offiziere in die weit entfernten, aus Joseph Roths Romanen vertrauten Garnisonen des Ostens gewesen wäre, und dass die ausgehungerten jungen Männer sofort nach ihrer Rückkehr in den Gassen rundum zu feiern begonnen hätten. Und sie habe ihm von den Todestransporten in die KZs erzählt. Heute weiß man, dass allein vom unscheinbaren Aspang-Bahnhof aus, der mittlerweile ein Mahnmal und Museum ist, 47 035 Jüdinnen und Juden in den Tod deportiert wurden.

Ingeborg Bachmann, damals im US-amerikanisch-österreichischen Besatzungssender *Rot-Weiß-Rot* beschäftigt, hatte das Treffen zwischen Hans Werner Richter und Hans Weigel organisiert. Nicht ohne dem Gast zuvor einige Gedichte auf einen leeren Tisch gelegt zu haben. Wer hat diese Gedichte geschrieben, fragte Richter nach der Lektüre. Ich, sagte Bachmann errötend. Kurzerhand lud Richter sie daraufhin nach Niendorf ein, zu jener Tagung der *Gruppe 47* von 1952, die Hans Werner Richter später die „seltsamste" und „erfolgreichste" der frühen Jahre nannte. Hier war nicht nur Ilse Aichinger als singuläre Dichterin entdeckt worden, sondern, neben den Lesungen von Walter Jens, Heinrich Böll, Siegfried Lenz und anderen, hatte in Niendorf zum ersten Mal auch jene bis dahin unbekannte Ingeborg Bachmann gelesen sowie, auf ihre Empfehlung hin, „ein Freund aus Paris": Paul Celan.

Wir kämpfen uns weiter gegen den Sturm die Uferpromenade Richtung Niendorf entlang, und ich erzähle unserer Tochter von den Liebesbeziehungen der damaligen Zeit, über die man heute aus Erinnerungsbüchern, „Schlüsselromanen" und aufgezeichneten Gesprächen manches zu wissen glaubt. Über die kurze, noch nicht ganz entschlüsselte Liaison Bachmann – Weigel zum Beispiel oder, mutmaßlich, Marlen Haushofer – Hermann Hakel, oder, als kleines Erdbeben, als sie Jahrzehnte später in ihrer Dimension offenbar wurde, die ergreifende Liebesgeschichte zwischen Ingeborg Bachmann und Paul Celan. 2009 wurde ihr Briefwechsel unter dem Titel *Herzzeit* veröffentlicht. Ich erzähle von Ilse Aichinger und Günter Eich, die sich 1951 auf der Tagung in Bad Dürkheim kennengelernt hatten und 1953 heirateten. Aichinger war damals aus Ulm gekommen, wo sie bei Inge Aicher-Scholl, die den Naziterror überlebt hatte und nicht wie ihre Geschwister Sophie und Hans hingerichtet worden war, am Aufbau der *Hochschule für Gestaltung* mitwirkte.

Bei jenem ersten Auftritt von 1951 in der *Gruppe 47* las Aichinger die Erzählung *Der Gefesselte*. „Für mich war sie ganz in sich versponnen", schreibt Hans Werner Richter in dem Band *Im Etablissement der Schmetterlinge*, „mehr eine Märchengestalt als eine Figur der Wirklichkeit. [...] Gewiß, unsere Realisten wehrten sich dagegen, sie lehnten schon das Wort ‚Verzauberung' ab, aber auch sie konnten sich dieser Ausstrahlung nicht ganz entziehen." Einige der Gruppenmitglieder, berichtet Richter weiter, wären selbst bei der folgenden Herbsttagung in der Laufenmühle, einem Heim für geistig Behinderte, so stark von dieser jungen Dichterin angezogen gewesen, „daß sie ganz außer sich gerieten und für meine Begriffe ein wenig die Kontenance verloren." So hätten sich zum Beispiel zwei Männer „irrtümlicherweise" in Aichingers Zimmer „verirrt": ein junger Lyriker und – „als Spaß" unter einer Decke am Sofa – der Preisträger von 1951 selbst, Heinrich Böll. „Sie war so schön", erzählte Walter Kolbenhoff noch 1990 für mein Filmportrait, „Günter Eich sah sie und dann war er hin und weg". Kolbenhoff war übrigens eines der wenigen Gruppenmitglieder, mit denen Aichinger über Jahrzehnte hin befreundet blieb: Als alleinige Jurorin wählte sie ihn 1990 für den „Günter-Eich-Preis", den sie 1984 selbst erhalten hatte und der nur insgesamt drei Mal in der Marktgemeine Rauris vergeben wurde.

Erzählend, fragend und auch leichthin abschweifend, kommen wir schließlich nach Niendorf.

Eine kleine Erhebung, an deren Fuß zwei Bagger die groben Blöcke der Uferbefestigung neu ordneten, ein paar windzerzauste Bäume – und dann liegt flach der Ort vor uns. Leer die Straßen, ausgestorben. Da und dort wird in den Häusern repariert, eine Straße ausgebessert. Asiatische Restaurants, Billigbuden, alles geschlossen. Tote Saison. Von der Seite, aus der wir kommen, macht Niendorf einen etwas heruntergekommenen Eindruck. Hässliche Gebäude aus den 1960er, -70er Jahren, neumodische Hotelburgen, keine Kurpavillons, kein Flair eines eleganten Ostseebades. „Hier ist Immobilienkompetenz zu Hause", ist groß auf einem Schild zu lesen. Ein Informationsbüro haben wir nicht gefunden. Etwas entmutigt fragen wir nach einem ehemaligen Kurhotel, das in den 1950er Jahren dem *Nordwestdeutschen Rundfunk* als Erholungsheim gedient hat. Kopfschütteln und Verneinung, was allerdings nicht verwunderlich war. Zu lange her ...

1952. Es war erst sieben Jahre nach dem Zweiten Weltkrieg. Die Zerstörungen und Traumata waren noch lebendig. Deutschland, ebenso wie Österreich, war ein viergeteiltes Land, von den Alliierten besetzt. Not, Hunger, Armut, immer noch. Das *Wirtschaftswunder* erst am Beginn. Zögernd, tastend formten sich neue, intellektuelle Zusammenschlüsse. Am einflussreichsten wurde die *Gruppe 47*, bei der sich nach bescheidenem Beginn Autorinnen und Autoren, Verleger und Kritiker zu Lesungen und sofortigen, meist heftigen Diskussionen trafen und viele entdeckt oder bestätigt wurden, die die Zukunft der deutschsprachigen Literatur- und Kulturszene bestimmen sollten, Uwe Johnson, Hans Magnus Enzensberger, Günter Grass, Martin Walser, Heinrich Böll, um nur einige wenige zu nennen. Von Jahr zu Jahr suchte Richter neue Veranstaltungsorte, die nichts kosteten. Ein Kloster, eine Schule, eine Burg, eine Brauerei, ein Sozialheim. 1952 offerierte Ernst Schnabel, selbst Autor und zum Intendanten des wichtigen *Nordwestdeutschen Rundfunks Hamburg* aufgestiegen, das Erholungsheim des NWDR in Niendorf. Er organisierte darüber hinaus einen Autobus, der die Gäste aus Süddeutschland – unter ihnen auch Aichinger und Bachmann – kostenlos an die Ostsee brachte. Für Verpflegung und Unterkunft mussten die Teilnehmerinnen und Teilnehmer selbst aufkommen.

Und Ilse Aichinger las.

Heb lieber deinen Blick vom Boden auf, sonst könnte es sein, daß du da drunten an den Planken um den leeren Bauplatz in einen Mann hineinläufst, in einen jungen Mann, der seine Mütze dreht. Daran erkennst du ihn. Das ist derselbe, der zuletzt an deinem Sarg die Mütze gedreht hat, da ist er schon wieder. Da steht er, als wäre er nicht weggewesen, da lehnt er an den Planken. Du fällst in seine Arme. Er hat schon wieder keine Tränen, gib ihm von den deinen. Und nimm Abschied, ehe du dich an seinen Arm hängst. Nimm von ihm Abschied! Du wirst es nicht vergessen, wenn er es auch vergißt: Am Anfang nimmt man Abschied. Ehe man miteinander weitergeht, muß man sich an den Planken um den leeren Bauplatz für immer trennen.[5]

Irgendwo da draußen rollten die Wellen der Ostsee, wiegte sich das harsche Riedgras im Wind, zogen Fischerboote hinaus in die Weite der späten Maitage 1952. Aichinger las: verzaubernd und irritierend. Mit der *Spiegelgeschichte* wurde die *Kahlschlag-* oder *Trümmerliteratur*, die die späten 1940er und frühen 1950er Jahre geprägt hatte, jedoch bereits von Günter

Eich und Wolfgang Hildesheimer unterlaufen worden war, endgültig infrage gestellt. Ein neuer, *magischer Realismus*, der die Wirklichkeit hinter der Wirklichkeit in den Blick nahm, setzte sich durch. Bereits der Roman *Die größere Hoffnung* war eines seiner radikalsten Dokumente gewesen und Aichingers frühe Erzählungen, die sie in rascher Folge um 1950 schrieb, waren beispiellos in der Literatur ihrer Zeit und sind es bis heute geblieben: *Der Gefesselte, Die geöffnete Order, Spiegelgeschichte, Wo ich wohne, Eliza Eliza* oder *Rede unter dem Galgen*.

Laß mich dich lieben, Bruder, laß mich mein Ende lieben, das mich lebendig macht. [...] Ich will den Hafer im Sand der Ebbe säen und in verbrannte Scheunen ernten, und ich will Burgen bauen, der Flut zum Fraß. Ich will ein Narr für meinen König sein, ich will in seinen traurigen Gärten lustwandeln, ich will geborgen sein in seiner Flucht. Ich will die Segel spannen in der stillen Luft, will meinen Pflug durch alle Sümpfe treiben. Ich will auf morgen warten, das heute ist, und meine Söhne dürfen mich verlassen. Ich will die Mütze ziehen, wenn die gefangenen Klöppel in den Glocken toben, und meiner Wege gehen, als ginge ich heim. Ob er das Zelt oder das Feuer ist, an dem das Zelt verbrennt, ich will den Himmel ernten, der verheißen ist.[6]

Es gibt zwei berühmte Fotografien von der Niendorfer Tagung: Aichinger zwischen Heinrich Böll und Günter Eich (Böll einen Kopf größer, Eich in schwarzem Hemd und heller Krawatte), sie legt ihre Arme um die Schultern der beiden Männer, ernst, konzentriert, rätselhaft. Das zweite Bild zeigt das Liebespaar: einander zugeneigt gehen Aichinger und Eich den Strand entlang, in Regenmäntel eingepackt, offenbar war es damals auch nicht mild.

Im Anschluss an die Tagung in Niendorf lud Ernst Schnabel – auch er übrigens ein enthusiastischer Verehrer Ilse Aichingers – zu Empfang und Rundfunk-Workshop in die Zentrale des *NWDR* in Hamburg ein. Der Rundfunk hatte in den 1950er Jahren eine geradezu lebenswichtige Bedeutung für die jungen, unbekannten Autorinnen und Autoren, er vergab Aufträge für Hörspiele und Features, sendete Erzählungen und Gedichte, zahlte für damalige Verhältnisse fürstliche Honorare und trug damit nicht nur zu größerer Publizität, sondern zum finanziellen Überleben bei.[7] Auch manche Anekdoten sind darin überliefert, wie auch jene, dass nach dem Rundfunk-Empfang ein Auto für die Autorengäste bereit gestanden wäre und niemand gewusst hätte, wohin die Fahrt gehen sollte. Es stellte sich heraus, dass es ein Bordell war, die Mädchen des Etablissements waren zuvor literarisch „gebrieft" worden, sodass die Unterhaltungen lebhaft und scherzhaft waren, 10-Mark-Scheine kursierten und in die Strumpfbänder der Damen gesteckt wurden. Ilse Aichinger und Ingeborg Bachmann wären schweigend und eng aneinandergeschmiegt in einer Ecke gesessen.

Distanz und ein Außerhalb-der-Dinge-Stehen bezeichnen von Anfang an Aichingers Lebenseinstellung. Selbst der *Gruppe 47*, die ihren Aufstieg als Schriftstellerin bedeutet hat, sowie dem gesamten Literaturbetrieb bleibt sie im Innersten fern. Im hervorragend kommentierten Briefwechsel der Salzburger Bachmann Edition zwischen Ingeborg Bachmann und Ilse Aichinger, in den auch Günter Eich einbezogen ist, schreibt sie bereits am 20. Mai 1951 aus Ulm, dass sie „vieles von dem Wirbel und dem Betrieb […] für gefährlich halte, sobald er einem keine Zeit mehr lässt, Heimweh zu haben und diese Verlassenheit zu spüren, die mit uns allen identisch ist und die auf der anderen Seite den Glanz ausmacht, wenn wir ihn auch selbst in diesem Augenblick nicht sehen."

Vielleicht nicht im Augenblick, jedoch grundsätzlich ist Aichinger begnadet – sie selbst würde sagen „aufgefordert" – dieses Verborgene hinter der Wirklichkeit zu sehen und damit kompromisslos und in äußerster Knappheit Realität und Irrealität, Imagination und Zeitgeschichte zu verbinden. In den *Szenen und Dialogen* des Bandes *zu keiner Stunde,* die sie kurz nach der *Spiegelgeschichte* schrieb, lässt sie zum Beispiel Folgendes in einer Auktion versteigern: ein Stück „Himmelsblau von vorgestern gegen elf, als in der Nähe des Krankenhauses zwei Straßenbahnen zusammenstießen", eine Kommode, „ein Waldstück aus dem Jahre sechzehnhundertvier, da gelegen, wo heute ein Teil der neuen Gefängnisse –" ist und, wie der Auktionator mit einem tiefen Atemholen schließlich kundtut: „Die Gitter dreier Kinderbetten aus der Infektionsabteilung" , früher in privatem Haushalt in Gebrauch.

MANN	
im glänzenden Mantel	*Nehme ich.*
AUKTIONATOR	*Sie bieten?*
MANN	*Ein Treppengeländer.*
	Stark glänzend.
ZWISCHENRUFER	*Einen Korb Orangen.*
	Neue Ernte!
AUKTIONATOR	schüttelt den Kopf
MANN unmutig	*Was Sie wollen.*
AUKTIONATOR	*Das reicht nicht.*
MANN atmet auch tief	*Die Einladung zu einer*
	Kinderjause; Mädchen.
	Frühherbst neuzehnhundert-

	undelf. Fand ganz nahe
	von hier nicht statt, weil
	eines der Mädchen zwei
	Tage vorher an Scharlach
	starb.
AUKTIONATOR streng	*Das Mädchen –*
	gings zur Schule?
MANN	*Es ging.*
AUKTIONATOR	*Das Laub?*
MANN	*Es spielte.*
AUKTIONATOR	*Die Hutbänder?*
MANN	*Sie flogen.*
AUKTIONATOR	*Und waren hell?*
MANN	*Genug!*
AUKTIONATOR	*Den Ort will ich noch*
	wissen [...][8]

Statt der weißen Gitter der drei Kinderbetten ersteigert der Mann schließlich ein Kaninchen. Und alles „Himmelsblau von vorgestern gegen elf, das Blau über der Pfandleihanstalt und das Blau über dem Ozean" geht in die Hände einer Frau, die damit ihren Sohn zu retten glaubt, der bei besagtem Straßenbahnunfall verletzt worden ist und im Krankenhaus liegt. „Die Ärzte geben mir Hoffnung. Aber ich dachte, für alle Fälle!"

*

Kein Himmelsblau über der wellengepeitschten Ostsee. Grauschwarz noch immer die dahinfegenden Wolken. Möwenschreie im weißen Flug. Der alte Hafen von Niendorf ist ein kleines Schmuckstück. Der Anblick erleichtert uns, dieser

Ort muss ja auch seine schönen Seiten haben, selbst wenn man nur einen so flüchtigen, wahrscheinlich ungerechten Blick auf ihn wirft. Blau-weiße Fischerboote mit roten Wimpeln liegen vor Anker. Es ist schon Mittag, da ist der Fang der Nacht und des Morgens längst an Land gebracht und verkauft. Die Buden entlang des Ufers sind bereits geschlossen, nur noch eine Frau in Stiefeln und Gummischürze über dem dicken Pullover entsorgt die letzten Eiswürfel. An der Wand hängt ein großes Plakat mit den vielen Sorten der Ostseefische. Bunte Holzhütten stehen etwas erhöht im braunen Gras – das ist für unser Fischerzeug, sagt die Frau, damit wir nicht alles weit nach Hause schleppen müssen. Der Sturm lässt die Takelagen der Boote klirren.

Ich friere zwar mehr als unsere Tochter, aber wir haben beide rote Gesichter und eiskalte Finger. Die Cafés am hübschen Hafenplätzchen sind geschlossen. Kalt und gottverlassen ist das Schicksal der jungen Frau, über das wir jetzt sprechen und das uns Ilse Aichinger in ihrer *Spiegelgeschichte* verhalten leidenschaftlich und luzide in stilistischer Präzision vor Augen stellt. Jene ungeheuerliche Geschichte, die das Leben einer jungen Frau vom Ende her erzählt bis zurück zu den glücklichen Kindertagen, dem arglosen Spiel und dem Augenblick der Geburt; ihren Weg von der tödlichen Abtreibung zurück bis zur hoffnungsvollen ersten Begegnung mit dem jungen Mann, der dasteht und seine Mütze dreht und sich zu spät seiner Schuld bewusst werden wird.

Das erste Wort – jetzt hat er es gesagt: es ist der Name einer Gasse, in der die Alte wohnt. Kann denn das sein? Bevor er weiß, daß du das Kind erwartest, nennt er dir schon die Alte, bevor er sagt, daß er dich liebt, nennt er die Alte. Sei ruhig! Er weiß nicht, daß du bei der Alten schon gewesen bist, er kann es auch nicht wissen, er weiß nichts von dem Spiegel. Aber kaum hat er's gesagt, hat er es auch vergessen. Im Spiegel sagt man alles, daß es vergessen sei. Und kaum hast du gesagt, daß du das Kind erwartest, hast du es auch verschwiegen. Der Spiegel spiegelt alles. Die Kohlenberge weichen hinter euch zurück, da seid ihr an der See und seht die weißen Boote an der Grenze eures Blicks, seid still, die See nimmt euch die Antwort aus dem Mund, die See verschlingt, was ihr noch sagen wolltet. Von da ab geht ihr viele Male den Strand hinauf, als ob ihr ihn hinabgingt, nach Hause, als ob ihr wegliegt, und weg, als gingt ihr heim.[9]

Welch real-surreale Geschichte! „Am Anfang nimmt man Abschied" steht wie eine geheimnisvolle Schrift über dieser Erzählung, die bereits die Radikalität und Subversivität von Ilse Aichingers gesamtem Werk, ihre bildreiche Sprachkraft und widerständige Poesie zeigt. „Genug Angst haben" ist ein weiterer Aichinger-Satz, um der „terrible simplification" in der Sprache und im Verhalten der Menschen zu entkommen. Den Maximen und den „besseren Wörtern" zu misstrauen, um die präzisen Fragen zu finden, aus den Fragen die Summe zu ziehen und aus der Summe wieder die neuen Fragen zu holen.

Wir gehen zurück Richtung Timmendorfer Strand. Die Flut hat den Sand gefestigt, kleine, weiße Muscheln liegen da, ein paar opalisierende darunter. Unsere Tochter und ich haben uns keine schlimmen Geschichten zu erzählen heute, nur Schönes. Da ist Nähe und Vertrauen und wir wissen, dass es eine glückliche Zeit ist, die wir hier verbringen, diese drei, vier Tage zusammen. Und wir reden davon, wie schnell die

Wege von Ilse Aichinger und Ingeborg Bachmann auseinanderliefen: Die eine zog mit Günter Eich über verschiedene Stationen nach Großgmain bei Salzburg an den Fuß des Untersberges, die Kinder Clemens und Mirjam wurden geboren, Schreiben im Stillen, langes Schweigen dazwischen; die andere stieg schnell zum gefeierten Star auf, ihr Konterfei auf der Titelseite des *Spiegel*, im Umfeld von Politik und Prominenz. Bevor ihr Leben eine andere Wendung nahm …

Der 2021 in der Salzburger Bachmann Edition erschienene Briefwechsel zwischen Ingeborg Bachmann und Ilse Aichinger/Günter Eich trägt den schönen Titel *halten wir einander fest und halten alles fest*.[10] Es sind zuneigende Briefe aus den Jahren von 1949 bis 1962, über Alltag, Reisen und immer wieder über das Schreiben, Briefe, die von großer Vertrautheit sprechen. „Das Faszinierende des Briefwechsels", schreibt der beste Dichtungs-Deuter Hans Höller im Vorwort, „liegt darin, wie sie in ihrem Schreiben den Alltag so verwandeln, dass er sich wie eine verheißungsvolle Geheimschrift liest." Zärtlich sind die Anreden der Briefe und im letzten, undatierten und nicht mehr abgeschickten Fragment, das Bachmann an Aichinger schrieb, heißt es: „Liebes Ilselein, ich hab das Gefühl, viel zu wenig gesagt zu haben, Dir zu wenig gedankt zu haben, Dich zu wenig oft gesehen zu haben, –".

Die Tragik dieser Freundschaft, die im Lauf der Jahre und mit Bachmanns steigender „Publicity" immer mehr zu Entfremdung, ja zu Unverständnis und Verurteilung geführt hat, haben die Herausgeber des Bandes, Irene Fußl und Roland Berbig, im Nachwort eingehend und schlüssig zu klären versucht. Wenn man es liest, schmerzt es vielleicht weniger, dass Aichinger in ihren späten Aufzeichnungen aus dem Jahr 2005, *Unglaubwürdige Reisen,* in denen sie immer wieder davon spricht, dass sie ihre eigene Existenz für „völlig unnötig" halte und sich danach sehnen würde, „wegzubleiben", Worte findet, die beinahe beängstigend zeigen, welche Verwerfungen und Unwägbarkeiten sich in der Beziehung zweier Menschen vollziehen können. Im Gespräch mit Julia Kospach, antwortet Aichinger auf die Frage, ob sie sich nach dem Tod sehne:

Ja. Tod schon, aber ohne Sterben. Nun schreibt ja zum Beispiel Ingeborg Bachmann von „Todesarten". Der Titel ist falsch, wie das meiste, was sie geschrieben hat. Denn es gibt keine Todesarten, es gibt nur Sterbensarten. Der Tod ist der Tod, ein Zustand, kein Prozeß wie das Sterben. Weniger schön, aber korrekt – das Genaue ist meist weniger schön und weniger eingängig – müßte es „Sterbensarten" heißen. Mein einziger Kummer ist, daß man es nicht erfährt, den Zustand „Tod". Ich finde es erbitternd, daß ich den Triumph, weg zu sein, dann nicht auskosten kann.[11]

Bitter-sarkastische Worte. Ilse Aichinger mit zweiundachtzig Jahren. Aber ich habe noch ihr leises Lachen im Ohr, ihre heitere Souveränität, wenn sie von den letzten Dingen sprach, rauchte, heiße Schokolade mit einem kleinen Glas Cognac mischte, wir uns in den unberühmteren Kaffeehäusern von Wien trafen, im alten Café Haag im Schottenstift, im Korb oder im Jelinek, wo in den Wintermonaten der Ober zwischen Melange und Grünem Veltliner schnell im eisernen Ofen, der in der Mitte des Raumes stand, nachheizen musste. Oder wir in der Küche im Erdgeschoß der gelben Villa in Großgmain saßen, das Fenster kunstvoll vergittert, ein alter Radioapparat davor, vielleicht hat sie damit ihre vielfach prämierten Hörspiele verfolgt, die in den 1950er Jahren und später, wie auch jene von Günter Eich, Ingeborg Bachmann, Heinrich Böll oder Wolfgang Hildesheimer, Hunderttausende Zuhörerinnen und Zuhörer erreichten und wiederholt ausgestrahlt wurden: *Knöpfe, Auckland, Nachmittag in Ostende, Gare Maritime* und die zahlreichen Hörspielbearbeitungen ihrer Szenen und Dialoge aus dem Band *zu keiner stunde.*

Aichinger liebte Küchen. Diejenige von Großgmain war dunkel und sehr gemütlich in dem schönen Durcheinander von den Dingen eines Lebens. In ihrem Band *Kleist, Moos, Fasane,* der 1987 mit kurzen Erzählpretiosen und ihren Reden auf andere Dichterinnen und Dichter erschien, schreibt sie in der Titelgeschichte der Küche ihrer Großmutter eine Hommage, wie nur sie es konnte.

Ich erinnere mich der Küche meiner Großmutter. Sie war schmal und hell und lief quer auf die Bahnlinie zu. An ihren guten Tagen setzte sie sich auch darüber hinaus fort, in den stillen, östlichen Himmel hinein. An ihren schlechten Tagen zog sie sich in sich selbst zurück. Sie war überhaupt eine unverheiratete Küche, etwas wie eine wunderbare Jungfer, der die Seligpreisungen der Bibel galten. Abgeblättert und still, aber nicht zu schlagen.[12]

*

Vor dem beißenden Ostseewind flüchten wir in das Teehaus Mikado, das ins Meer hinausgebaut und nur über einen langen, hohen Holzsteg zu erreichen ist. Wir finden einen Tisch an der Spitze des Raums, vor uns nichts als das stürmisch bewegte Meer. Die mit Schlamm und Seegras vermengten

Wellen zerbersten an den Piloten. Wir trinken heißen Grog und dann noch einen und beobachten das Geschick der Möwen, die mit Eleganz gegen die Elemente ankämpfen, ihr Raubvogelschrei fast unhörbar im Getöse, im erstorbenen Begriff von Zeit.

Über Ilse Aichinger zu erzählen, hätte kein Ende.

Über ihr Leben, ihre Werke, über ihre ungeheure subversive Kraft. „Ich kann eine ganze Horde sein, wenn ich will. Ich allein", schreibt sie in ihren kompromisslosen Texten des Bandes *schlechte Wörter* von 1976. In der darin enthaltenen Kurzprosa *Die Vergeßlichkeit von St. Ives* heißt es weiter: „Auf der Hut vor Maximen. Vor den Behelligungen der Abläufe. So und anders. Und anders, anders, anders." Und wir könnten noch lange über diese Dichterin ohnegleichen reden, von dir zu mir und in das rhythmische Heranrollen der Brandung hinein, hier an der Küste der winterlichen, stürmischen Ostsee. Aber wir müssen zurück, morgen früh werden wir nach Lübeck aufbrechen, um uns diese alte, schöne Hansestadt, die nach dem Krieg wiederaufgebaut wurde, und das Haus der Buddenbrooks anzusehen. Wir werden den Weg über Travemünde nehmen und an Niendorf vorüberfahren und uns noch einmal die Szene vorstellen, wie eine junge Dichterin aus Wien scheu und schön den Preis der *Gruppe 47* entgegennimmt, vielleicht so beiläufig, wie sie alles Große betrachtete, da sie immer auf der Seite der Geschlagenen, der Verlierer und Verlorenen war, bereit, wie sie in ihrem Gedichtband *verschenkter Rat* schreibt, „mit euch zu sterben".

Ilse Aichinger hat Hans Werner Richter ein liebevolles Andenken bewahrt. Zum Ende der *Gruppe 47* im Jahr 1977 schrieb sie ihm folgendes Gedicht:[13]

Für H. W.

Die Gelassenheit
zu datieren
zu versammeln in den Dörfern der Welt.

Der Rat,
die Stille des Rats zu schweigen,
wenn einer das Schreiben
und das Lesen zu Ende gebracht hat.
Und wenn die Tage um sind,
zu sagen: Geht.
Aber täusch Dich nicht,
du hast diesen Tagen
das Umsein abgewöhnt,
sie werden umgehen
von Atemzug zu Atemzug,
dein Rat bleibt bei den Ratlosen
von Atemzug zu Atemzug.
Du bleibst.

Ilse Aichinger

***

TANIA BLIXEN

Seit es Sprache gibt, sind Geschichten erzählt worden

TANIA BLIXEN

Rungstedlund, Dänemark

Ein altes Haus steht am Ufer des Meeres, gedeckt mit Riedgras. Einst war es ein Bauernhaus, noch früher ein Wirtshaus, eine Herberge für Reisende und Händler, die von Kopenhagen nach Helsingör unterwegs waren. Vielleicht ist es sogar das älteste Haus auf diesem Weg, auf dem einst Könige mit ihrer Entourage geritten sind. Wiesen ziehen sich zum Wasser hin, Rosen blühen am Spalier. Morgens kommen die Fischerboote langsam zurück in den kleinen Hafen. Ein bärtiger Mann kommt herauf und bringt der Hausherrin seine besten Stücke, zwei Meerforellen, einen stattlichen Dorsch, einen Aal, den er, wie früher die Wenden, bei Fackelschein gespeert hat. Der Fischer redet ein paar Worte, trinkt ein Glas, *jubel*, es war ein guter Fang heute. Auf den Weiden grasen Rinder. Aus dem Stall hört man das Rufen eines Knechts, der die Pferde auf die Koppeln führt, aus den Fenstern des ersten Stockes dringt Kinderlachen, vielleicht auch ein noch unbeholfenes Klavierspiel. Die Sonne ist über den Laubwald gestiegen, der sich hinter dem Gehöft einen Hügel hinaufzieht. Blassblau ist der Himmel. Stoff, aus dem die Träume sind. Wenn sie wahr werden, sind sie „[…] das Betörendste und Unwiderstehlichste auf der Welt."

Hier ist Tania Blixen 1885 geboren.

Hier ist sie aufgewachsen, mit drei Geschwistern und vielen Tieren.

Rungstedlund ist der Name des Anwesens.

So hieß es durch die Jahrhunderte, so heißt es heute.

1889 brannten Scheunen und Nebengebäude nieder.

Das Wohnhaus blieb erhalten, ebenso Garten, Weiden, Wäldchen.

Heute ist Rungstedlund ein Museum zu Ehren der großen Schriftstellerin.

„‚*Wer sind Sie?*‘ fragte die Dame in Schwarz den Kardinal Salviati [...] ‚Wer ich bin?‘ wiederholte er. ‚Wirklich, Madame, Sie sind das erste meiner Beichtkinder, das mir diese Frage stellt – das erste, das je darauf gekommen ist, daß auch ich eine Identität haben könnte, zu der ich mich bekennen muß [...]‘"[1] So fragt Kardinal Salviati aus einer der späten Erzählungen Tania Blixens. In vielen Variationen stellt sie offen oder verschlüsselt immer wieder dieselbe Frage: Wer bin ich? „Für wen halten Sie mich?", fragt der Bettler in der Erzählung *Eine tröstliche Geschichte* und gibt sich später selbst die Antwort: „Ich bin, was ich scheine."

Ja, wer war Tania Blixen?

War sie, was sie zu sein schien?

Eine Verwirrung.

Eine Spielerin, eine Theater- und Marionettenspielerin, eine Liebhaberin der Masken, eine Schauspielerin ihrer selbst. Verwandlungskünstlerin, Sheherazâde des Nordens, Hexe, *lioness*, Partylöwin wurde sie genannt, mit Lord Byron und Shakespeares Hofnarren Yorik hat sie sich identifiziert und verglichen wurde sie mit Edgar Allan Poe, E.T.A. Hoffmann und Hans Christian Andersen. Geboren wurde sie als Karen Christentze Dinesen, als Kind nannte sie sich Tanne, als verheiratete Frau hieß sie Karen Baronin von Blixen-Finecke, als Autorin gab sie sich mehrere Pseudonyme wie Peter

Lawless, Osceola, Isac Dinesen oder Pierre Andrézel, ihr Geliebter nannte sie Tania und wandelte es weiter um in Titania, und in all der Verwirrung blieben für ihre Veröffentlichungen im englischen Sprachraum Isac Dinesen und Karen Blixen übrig und im deutschen Tania Blixen. Bleiben wir also bei diesem Namen: Tania Blixen.

Im Juni des Jahres 2021 machten W. und ich uns auf die Reise nach Dänemark. Nach Rungstedlund am Öresund, der Meerenge zwischen Ostsee und Kattegat. Das gegenüberliegende Ufer Südschwedens ist immer im Blick und nahe ist auch Kopenhagen, dessen nördliche äußere Wohnviertel bis hierher herauswuchern. Die Entdeckungsreise zu Tania Blixen und ihrem vielstimmigen Werk war, aus Unkenntnis und Einseitigkeit, eine der größten Überraschungen unserer Recherchen.

Out of Africa – so ist sie bekannt.
Mehr als durch das Buch durch dessen Verfilmung.
Sidney Pollack hat in seinem Meisterwerk mit Meryl Streep, Robert Redford und Klaus Maria Brandauer das Bild und die Erinnerung an Tania Blixen wesentlich geprägt. Das Buch erschien 1937 unter den Titeln *Den afrikanske Farm* auf Dänisch und simultan auf Englisch unter *Out of Africa* in London und New York, 1938 unter *Afrika, dunkel lockende Welt* auf Deutsch.
„Ich hatte eine Farm in Afrika, am Fuße der Ngong-Berge [...]" – wer hat nicht diese Anfangszeilen im Gedächtnis oder diese Worte im Ohr? Im Dezember 1912 hatte sich Tania aus Kalkül, nicht aus Liebe, mit ihrem Cousin zweiten Grades, dem schwedischen Baron Bror von Blixen-Finecke verlobt, der kurz darauf im Protektorat Britisch Ostafrika,

dem späteren Kenia, im Namen der Karen Coffee Co. Ltd (KCC) die Kaffeeplantage M'bagathi westlich von Nairobi kaufte und den sie am 14. Jänner 1914 in Mombasa heiratete. 1916 erwarb die KCC zusätzlich die Farm M'bogdani, ebenfalls auf rund 2 000 Metern Höhe, die für Blixen für fast zwei Jahrzehnte ihr afrikanisches Zuhause wurde.

Weg, nur weg von Dänemark und von Rungstedlund hatte sie wollen, so weit als möglich weg. Sie war Ende zwanzig. Hatte Kunst in Kopenhagen, Paris, Florenz und Rom studiert, war in Europa viel auf Reisen gewesen. Ihr Vater, dem sie sich aufs engste verbunden fühlte, hatte sich 1895, als sie zehn Jahre alt war, erhängt. Den verbliebenen Haushalt mit Mutter, Großmutter und Tante empfand sie als bigott, altbacken, kleinlich und restriktiv. Stickrahmen und Korsett waren nicht ihre Welt. Sie war eher dem Vater nachgeraten, der in drei Kriegen gedient, die brutale Niederwerfung des Aufstands der Pariser Kommune miterlebt hatte und enttäuscht von Europa nach Amerika gegangen war. Von 1872 bis 1874 lebte er in einer einsamen Blockhütte am Swamp Creek in den Wäldern von Wisconsin, in guter Nachbarschaft mit den Chippeway-Indianern und ohne einen Weißen zu sehen. Als er nach Dänemark zurückkehrte, galt er als Revolutionär, den Unterjochten und Geschundenen verbunden. 1892 trat er als Parteiloser in das dänische Parlament ein. Die Tragik seines Endes bewirkte die Gegenreaktion der Tochter: mit unbändiger Lust auszubrechen, selbst die Welt zu erforschen und sich jenseits von Konventionen durchzusetzen – „Reisen, Tanzen, Leben, die Freiheit, Bilder zu malen": das wollte sie.

Afrika wurde kein Tanz, aber ihre wichtigste Lebenserfahrung. Unerwartet, hart, voll Schönheit, Enttäuschung und Verlust. In den siebzehn Jahren ihres Wirkens in den

Ngong Hills wurde sie zu einer großen Persönlichkeit und einer großen Liebenden und, als sie alles verlor, schließlich zu einer großen Schriftstellerin. Sie hatte sich schon in den Jahren zuvor gelegentlich als Autorin versucht, aber in dieser herausgehobenen, von allen ihren bisherigen Erfahrungen so tief geschiedenen Welt, an diesen Abenden, wenn das Feuer im Kamin brannte und ihr Geliebter Denys Finch Hatton sie bat, Geschichten zu erzählen, Geschichten auch, die sie fallweise niederschrieb in den einsamen Nächten, wenn sie auf ihn wartete und voll Sorgen um die Farm nicht schlafen konnte, liegt die Keimzelle ihres späteren Werks. In ihren afrikanischen Jahren war sie durch Himmel und Hölle gegangen. Überwältigt war sie von der fremdartigen Schönheit der afrikanischen Landschaft, den endlosen Savannen, den riesigen Tierherden und den sternenfunkelnden Tropennächten. Staunend und hingezogen studierte sie die Menschen, die hier lebten und die sie verstehen wollte: die Massai, die jenseits des Flusses ihre Nachbarn waren, die Kikuyus, die in den umliegenden Dörfern lebten und für sie arbeiteten; Farah, ihr treuester Diener, der durch seine Kenntnisse zum heimlichen Verwalter der Farm wurde, ihre Safaris leitete und schließlich zum verlässlichsten Freund wurde. In der Männerwelt der britischen Kolonialherren errang sie hohe Achtung, seit sie 1921 zum „Managing Director" von M'bogdani ernannt und die Ehe mit Bror, der wirtschaftlich als Versager und privat als halt- und wahlloser Lebemann galt, 1922 geschieden wurde.

Gesundheitlich waren die afrikanischen Jahre ein Desaster. Nur schwer überlebte sie einen Reitunfall, die spanische Grippe und den ersten Ausbruch der Syphilis, die drei Jahre nach ihrer Hochzeit konstatiert wurde. Sie kehrte vorübergehend nach Dänemark zurück, wo sie mit Quecksilber und

Arsen behandelt wurde. Daraufhin galt sie als geheilt. Es stellte sich Jahre später als fataler Irrtum heraus. Die Krankheit blieb „schlafend" im Körper, ihre Folgen machten sie zum Wrack und zogen zahlreiche Operationen und unerträgliche Schmerzen nach sich. Im Großwildjäger Denys Finch Hatton, Engländer und hoch gebildet, der jedoch kam und ging, wie es ihm beliebte und seine Unabhängigkeit über alles stellte, fand sie die Liebe und die *grande passion* ihres Lebens. Schließlich verlor sie alles. 1931 musste sie die Farm aufgrund von Missernten und der gefallenen Kaffeepreise verkaufen, Denys hatte sich kurz zuvor von ihr getrennt. Wenige Wochen später verunglückte er beim Absturz seines Flugzeuges tödlich.

Mittellos, schwer krank und als eine vom Schicksal Geschlagene kam sie am 31. August 1931 nach Rungstedlund zurück. In ein Zuhause, aus dem sie einst geflohen war. Aber sie hatte kein Geld, kein Einkommen, keinen Beruf. Mehrmals hatte sie schon in M'bogdani daran gedacht, sich das Leben zu nehmen. Dennoch, wie sie an ihren Bruder Thomas in den *Briefen aus Afrika* schreibt: „Ich will furchtbar gerne leben, ich will furchtbar ungern sterben".

Afrika – das war verloren, war nur mehr Erinnerung.

Aber blieb sie die souverän-trauernde ihrer eigenen Biografie?

Gab es noch ein anderes Leben für sie?

Als sie Afrika verließ, war sie sechsundvierzig.

Mit siebenundsiebzig Jahren starb sie.

Was geschah in diesen Jahren zwischen 1931 und 1962? In diesen drei Jahrzehnten, die sie in Rungstedlund lebte, schrieb und hier auch begraben ist? In denen sie ihr Kindheitsland wiederfand, um es nicht mehr zu verlassen?

In ihrem neuen Leben wurde Tania Blixen zur Dichterin mit Weltruhm. Sie wollte vergessen und musste von etwas leben. So schlitterte sie ganz ins Schreiben, obwohl sie in späteren Interviews betonte, dass sie nicht intendiert hätte, zur „Drucksache" zu werden. Hannah Arendt, die Apologetin aller *Menschen in finsteren Zeiten*, brachte es auf den Punkt: „Erst als sie verloren hatte, was ihr Leben gewesen war, ihr Heim in Afrika und ihren Geliebten, erst, als sie als vollständiger ‚Versager' nach Rungstedlund heimgekehrt war, mit nichts in Händen als Trauer, Sorgen und Erinnerungen, wurde sie zu der Künstlerin, errang sie jenen ‚Erfolg', den sie sonst niemals errungen hätte."

Schreiben also als Rettung und als Versuch, sich nach einem Ausspruch Friedrich Nietzsches, dessen Werk sie gut kannte, trotz aller Tiefschläge als „Ja-Sagenden" zu sehen. Viele Figuren ihrer späteren Erzählungen halten sich, bis in kleine Details der Sprache, an dieses dem Schmerz abgerungene positive Weltverständnis. Wie der Bildhauer Angelo Santasilia in der Erzählung *Von verborgenen Gedanken und vom Himmel*:

Ich mußte an diese kleinen Werkzeuge denken, die wir Wörter nennen und mit deren Hilfe wir unser Leben meistern müssen. Ich mußte daran denken, wie wir, indem wir zwei belanglose Wörter in einem belanglosen Satz austauschen, unsere Welt verändern. Denn nachdem du gesprochen hattest, dachte ich zuerst: ‚Ist das möglich?' – und dann, nach einem Weilchen: ‚Das ist möglich.' [....] ‚Der Mensch ist mehr als ein Mensch', sagte er langsam. ‚Und das Leben des Menschen ist mehr als ein Leben.'[2]

Tania Blixen blieb im bescheidenen ehemaligen Bauernhaus von Rungstedlund wohnen, selbst dann, als sie nach dem

Zweiten Weltkrieg durch die wieder fließenden Tantiemen ihrer Bücher reich wurde, ein Auto mit Chauffeur sowie Gesinde hatte, wenngleich wesentlich eingeschränkter als in Kenia. Der Paravant mit den Fantasieszenen aus China und Afrika, mit dessen Figuren sie für Denys die Geschichten der langen Abende erfand und die ihre ungeheure Gabe als Erzählerin zum Blühen brachten, steht im Salon von Rungstedlund, ein Kultgegenstand für Blixen selbst und für die Besucher ihres Hauses.

Hier schrieb sie nicht nur *Out of Africa*, das Buch, das sie in den ersten Jahren in Dänemark brauchte, um ihre Erfahrungen verarbeiten und einen neuen Lebenssinn finden zu können. In ihrem Schreibzimmerchen, nach ihrer eigenen Version am Pult des von ihr hochverehrten dänischen Lyrikers Johannes Ewald, schrieb sie weiters mehrere umfangreiche Erzählbände, einen Schauerroman, Essays und Radiosendungen, von diesem Bauernhaus aus reiste sie rastlos durch Europa und Nordamerika, hielt Vorträge, publizierte in vielen Sprachen, stilisierte sich zur Diva, rauchte, diskutierte, mischte sich in Tagesfragen, sammelte junge Männer im erlauchten *Heretica*-Kreis um sich, lauschte den Vögeln in ihrem Park und schrie vor Schmerzen, wenn sie von den wiederkehrenden Koliken überfallen wurde, die sie nur am Boden liegend ertragen konnte und dennoch ihrer Sekretärin Clara Selborn weitere Erzählungen und Hunderte Briefe diktierte. Als sie starb, wog sie 30 Kilogramm.

Davon hatten wir nichts gewusst.

Welch ein Versäumnis.

„Die Zeit hat sie vergeistigt, diese lebende Legende [...]; die Zeit hat sie zu einer Essenz reduziert, wie eine Weintraube zur Rosine, ein Rosenblatt zu Duftöl werden kann. Man

spürt in ihr sofort, selbst wenn man nicht von ihrer Lebens-
geschichte wüßte, die außerordentliche, die ungewöhnliche
Persönlichkeit." Truman Capote, der prominente amerika-
nische Autor, unter anderem von *Frühstück bei Tiffany*,
schrieb diese Zeilen.

*

Von Rostock/Warnemünde aus – Travemünde und Nien-
dorf liegen nicht weit davon entfernt – trug uns die Fähre
nach Dänemark. Ein Hafen ist immer Aufbruch, ein Land
bleibt zurück, ein neues wartet. Ein leichtes Sich-Lösen, ein
Verlassen dessen, was war, und ein fast lautloses Hinaus-
driften ins Weite, in die Sonne, das Meer, die Erwartung. In
Gedser auf Falster, der südlichsten Insel Skandinaviens,
kommen wir an, ein gemütliches Hafenstädtchen im Grünen.
Die erste Begegnung mit dänischen Menschen ist auf dem
Parkplatz der Fähre ein junges muslimisches Mädchen, das
ihrer Freundin, etwas versteckt hinter einem Caravan, ein
Lied aus dem Handy vorspielt, mit einem improvisierten
Bauchtanz beginnt und mich lachend dazu auffordert, es ihr
gleichzutun. Ich kann das nicht, schaue ihr jedoch begeistert
zu und staune über solche Offenheit.
Schon ist alles gewonnen.
Flaches Land. Wiesen und Waldstücke wechseln im Weiter-
fahren, vielleicht etwas monoton, weißer Möwenflug begleitet
uns noch eine Weile. Hellgrau die Wolken am weiten Hori-
zont, wie Meereswellen. Die reifenden Felder sind von selt-
samer Leuchtfarbe, grün mit einem Schimmer von tief innen,
macht sie weich, ist ein vergoldetes Grün.
Nach Norden, schnurstracks. Kopenhagen lassen wir vorläu-
fig rechts liegen, der Verkehr auf den drei-, vierspurigen Auto-

bahnringen erinnert in Dichte und Lärm an Los Angeles. Uns erwartet, so hoffen wir, das Abseits, die angepriesene Ruhe des Parks um unser Hotel Kookedal Castle bei Hörsholm, nahe von Rungstedlund. Das Hotel ist gerade nach einem Corona-bedingten Lockdown wiedereröffnet worden. Kein großer Betrieb, die Preise entgegenkommend. Außen die Pracht eines Schlosses aus dem Jahr 1746, niederländische Renaissance, weiß leuchtet die Fassade mit Verzierungen und Türmchen, innen etwas fantasielos zu einem Hotelbetrieb umgestaltet. Unser Zimmer liegt in einem der Nebengebäude, der Blick geht auf Wiesen, schwarzgraue Raben und einen hohen, dichten Wald. Eine Szenerie, wie Tania Blixen sie wieder und wieder in ihren Erzählungen beschreibt: die Schlösser und Sommersitze des Landadels und der Stadtaristokratie verstreut im ganzen Reich, umgeben von grünem Hügelland, Wäldern, Getreidefeldern und Gestüten edler Pferde. So ist es auch hier. Die alten, ausgedehnten Stallungen, der Paddock für die Dressur, die Koppeln und die Wege zum Ausritt sind alle erhalten und gepflegt, ein vornehmer Reitclub hat sich hier sein Zentrum geschaffen. Unmittelbar daneben ein Golfclub, die früheren Felder zu dressierten Grasflächen umerzogen. Aufgetan ist die Landschaft. Kühl beginnt der Tag im Morgentau, die Abende zu Ende Juni erwarten keine schwarze Nacht, nur die Sonnenscheibe selbst versinkt und lässt der Welt ihr Licht.

Er beschattete seine Augen mit der Hand, denn die Sonne stand jetzt genau an dem Horizont, und ihre letzten Strahlen ließen helle, wirbelnde, vielfarbige Stäubchen vor seinen Augen tanzen. Mit solchem Glanz durchstrahlte der Sonnenuntergang Luft und Erde, daß sich die Landschaft in einen Schmelztiegel voll herrlicher Metalle verwandelte. Die Wiesen und Weiden wurden zu lauterem Gold; das Gerstenfeld nahebei, mit seinen langen Ähren, war ein See aus flüssigem Silber.[3]

Leidacker ist diese Erzählung von Tania Blixen überschrieben, in der eine Witwe um das Leben ihres einzigen Sohnes bittet, der als Brandstifter dem Gesetz übergeben und verurteilt werden soll. Der Baron lenkt ein, allerdings unter einer unmenschlichen, schier nicht zu erfüllenden Bedingung: Wenn sie es fertigbrächte, das gesamte riesige Roggenfeld zwischen Sonnenaufgang und Sonnenuntergang alleine mit der Sichel zu mähen, wäre ihr Sohn gerettet. Es ist eine von Blixens schönsten Geschichten, aufwühlend und so spannungsreich erzählt, dass man mit der alten Frau Schritt für Schritt mitgeht, mit ihr ein Bündel Ähren in die Hand nimmt, es schneidet, die Sonne steigt, die Hitze wird unerträglich, das ganze Gesinde lässt die Arbeit fallen, steht und geht hinter der Frau her, bangt und hofft mit ihr, eine Magd erbarmt sich und flößt der Schnitterin während des Sichelns etwas Wasser in den Mund. Der Baron sieht zu, sein junger Neffe, der eben aus England zurückgekommen ist und die neuen Ideen von Menschenwürde und Menschenrecht mit herübergebracht hat, ist entsetzt und es entspinnt sich ein Dialog um die Grundsätze von Gerechtigkeit. Er hätte heute noch Bestand.

*

Die Tania-Blixen-Gedenkstätte in Rungsted, die ungefähr 30 Kilometer nördlich von Kopenhagen liegt und die wir von Kookedal in zehn Minuten erreichen, ist eines der liebenswertesten Museen, die wir kennen. Unprätentiös, sorgsam und informativ. Viele Erinnerungsstücke, auch aus afrikanischer Zeit, sind zu sehen, Fotografien, die messingbeschlagene Truhe Farahs, ihres wichtigsten Dieners und Helfers, Speere, Schilder, antike Skulpturen, das Schlafzimmer zum Meer hin, das Schreibpult, Blumenbilder und Portraits, die sie selbst gemalt hat. Die festliche Tafel im Salon ist mit glänzendem Silberbesteck, wertvollem Porzellan und geschliffenen Gläsern gedeckt – so wird die Baronin von Blixen wohl auch ihre Gäste an kühlen Sommerabenden auf ihrer Farm von M'bogdani empfangen haben: britische Regierungsattachés, internationale Handelsleute, reiche Plantagenbesitzer und Großwildjäger, die europamüde waren und das Abenteuer suchten, einer davon war Denys Finch Hatton. Die Kostbarkeiten waren sorgsam in Kisten übersiedelt worden, von Rungstedlund nach Nairobi und wieder zurück.

Freundlich und gesprächsbereit sind auch die Angestellten in den Räumen und am Kiosk, wo man Bücher von und über Blixen erwerben kann. Auch den letzten zu ihrer Lebenszeit publizierten Band, *Shadows on the Grass,* den sie 1960 wiederum auf Englisch und unter dem Pseudonym Isac Dinesen veröffentlichte und in dem sie zu den Ngong Bergen und ihren Bewohnern, die sie liebte, zurückkehrt. *Echoes from the Hills* beschließt den Band und ist ihr Abgesang auf Afrika. *Schatten wandern über Gras* ist der deutsche Titel, der 1961 unter Tania Blixen erschien. Was im Buchangebot fehlte, war die umfangreiche, siebenhundert Seiten dicke, großartige Blixen-Biografie der Amerikanerin Judith Thurman, die 1982 in New York und 1989 auf Deutsch erschien. Derzeit ist sie vergriffen.

Wenn man mit den freundlichen Hüterinnen der Erinnerung spricht, wird manches beschönigt und geglättet. Man neigt zur Harmonisierung, was nicht verwundert in dieser friedlichen Umgebung, die so geblieben ist, wie Blixen sie hinterließ. Der für das Kind Tania so wichtige Vater, sagen sie, hätte ein Kriegstrauma gehabt, ja, nur der Krieg sei der Grund seines Selbstmordes gewesen … Lässt sich das so sagen? Und wir fragen uns, warum er dann nach dem dänisch-preußischen Krieg in zwei weiteren Kriegen anheuerte, Kriegen, die ihn nichts angingen, wie der preußisch-französische und der türkisch-russische und er immer auf der Seite der Verlierer war? Hat ihn der Rückzug zu den nordamerikanischen Indianerstämmen nicht zu sehr des bürgerlichen Lebens zu Hause entwöhnt und tiefe Unzufriedenheit wachsen lassen? Als Autor hatte er zwar nicht wenig Erfolg, seine *Jagdbriefe* zum Beispiel wurden viel gelesen, aber als Parlamentarier stieß er mit seinen demokratischen Ideen oft genug auf Widerstand und Ablehnung. Vieles mehr, auch eine unglückliche Liebe, ließen sich anführen – ein Leben voll Diskrepanzen jedenfalls, das in vielen Facetten in Tania Blixens Werk aufscheint und dessen Erbe sie wohl in sich trug. Wir fragen, ich notiere in mein Moleskine-Büchlein, wie immer. Nein, sagt die Bücherbetreuerin, nein, nein, es sei nicht sicher, dass Tania Syphilis hatte, sie war sehr krank, ja, aber aus unterschiedlichen Gründen. Noch immer scheint diese Krankheit ein Makel zu sein, den man am besten retuschiert. Nach sechzig Jahren hat die Literaturwissenschaft den genauen Krankheitsverlauf dokumentiert,[4] Blixen selbst spricht nur einmal verschlüsselt von dieser Geisel, die erst in den 1940er Jahren durch die Erfindung des Penicillins heilbar wurde: In der *Dritten Erzählung des Kardinals* aus dem Band *Letzte Erzählungen* entdeckt ein junger Mann, der nach dem Beispiel Lord Byrons nach Missolunghi fährt, um am griechischen Freiheitskampf teilzunehmen, als verräterisches Anzeichen die offene Wunde in seinem Mund …

Obwohl sie oft über Schuld schreibt, hat Tania Blixen nie öffentlich ihren Exmann Bror Blixen, der in Afrika zügellos sexuelle Freiheit lebte, angegriffen oder bloßgestellt. Schreibt nur verfremdete Geschichten über Lüstlinge oder über grausame Begebenheiten, die zur Abschreckung dienen sollten. Alles Leid lasse sich ertragen, so ihr Credo, wenn sich eine Geschichte daraus machen lasse. In der Erzählung *Alkmene* will die Hauptfigur gleichen Namens der öffentlichen Hinrichtung eines Verbrechers in Kopenhagen beiwohnen und ihr Begleiter fragt sie, ob es nicht schrecklich sei, aus dem Leiden und Sterben eines Menschen eine Unterhaltung zu machen, wie grausig seine Taten auch gewesen sein mögen. Alkmenes Antwort ist:

„Nein", sagte sie, „es ist keine Unterhaltung. Es ist eine Warnung für jene Menschen, die vielleicht nahe daran sind, das Gleiche zu tun, und die sich von nichts anderem warnen lassen. Der Anblick, wie dieser Mann stirbt, wird sie nun davon abhalten zu werden wie er. Mein Vater", fuhr sie fort, „las mir einmal ein Gedicht von einem Mädchen vor, dem der Kopf abgeschlagen wurde. Ich erinnere mich noch an ihre Worte. Sie lauteten:
Jetzt hat über jedem Haupte gezittert
das Beil, das über meinem bebt.
Denn Gott allein weiß alles," sagte sie, „und wer kann von sich sagen: dieser Tat könnte ich mich nimmermehr schuldig gemacht haben?"[5]

Tania Blixens Erzählungen, die sie nach ihrer Rückkehr aus Kenia mit nur wenigen Unterbrechungen schrieb, sind voll von überraschenden Wendungen und haben nicht selten einen offenen, rätselhaften Schluss, der zum Weiterdenken auffordert. Ihre Sprache ist traditionell – Kritiker nannten sie „anachronistisch" –, jedoch leicht zu lesen, die Handlung spannend, märchenhaft oder schaurig, personen- und dialogreich, sie spielt meist im 19. Jahrhundert und lebt von der Auseinandersetzung mit Gegenpositionen. Die Schauplätze sind europäisch: dänische Adelsschlösser, arme Bauernhöfe, Elendsviertel der Städte, norwegische Fjorde, römische Kirchen, neapolitanische Gassen, Pariser Cafés. Blixen kannte alle diese Orte, von Rungstedlund aus reiste sie ruhelos durch Länder und Städte. Das abenteuerliche Geschehen, das sie darin ansiedelt, braucht nicht mehr als das Mannigfache des Lebens selbst und die Kraft der Fantasie. Sie liebt Zigeuner und Gauklertruppen, Marionettenspieler und Theaterleute. Im Stiegenhaus des Museums hängen die Fotografien, die sie als Beobachterin der Hamlet-Inszenierung auf Schloss Kronborg in Helsingör zeigt, wo sie fasziniert eine Woche lang hinter den Kulissen miterleben konnte, wie Dichtung konkrete Gestalt annimmt. Das Datum 1939 ist vermerkt, aber vielleicht hat sie auch die Inszenierung von einem Jahr zuvor gesehen, in der Gustav Gründgens den Dänenprinzen und Marianne Hoppe die Ophelia spielten.

Viele von Blixens Erzählungen nehmen ein tragisches Ende. Liebespaare kommen nicht zueinander oder ein Kinderwunsch erfüllt sich nicht – wie in ihrem eigenen Leben, ein Trauma, das sie literarisch zu verarbeiten sucht. Variantenreich sind die Szenen von Doppelgängern und Verwechslungen, von irregeleiteten Hoffnungen und der Plötzlichkeit eines einzigen Augenblicks, in dem das Glück eines ganzen Lebens erkannt oder verloren ist. In der kurzen Meistererzählung *Der Ring* aus dem Band *Schicksalsanekdoten* ist die junge Lovise auf einem Spaziergang mit ihrem Mann, der ihr seine Ländereien zeigt. Sie ist gerade neunzehn Jahre alt und vor einer Woche mit ihrer Jugendliebe vermählt worden – das Paradies, so scheint es ihr, ist zur Erde niedergestiegen. Bei den Schafen, deren Zucht ihm mehr als vieles sonst bedeutet, wird er aufgehalten. Aus Langeweile geht sie fort, dringt in die Tiefen des Waldes. In einem finsteren Versteck begegnet sie, starr vor Schreck, einem gesuchten Mörder. Sie bietet ihm als Art Lösegeld ihren Ehering. Bei der Übergabe fällt er zu Boden. Der gehetzte, verletzte Mann hebt ihn jedoch nicht auf, stößt ihn mit dem Fuß in das dichte Bodenlaub zur Seite, nimmt nur ihr feines Taschentuch, das er um sein Messer wickelt, und verschwindet im Dickicht.

Ihr Mann war noch nicht einmal bis zum Rand des Gehölzes gekommen. Jetzt erblickte er sie und rief ihr vergnügt zu; er beeilte sich und holte sie ein.

Der Weg war hier so schmal, daß er halb hinter ihr ging und sie nicht berührte. Er fing an, ihr auseinanderzusetzen, wie es mit den Schafen stand. Sie ging einen Schritt vor ihm und dachte. Alles ist vorbei.

Nach einer Weile merkte er, wie stumm sie war, trat neben sie, um ihr ins Gesicht zu blicken, und fragte: „Was ist los?"

Sie suchte nach einer Antwort und sagte schließlich: „Ich habe meinen Ring verloren."

„Welchen Ring?" fragte er.

Sie sagte: „Meinen Trauring."

Als sie ihre Stimme das sprechen hörte, begriff sie erst den Sinn. Ihren Trauring. ‚Mit diesem Ring' – fallengelassen von dem einen und beiseitegestoßen von dem anderen – ‚mit diesem Ring sollst du hiermit angetraut sein [...]' Mit diesem verlorenen Ring war sie nunmehr angetraut. Wem?

Der Armut, der Verfolgung, dem Alleinsein ohnegleichen.
Dem Leid und der Sündhaftigkeit auf Erden [...]
„Wir finden schon einen neuen Ring", sagte der Mann.
„Du und ich, wir sind noch dieselben wie an unserem Hoch-
zeitstag; es gibt da keinen Unterschied. Wir sind heute
Mann und Frau, so gut wie gestern, möchte ich doch meinen."
Ihr Gesicht war so still, daß er nicht wußte, ob sie seine
Worte vernommen hatte. Es rührte ihn, daß sie sich den
Verlust des Rings so zu Herzen nahm. Er ergriff ihre Hand
und küßte sie. Sie war kalt. Nicht ganz dieselbe Hand, wie
er sie zuletzt geküßt hatte. Er blieb stehen, damit sie auch
stehenbleiben sollte.
„Kannst du dich erinnern, wo du den Ring zuletzt noch
hattest?" fragte er.
„Nein", sagte sie.
„Hast du keine Vorstellung, wo du ihn verloren haben
könntest?"
„Nein", sagte sie, „ich habe nicht die leiseste Ahnung."[6]

Kritiker haben Blixen vorgeworfen, sie sei erzreaktionär, verwende Stereotype, spiele immer nur auf derselben Klaviatur, in vergangenen Jahrhunderten und in überkommenen Gesellschaftssystemen. Wer sie genau liest, wird diese Vorwürfe entkräften können, zumindest für die besten ihrer Geschichten. Macht und Machtmissbrauch bleiben lebendig, das wusste sie, in jedem Zeitalter und überall, nur drapiert in jeweils anderen Gewändern. In Europa hatte sie ähnliche Strukturen erlebt wie in Afrika und in ihrer Literatur zeigt sie sie ebenso in den Willkürherrschaften Asiens. In *Out of Africa* und *Shadows on the Grass* ergreift sie, wie ihr Vater für die Indianer, Partei für die indigene Bevölkerung Afrikas, die oft genug von den weißen Kolonialherren geringgeschätzt und misshandelt wurde. Ihre europäischen Erzählungen spielen zumeist – und das kann man kritisieren – in der zurückliegenden Historie ihres Landes, in der Welt des Adels und der „großen Namen", mit denen sie selbst sympathisierte, spielen auch häufig in einer fantastischen, märchen- und legendenhaften Welt, aber sie versteht es, vielen ihrer Botschaften die Aura der Gegenwärtigkeit zu geben, aus einem Roggenfeld ein zeitloses Tribunal, aus einem französischen Dienstmädchen eine Künstlerin zu machen und aus einem Waisenkind den Spross einer reichen Reederfamilie, der am seelenlosen Luxus zugrunde geht.

Tanja Blixen erlebte, auch in der eigenen Familie, das endgültige Verlöschen des feudalen Herrschaftssystems. Aber sie kannte es gut und darum beschrieb sie es in den üppigsten Farben und sie konnte sicher sein, dass ihr Publikum gerade diese Sujets liebte: die Feste, Gewänder und Gebräuche, die Schlösser, Jagden und Affären. Dieses Kolorit gibt ihren Erzählungen die faszinierende Lebensfülle, macht sie jedoch zugegebenermaßen angreifbar für moderne Sozialkritik. Aber Blixen ist eine Spielerin, die vieles verbirgt, was sie sagen will. Parallel zum Glanz des schönen Scheins zeigt sie die Bitternis eines benachteiligten Lebens, zeigt Armut, Demütigung und Hoffnungslosigkeit: eine Waschfrau, eine Näherin, eine Bauersfrau; Waisenkinder, Huren, Zigeuner, Entwurzelte, die in Ausweglosigkeit zu Verbrechern werden; sie lässt Könige und Edelleute zumindest nach Gerechtigkeit *suchen* und immer wieder ist von großer Schuld die Rede, die es den Unterdrückten abzubitten gilt. In ihren Parabeln persifliert sie die vermeintliche Tugendhaftigkeit der Reichen und Mächtigen, die ein schwarzes Schaf, einen Sündenbock brauchen, um selbst unbeschadet bleiben zu können. Ihre Frauengestalten sind gehorsame und willige Dienerinnen der Ideale ihrer Väter und Ehemänner – oft jedoch auch selbstbewusst, emanzipatorisch, stärker als die Männer und sie haben es satt, wie die Karyatiden die steinernen Stützen des Hauses zu sein. Manche fordern oder leben erstaunliche sexuelle Freiheit. Und sie sagt: „Wir halten zusammen, wir Frauen dieser Erde." Dennoch stellt sich Tania Blixen in ihrer Rundfunkrede von 1953 zur „Frauenfrage", wie Mechtilde Lichnowsky, nicht plakativ auf die Seite des weiblichen Geschlechts. Sie will es nicht nach Karrierestufen und Höchstleistungen beurteilen und dem „survival of the fittest" überantworten, sondern sie fordert Männer wie Frauen und in allen Berufen, in Medizin, Rechtskunde, Landwirtschaft oder worin immer, auf, wirklich zu *sein*, was sie sind und darin eine neue Form des Lebens zu entdecken. Die Hamburger Büchner-Preisträgerin Brigitte Kronauer hat Blixens großer Erzählung *Ehrengard* ein Nachwort geschrieben, in dem sie grundsätzliche, zeit-enthobene Fragen aufwirft und darauf verweist, wie fein und unterschwellig die dänische Autorin aufgestellte Klassifizierungen unterläuft und ihren Wahlspruch „Ich werde antworten" zu seiner zweiten Bedeutung erweitert, dem „Verantworten". Und indem Blixen den Kosmos als Gefüge von ungeahnter Präzision betrachte, seien ihre Werke „in ihrer Vollkommenheit sehnsüchtige, kunstvoll modellhafte Echos auf deren undurchschaubare, aber erhoffte Fügungen."[7]

*

Die Bar des Kookedal-Hotels ist zugleich Bibliothek. Sie scheint der einzige Raum zu sein, der aus dem ursprünglichen Bestand des Schlosses geblieben ist. Holzvertäfelt, mit alten Stichen und Bildern von Segelschiffen, Kapitänen und Handelsherren an den Wänden. In den Bücherregalen steht eine reiche Auswahl an historischen und landschaftskundlichen Werken, die eindrucksvoll die weltweiten Beziehungen und den Interessensreichtum der Dänen bezeugen. Leise Pianomusik ist eingeschaltet, kaum Gäste, ein indischer Barkeeper. Hier haben wir viele angenehme Blixen-Lesestunden verbracht. So vieles in unserem Leben haben wir gemeinsam gemacht. „wenn du meine hand nimmst wie ich die deine/ist dieser bund gesegnet von tag und traum", schreibt H.C. Artmann.

Auf unserem Abendspaziergang die Reitställe und den Golfplatz entlang, verfangen sich die letzten Sonnenstrahlen in den Kronen der riesigen Parkbuchen. Es ist beinahe 22 Uhr. Angenehm kühl, ein leichter Wind vom Meer her. Über Österreich liegt angeblich eine Hitzewelle. Die schwarzgrauen Raben fliegen in Richtung ihrer Schlafbäume. Vor unserem Zimmer ist eine schmale Terrasse mit zwei Stühlen. Wir schauen dem Dunkelwerden zu, ohne dass das Licht ganz erlischt.

Sonnenwende in diesem schönen, nördlichen Land. Der Mond steht als weiße Scheibe zwischen den Blättern einer alleinstehenden Linde, der Himmel ist von einem Alabasterblau mit großer Tiefe. Die Unendlichkeit muss dieses durchschimmernde Weißblau haben, das Tag und Nacht in sich trägt und in das man hineingehen möchte wie als Kind auf einer Himmelsleiter, hinauf, hinein, neugierig, ein Geheimnis erwartend. Es wird Mitternacht. Im Golfclub wird lautstark gefeiert, wohl auch viel getrunken. Um drei Uhr morgens liegt immer noch oder schon wieder Helle über dem Land, schüchtern. Morgen-Dämmerung könnte man nicht sagen, denn es geschieht nichts, alles liegt brach und flach, eine Stunde ohne Rätsel. Vor vielen Jahren haben wir solche

Sonnenwendnächte in Rschew an der oberen Wolga erlebt, als ich auf der Suche nach der Landschaft war, in der mein Vater irgendwo unter wogendem Gras und weißen Birkenstämmen liegt, einer der Millionen Toten eines wahnsinnigen Krieges. Aber jetzt ist heute. Diese dänische Nacht ist Frieden. Eine Amsel beginnt ihre verführerischen Koloraturen, nur einige wenige, als ob sie noch viele andere Stationen ihres Morgenliedes besuchen müsste, zur Freude derer, die ihren Gesang lieben. Die dänische Flagge, ein liegendes, längliches weißes Kreuz auf rotem Grund, hängt bewegungslos am Mast. Der Himmel färbt sich langsam in Pastell, Weißrosa mit einem Stich ins Gelb, in ein lichtes Blau mit einer Ahnung von Magenta. Schauspiel der Langsamkeit von Veränderung. Später tauchen die ersten Schiffe auf dem Öresund auf, dessen schmaler Ausschnitt am Ende einer breiten Waldschneise zu sehen ist. Schweden liegt jenseits im Morgendunst. Das Meer ist nicht zu hören. Die besten Geschichten, schreibt Tania Blixen, erzählt die Stille. Sie stehen auf einer leeren Seite.

In solchen Sommernächten ist es verführerisch, an Schicksal zu glauben. Geborgen, geschlagen oder gelenkt zu werden von etwas, das stärker ist als wir selbst. In vielen Erzählungen Tania Blixens taucht diese anonyme Macht auf, die den Menschen durch sein Leben treibt, gegen die er rebellieren oder die er annehmen kann. In verzweifelten Stunden mag sie wohl daran geglaubt haben, dass ihre Schmerzen, ihre Einsamkeit und die Verluste ihres Lebens das ihr zugedachte Schicksal waren. Dass die *Kunst* und die rastlose Suche nach einer sinnhaften Ganzheit der Preis dafür waren. Auch dafür, fragt sie sich in der Erzählung *Der Fisch*, dass „die Menschheit niemals glücklich sein kann, sondern ewig nach

Dingen sich sehnen muss, die sie nicht hat und die vielleicht nirgendwo zu finden sind? [...] das ist der Menschheit alter Schrei." Dem jungen Heimkehrer, der vom alten Baron aus England nach Dänemark zurückberufen wird, legt sie in der bereits erwähnten Geschichte vom *Leidacker* jene Worte in den Mund, die als ihr stilles Bekenntnis gelten können:

Wie er jetzt darüber nachsann, erkannte er, daß er sein Leben lang die Einheit der Dinge gesucht hatte, das Geheimnis, das die Erscheinungen des Daseins verbindet. [...] Wo andere junge Menschen in ihren Zerstreuungen oder in ihren Amouren, nach Gegensatz und Vielfalt gesucht hatten, da hatte es ihn stets nur danach verlangt, das Einssein der Welt völlig zu begreifen. Wenn sich die Dinge anders für ihn entwickelt hätten, wenn sein junger Vetter nicht gestorben wäre und die Ereignisse, die seinem Tod folgten, ihn nicht zurück nach Dänemark geführt hätten, würde ihn seine Suche nach Verstehen und Harmonie vielleicht nach Amerika geführt haben, und vielleicht hätte er sie dort gefunden, in den jungfräulichen Wäldern der neuen Welt. Nun waren sie ihm heute und hier enthüllt worden, an dem Ort, wo er als Kind gespielt hatte. Wie das Lied eins ist mit der Stimme, die singt, wie der Weg eins ist mit dem Ziel, wie zwei Liebende eins werden in ihrer Umarmung, so ist der Mensch eins mit seinem Schicksal, und er soll es lieben wie sich selbst.[8]

In *Wiedersehen*, der letzten Erzählung, die Tania Blixen kurz vor ihrem Tod am 7. September 1962 schrieb und die im vergriffenen, posthum erschienenen Band *Gespensterpferde* zu finden ist, fasst Blixen ihre Überzeugung zusammen, indem sie den Marionettenspieler Guiseppe Pizzuti, der in vielen ihrer Geschichten auftaucht, dem Dichter Byron deutlich macht, dass nur ein einziges Werk sein irdisches Dasein überdauern werde: die Geschichte seines Lebens.

*„Gewiss ist es ein großes Glück", sagte Pino Pizzuti genannt Pipistrello, „die Dinge, die einem geschehen, in Geschichten verwandeln zu können. Das ist vielleicht das einzig vollkommene Glück, das ein Mensch im Leben finden kann. Aber es ist gleichzeitig, und das wird dem Uneingeweihten unverständlich bleiben, ein Verlust, sogar ein Fluch."*⁹

Aber Isac Dinesen, Pierre Andrézel oder Karen/Tania Blixen war immer eine Kämpferin. Schon auf eines ihrer „Schulhefte" für Französisch – sie ging allerdings nie zur Schule, sondern wurde von Mutter und Tante unterrichtet – hatte sie sich selbst zum Versuchen, Probieren ermuntert: „Essayez". In ihrer berühmten Rede vor einem großen Auditorium in New York, die nach ihrem Tod in dem Band *Die Mottos meines Lebens* erschien, führt sie ihre weiteren Wahlsprüche an, die ihr Leben geleitet haben. Dass sie sie gerade in New York preisgab, ist kein Zufall. Denn von Jänner bis Mitte April 1959 hatte sie sich gegen jeglichen ärztlichen Rat ihren lebenslangen Wunsch erfüllt: einmal in die USA zu kommen. Hier hatte sie ihr treuestes Publikum, hier und in London war 1933 ihr erster Erzählband *Seven Gothic Tales* erschienen, als weder ein dänischer noch ein skandinavischer Verlag ihn publizieren wollte. Die Mottos zeigen ihre unbändige Neugier, ihren Mut und ihren Trotz und erst im letzten das leise Ergeben in ein unabwendbares Schicksal.

Als Prélude nimmt sie zunächst wieder einmal Shakespeare in den Mund, Jacques' Zitat aus *Wie es euch gefällt*: „Die ganze Welt ist Bühne,/Und alle Frau'n und Männer bloße

Spieler./Sie treten auf und gehen wieder ab,/Sein Leben lang spielt einer manche Rollen,/durch sieben Akte hin." Ihr erstes richtiges Motto war ein Paradox, der Befehl des Pompeius an seine ängstliche Schiffsmannschaft: *„Navigare necesse est, vivere non necesse"* – die Schicksalsgöttin Nemesis hätte ihr zwar die Segel gesetzt, sie jedoch nicht in den Tod, sondern direkt ins Leben hineinfahren lassen: „Unter der Fahne meines ersten Mottos fuhr ich geradewegs in das Herz Afrikas und in eine *Vita Nuova* hinein, in das, was für mich mein wirkliches Leben wurde." Ihr zweites Motto war jenes der Familie von Denys Finch Hatton, noch in der alten Schreibweise: *„Je responderay"* – ich werde antworten, was sie selbst gerne auf ver-antworten ausdehnte. Dies vor allem in einer nie gekannten Leidenschaft den Afrikanern gegenüber. Es war, sagt sie, „wie eine Art Antwort auf einen Ruf in meiner eigenen Natur". Nach ihrer Rückkehr nach Dänemark wählte sie *„Pourquoi pas"* zu ihrem nächsten Motto: warum nicht? Warum nicht mit dem Schreiben beginnen? Warum nicht Erzählen, eine Geschichte nach der anderen erzählen, um lebendig zu bleiben? Dieser Spruch blieb dauerhaft, er fand im Alter nur noch eine Ergänzung, die sie selbst nicht als Rückschritt ansah und die sie auf den drei Umfassungsmauern einer alten englischen Stadt gefunden hatte. „Über dem ersten Tor stand geschrieben: *Be bold,* über dem zweiten: *Be bold,* über dem dritten: *Be not too bold"* – vom Kühn-Mutig-Frech-Sein also zur Vorsicht und Einsicht, dass es besser wäre, nicht *zu* mutig und kühn zu sein:

Der Drang danach, der Welt seinen Willen und sein Wesen aufzudrücken, verwandelt sich in eine Sehnsucht danach, imstande zu sein, hinzunehmen, sich dem Universum zu ergeben – Dein Wille geschehe. Welche der beiden Haltungen

bringt die wirkliche Kühnheit? Ich bin sehr stark gewesen,
außerordentlich stark für eine Frau, imstande, weiter zu
gehen oder zu reiten als die meisten Männer; ich habe einen
Massai-Bogen gespannt und mich im Entzücken des Augen-
blicks mit Odysseus verwandt gefühlt. Die Freude darüber,
stark gewesen zu sein, empfinde ich noch immer; die heutige
Schwäche ist die natürliche Fortsetzung der Kraft früherer
Zeiten. Nietzsche hat geschrieben: „Zum Segnenden bin ich
worden und zum Ja-Sagenden: und dazu rang ich lange
und war ein Ringer, daß ich einst die Hände frei bekäme
zum Segnen."[10]

Die amerikanische Autorin Carson McCullers, vor allem
bekannt als Fürsprecherin der Außenseiter und Ausgesto-
ßenen der Südstaaten, war eine der Zuhörerinnen von Tania
Blixens Vortrag in New York. Verwundert und hingerissen
beschreibt sie den Eindruck, den die zaundürre, filigrane
Frau auf dem Podium machte, als ihr mumienhaftes Gesicht
im Sprechen zu leuchten begann und sie mit *standing ovations*
bedankt wurde. In McCullers' Villa in Nyack-on-Hudson
traf sie Marilyn Monroe und Arthur Miller und ein Ge-
rücht besagt, dass der „Vamp" und die „Hexe" auf dem
Tisch getanzt hätten. Als großen Lebenstanz feierte Blixen
diese knappen vier Monate in den USA, wurde zur Party-
löwin von Manhattan, gab pausenlos Interviews, hielt Lesun-
gen und Vorträge, reiste durch das Land, brach zusammen,
war zehn Tage im Krankenhaus, wo sie Telegramme und
Blumen entgegennahm und von wo aus sie ununterbrochen
weiterplante und telefonierte, als ob sie etwas versäumen
könnte. Feste Nahrung konnte sie schon lange nicht mehr
zu sich nehmen. In den letzten Jahren lebte sie von Austern
und Champagner, im Frühling vielleicht einmal von etwas

weich gekochtem Spargel. Als sie zurückflog, war sie bis auf 30 Kilogramm abgemagert.

*

Das kleine Gartenrestaurant im Blixen-Haus von Rungstedlund ist so liebenswert und schlicht wie das Museum selbst. Studentinnen servieren köstlichen Fisch, windgeschützt stehen die Tische, heiter und lachend ist das Publikum. Bunte Blumenrabatte ziehen sich am Rand der großen Wiese Richtung Teich, ein Rasenmäherroboter fährt eifrig hin und her und surrt leise. Ein weißes Brücklein führt weiter in den Park und an einem Spiegelkabinett vorüber, das versteckt in wucherndem Polygonum zur Überprüfung seiner selbst einlädt. Der Weg schlängelt sich durch urwaldartigen Bewuchs, auf anderen Wegen kommt man am Gemüse- und Obstgarten vorüber. Der in vielen Farben leuchtende, duftende Blumengarten mit Rosen, Pfingstrosen, weißem Federmohn, Lavendel, Schafgarben, Kokardeblumen, Rittersporn, Pfeifenhölzern, rotem und weißem Pennisetum und vielen exotischen Gewächsen ist ein Zeugnis von Blixens Begeisterung für üppige und besondere Blütensträuße, die überall, wo sie lebte, ihre Zimmer und festlichen Tische schmückten.

Als wir weitergehen, sind wir fast allein. Leicht ist das Grab auf dem Hügel zu finden: Unter einer riesigen, weit ausladenden Buche, die bereits im 19. Jahrhundert gepflanzt worden sein muss, liegt ein glatter, dunkler Stein auf der Erde. Sonst nichts, kein Schmuck, keine Einfriedung, nur ein dünner Eisendraht grenzt ihn ab. Ein Name ist eingraviert: Karen Blixen. Auf der Hügelkuppe ein kurzes Stück weiter oben liegt das Grab von Johannes Ewald, dem dänischen Lyriker, den Blixen verehrte und liebte, der, arm und unglücklich, einige geschützte Jahre auf Rungstedlund verbracht hatte, bewegende Gedichte darüber schrieb und in dessen Nähe sie begraben sein wollte.

Und das war Karen/Tania Blixens weitblickendes Vermächtnis: alles Land, das zu Rungstedlund gehört, 40 Acker groß, zu erhalten, Garten und Park öffentlich zugänglich zu belassen, wie sie auch früher waren, Wälder und Weiden unter Schutz zu stellen und aus dem gesamten Areal ein Vogel-Reservat zu machen, für einheimische und durchziehende Vögel. Durch den Verzicht aller Einkünfte aus ihren Büchern ist es ihr nach langwierigen Verhandlungen gelungen, 1958 einen Fonds zu gründen, der für die Erhaltung des gesamten Anwesens verantwortlich ist und dessen Vogelschutzreservat von der dänischen Ornithologischen Gesellschaft noch heute betreut wird.

Es war ein Stück ihrer eigenen Kindheit, das sie retten wollte, die Erinnerung an die singenden Himmel, die Spaziergänge mit ihrem Vater, der ihr die Lieder der Lerchen und Nachtigallen sowie die Besonderheiten der Zugvögel erklärt hatte. Und es war ihr scharfer Blick für die Entwicklungen ihrer Gegenwart: Sie wollte einen Teil der dänischen Geschichte und der ursprünglichen Landschaft bewahren und sie gegen die wuchernde „Reihenhausmentalität", die schon in den 1950er Jahren um sich griff, verteidigen. Wie klug und vorausschauend dies war, wird deutlich, wenn man heute nördlich von Kopenhagen kilometerweit durch verhütteltes und verbautes Land fährt mit zum Teil abgeschlossenen Bungalow- und Reihenhaussiedlungen bis nahe an die Küste der Ostsee. In einer ihrer Sendungen – übrigens auch eine gegen Tierversuche –, die sie zu Ende ihres Lebens im Dänischen Rundfunk gestaltete und die ihre Popularität enorm steigerten, hielt sie im August 1958 ein feuriges Plädoyer für ihr Vogelschutzprojekt und forderte ihre Hörerinnen und Hörer auf, je eine Krone dafür zu spenden – 80 000 Dänische Kronen hat sie damals bekommen.

*

„Es rennt der Mensch, es fliehet/Vor ihm das bewegliche Ziel", sagt Goethe, den Blixen sehr verehrte. So viele Vorhaben haben wir in unseren dänischen Tagen nicht verwirklicht. Haben manches gesehen, waren in Kopenhagen auf Blixens Spuren, sind über Land und über Fjorde gefahren, um Landschaft, Stimmung und Licht ihrer Erzählungen zu erspüren. Waren auch, um der Gegenwart Tribut zu zollen, im Museum von Louisiana, das unter Kunstkennern weithin berühmt, der Moderne gewidmet und nur wenige Kilometer von Blixens Zuhause entfernt ist. Aber es war zu wenig.

An einem der letzten Tage unserer Reise entdecken wir auf dem Steg *Vikingelang*, der zum Bade-Areal des Hafens von Rungsted führt, ein kleines Schild, das am Holzgeländer angebracht war. Es macht mit kindlichen Zeichnungen darauf aufmerksam, dass hier Hunde verboten sind und ebenso Angeln und Grillen – erlaubt hingegen sind Lachen, Tanzen und Nacktbaden. Wie herrlich lässig ist dieses Land. Wissen zugleich, dass einem solches zu sagen nach nur einer Woche nicht zusteht. Uns, den Touristen im Gemisch vieler Hautfarben, Herkunftsländer und Religionen. In Dänemark leben zum Beispiel weniger als ein Prozent Katholiken, jedoch über fünf Prozent Muslime. Seit 2018 besteht ein Verhüllungsverbot. Aber ein muslimisches Mädchen hat mich auf einem öffentlichen Parkplatz mit einem Lachen und einem

Bauchtanz empfangen, als wir dieses Land zum ersten Mal betraten.

Zwischen hartem Riedgras und den angeschwemmten Algen, die einen dunklen Saum zu den Kieselsteinen bilden, gehen wir barfuß an den Ufern des Öresund durch den Sand. Über dem Ried stehen Spiegelungen, Lichtglitzer auf dem Meer. *Strand-vej* ist der Weg genannt, der die Küste entlang des Öresunds begleitet, der jetzt eine befahrene Straße ist und auch das Blixen-Haus vom Meer trennt. Selten hat Blixen das Meer beschrieben, dann jedoch in überbordenden Bildern.

Rings um den Horizont herum spielten Himmel und Meer miteinander, bewegt und betörend. Gen Westen war das Meer bleifarben, dunkler als der Himmel; gen Osten war es heller als die Luft, perlmuttfarben wie ein schimmernder Spiegel. Im Norden aber verbanden sich Himmel und Meer ohne die feinste Scheidelinie und wurden unermesslicher Raum. Weit draußen stahl sich das Sonnenlicht durch die gestaltlosen, blinden Wolken, und wo es auf die See traf, glimmerte deren Oberfläche, als spielten ganze Fisch-schwärme darüber hin. Auf halbem Weg zum Horizont zog ein Keil wilder Schwäne eine weiße Linie, quer über das blasse Gesichtsfeld.[11]

Hinreißend beschrieben ist auch der zugefrorene Öresund in der Erzählung *Peter und Rosa*, einer bewegenden Ge-schichte über zwei junge Menschen, die in der Verwirrung ihrer Gefühle schließlich den festen Grund des Ufers verlassen, im Übermut weit hinaus auf das Eis gehen, das zu schmelzen beginnt und sie mit einer treibenden Scholle in den Tiefen versinken lässt. Das Schiff „Esperanza" hat Peter, der Matrose werden und in die Welt hinausfahren wollte, nicht erreicht. In ihrem Leben hingegen war Blixen davon überzeugt, dass es unmöglich sei, „nicht zu hoffen".

Der *Strandvej* führt bis Helsingör mit dem Schloss Kronborg, dem *Elsinore* Shakespeares, in dem Hamlet mit dem Totenschädel über Sein oder Nichtsein spricht. Vielleicht ist auch Tania Blixen hier entlang durch den Sand gegangen, in diesen einsamen Jahren des Krieges, in denen die Nationalsozialisten das Land besetzt hielten und ihren Terror verbreiteten wie überall. Unmittelbar vor dem Einfall der Deutschen Wehrmacht am 9. April 1940 war sie noch als Journalistin in Berlin gewesen, um über das Dritte Reich zu berichten, geführt und gegängelt von Goebbels' Handlangern, was sie nicht durchschaute und blind und unentschuldbar naiv ihre Berichte lieferte. Manisch aktiv und offenbar von politischem Ehrgeiz ergriffen, war sie vor dem Krieg auch als Beobachterin beim Völkerbund in Genf gewesen – leicht hätte sie dort Friderike Zweig begegnen können – und hatte sogar versucht, sich nach Äthiopien entsenden zu lassen, um als Korrespondentin über den Abessinienkrieg Mussolinis zu berichten. Wie fern sie einem tieferen politischen Verständnis war, zeigt, dass sie sogar noch in den *Mottos meines Lebens* scheinbar völlig arglos Mussolinis Spruch, er sei nicht zum Stillsitzen geschaffen, als ihre eigene Überzeugung zitiert. Ihre schärfsten Kritiker kamen aus Dänemark selbst, man hielt sie für altmodisch und überspannt, was sie als nationale Aversion abtat. Während sie immer mehr in der Öffentlichkeit stand, starb jenseits des Sunds in Südschweden ihr geschiedener Mann Bror von Blixen-Finecke 1946 bei einem Autounfall auf eisglatter Straße. Die letzten Jahre seines Lebens hatte er verarmt und vereinsamt in einem ehemaligen Pförtnerhäuschen gelebt.

Von allen ihren Erzählungen die liebsten waren Tania Blixen die *Wintergeschichten*, die 1942 zeitgleich als dänische und amerikanische Ausgabe, wiederum unter dem Decknamen Isac Dinesen, erschienen. *Der junge Mann mit der Nelke, Leidacker, Die Heldin, Die Geschichte eines Schiffsjungen, Das träumende Kind, Alkmene, Eine tröstliche Geschichte* und noch weitere Erzählungen sind in diesem Band versammelt, in denen sie wiederholt auch ihr Verhältnis zur Kunst reflektiert. Im Zwiegespräch der beiden Schriftsteller Charles Despard und Aeneas Snell zum Beispiel entspinnt sich in einem Pariser Café ein ironisch-radikaler Disput über Kunst und Publikum:

„Alle Kunstwerke sind schön und vollkommen. Und alle sind sie zugleich hässlich, lächerlich, völlig missraten […] Ja, in Kürze und Wahrheit: Jedes Kunstwerk ist zugleich sein eignes Ideal und sein eigenes Zerrbild, die Karikatur seiner selbst. Und das Publikum hat die Macht, im Guten wie im Bösen, es zum einen oder zum anderen zu machen […] Doch wenn das Publikum mein Werk erst gar nicht ansieht, – voilà, wie man in dieser Stadt sagt, dann existiert es nicht. Vergeblich werde ich ihm dann zurufen: ‚siehst du denn dort nichts?' Es wird mir, sehr zu Recht, antworten: ‚Nicht das Geringste, obwohl ich alles sehe, was da ist.' Aeneas, wenn der Fall zwischen dem Künstler und seinem Publikum so steht, dann ist es nicht gut zu malen oder Bücher zu schreiben […] Ich habe das Buch Hiob lesen müssen, um die Kraft zu bekommen, meine Verantwortung überhaupt tragen zu können."

„Siehst du dich an Hiobs Stelle, Charlie?", fragte Aeneas. „Nein", sagte Charlie feierlich und stolz, „an der Stelle des Herrn."[12]

Kein geringes Selbstbewusstsein. Das hatte sie nicht immer. Es war eine Momentaufnahme zwischen Depression und Sendungsbewusstsein. Aber solche Aussagen brauchte Tania Blixen, um sich von ihrem zerschundenen Körper abzulenken. Zur Linderung ihrer Qualen wurden ihr die Schmerzstränge im Rückenmark durchtrennt und der Großteil des Magens entfernt. Wochen und Monate muss sie im Krankenhaus verbringen. In der Geschichte *Nächtliches Gespräch in Kopenhagen* aus dem Band *Letzte Erzählungen* führt sie die drei Arten vollkommenen Glücks an. Das dritte und höchste sei: „Das Ende aller Schmerzen."

Das wollen wir uns alles gar nicht vorstellen.

Wie, so fragen wir, war dieses Leben zu ertragen? Nur, indem man es in Geschichten verwandelt? Die meisten spielen an Land. Sie lebte nur einhundert Meter entfernt vom Meer, ihre Brüder waren schifffahrtskundig, von ihrem Haus aus sah sie auf den Hafen, aber sie war mehr der Erde verbunden als dem Wasser. Der Hafen war damals noch ein kleiner Fischerhafen, heute ist eine künstliche Mole weit in das Meer hinaus aufgeschüttet und eine geschlossene Restaurantkette darauf errichtet. Davor liegen schnittige Jachten und Motorboote. Aber das Meer nimmt alles hin, was ihm geschieht. Ist verankert an den vielen kleinen und größeren Inseln, die in die Ostsee gestreut sind wie die Lindenblätter im Teich von Tanias Garten. Linden liebte sie.

Wie nun die Sonne am Himmel emporstieg und der Tag heiß wurde, verströmten die Linden ihren Überschwang an Duft und der Garten ward erfüllt von unvergleichlicher, überwältigender Süße. Gegen die stille Mittagsstunde hin vibrierte die lange Allee wie der Resonanzboden eines Saiteninstruments mit einem tiefen, unaufhörlichen Brausen: dem

Summen ungezählter Bienen, die an den hängenden, pran-
genden Blütenbüscheln sich drängten und trunken waren
vor Wonne.
In der kurzen Spanne des dänischen Sommers gibt es keine
reichere oder köstlichere Zeit als jene Woche, in der die Linden
blühen. Der himmlische Duft steigt zu Kopf und geht zu
Herzen; er scheint die Gefilde Dänemarks mit jenen Elysiums
zu vereinen.[13]

Dichtung darf alles. Darf einen Lebenskampf in Augenblicke
des Glücks verwandeln. „Die schönen Dinge in der Welt
kann man nicht erniedrigen oder beleidigen; sie sind viel zu
stark", schreibt Tania Blixen in der Erzählung *Das träumende
Kind*. Und lässt nicht locker, sich ihre Träume zu erfüllen.
Im vornehmen Hotel d'Angleterre in Kopenhagen hält sie
Hof, schlürft Austern, löffelt Kaviar und trinkt Champagner –
mit gemieteten Rädern sind wir hingefahren und tranken ein
Glas auf ihr Wohl. Sie lässt die besten Fotografen kommen, um
sich in eleganter Robe und mit kapriziösen Kopfbedeckungen
portraitieren zu lassen. Der berühmte englische Fotograf
Cecil Beaton, dem die bewegendsten Bilder von Blixens letz-
ten Lebensjahren zu verdanken sind, meinte, dass sie mit-
unter aussähe „wie eine Krähe" und fügte an: „Doch in
Wirklichkeit war sie schön." Zu Hause in Rungstedlund
empfängt sie ihre Verehrerinnen und Verehrer wie Carson
McCullers, Truman Capote, Aldous Huxley und den späteren
russischen Literatur-Nobelpreisträger Michail Scholochow,
auch René Bouché, Künstler und Modeillustrator des *Vogue*-
Magazins, macht seine Aufwartung. Sie erhält zahlreiche
internationale Preise und Ehrungen. Sieben Mal ist sie für
den Nobelpreis im Gespräch. Bekommen hat sie ihn nie. Als
1954 Ernest Hemingway, der in den 1930er Jahren mit Bror

Blixen auf Safari gewesen war, damit geehrt wurde, hätte er, so wird berichtet, mit ironischem Unterton gesagt, dass ihn eigentlich „die schöne Isac Dinesen" verdient hätte.

Aber Kunst ist mehr als ein Preis. In einer ihrer späten und populärsten Erzählungen, in *Babettes Gastmahl*, gewinnt eine junge Französin, die es an einen einsamen Fjord Norwegens als Hausmädchen verschlagen hat, in der Lotterie 10 000 Francs. Hierauf arrangiert sie für die beiden alten, bigotten Schwestern, bei denen sie in Dienst ist und die sich nach dem Gebot ihres sektiererischen Vaters alle Lebensfreuden versagt und auf Liebe verzichtet haben, ein rauschendes Gastmahl mit allen Köstlichkeiten, die sich denken lassen. Dafür gibt Babette ihren ganzen Gewinn aus: für diesen einen Überschwang der Freude. Denn einst war sie, wie man nun erfährt, Köchin in einem Luxusrestaurant in Paris gewesen und die Hautevolee lag ihr zu Füßen. Und als die alten Damen und deren ebenso spartanisch lebenden Freunde meinen, das hätte sie nicht tun sollen, „unseretwegen" ihr ganzes Geld zu verbrauchen, und sie fragen, ob sie nun arm fürs ganze Leben bleiben müsse, antwortet Babette:

„Arm?", sagte Babette. Sie lächelte wie zu sich selbst.
„Nein. Arm bin ich nie. Ich habe Ihnen gesagt, ich bin eine große Künstlerin. Eine große Künstlerin, Mesdames, ist niemals arm. Wir haben etwas, Mesdames, wovon andere Leute nichts wissen [...] Durch die ganze Welt [...] schallt unablässig der eine Schrei aus dem Herzen des Künstlers: Erlaubt mir doch, daß ich mein Äußerstes gebe!"[14]

Noch einmal bäumt sich die *lioness* auf. Ihre Kraft liegt jedoch nicht, wie sie einst glaubte, in der des Körpers, sondern in der des Willens und der Autosuggestion. Im Sommer

1961 reist sie – du bist verrückt, sagen ihre Freunde – mit dem dänischen Schauspieler Erling Schroeder für zwei Wochen nach Paris, lässt sich feiern und fühlt sich als eine, die hierhergehört, in diese Stadt der Maler und Dichter und der Exzentrischen im Lebenstaumel der Cafés, Elysées und von St. Germain des Près, von Oper, Ausstellungen und Ballett. Nach ihrer Rückkehr kann sie Rungstedlund nicht mehr verlassen. Als sie zuletzt so schwach ist, dass sie nicht mehr gehen kann, trägt Clara Selborn, die ihr im Lauf der Jahre viel mehr geworden ist als eine Sekretärin, sie auf ihren Armen dorthin, wo sie zu sein wünscht. Vielleicht an ein Fenster, von dem aus sie Lindenbäume sehen kann. Oder doch das Meer, den Himmel und die Freiheit.

Am Ende der ihr zugemessenen Zeit hat sie längst auf dem Hügel ihres Parks die Stelle unter der mächtigen Buche auf der Ewalds Höhe ausgewählt und bezeichnet, an der sie begraben sein will. Zum Ausklang ihres Schicksals ist sie bei ihrem Resümee geblieben, das sie drei Jahre vor ihrem Tod gezogen hat:

Jeder unter uns wird in seinem Herzen fühlen, wie reich und wundersam dieses eine Ding ist: mein Leben.[15]

***

STEFAN ZWEIG

Hinter jeder Fensterscheibe wartet Schicksal

FRIDERIKE UND STEFAN ZWEIG

Salzburg, Kapuzinerberg

Einer der Schergen, der Jesus auf den Ölberg treibt, trägt ein Messer in seiner Rechten.

Es ist ein Küchenmesser oder eines, das vielleicht ein Jäger gebraucht zum Aufbrechen des toten Wilds. Die Figuren sind lebensgroß, jede Szene des barocken Kalvarienweges hinauf zum Kloster der Kapuziner ist in ein eigenes Häuschen gestellt, gut beschützt. Das Geschehen im Inneren jedoch ist der langsame, allen offensichtliche Weg in den Tod. Das Messer ist nicht so alt wie die Statuen, die Schneide glänzt metallen, vielleicht ist es hundert Jahre alt, vielleicht erst in diesen Tagen dem Mann in die Hand gegeben.

Es schneit. Ein nasser Schnee in winzigen, kugeligen Flocken, fast sind es Regentropfen. Angenehm kühl und feucht im Gesicht, still ergeben die Büsche und Bäume entlang des Weges auf den Kapuzinerberg. Die schmale Straße mit der gewaltigen Steigung den Berg hinauf war vor der Asphaltierung ein Knüppelweg mit waagrecht aneinandergefügten Holzstämmen. Wie hier Ochsen- oder Pferdegespanne mit schwerer Last je hinaufgekommen sein sollen, ist kaum vorstellbar. Begleitet wird die Straße von einer langen Stiege, 185 Marmorstufen sind es, im Sommer habe ich sie einmal gezählt. Viele Menschen gingen damals im August den Weg, schnaufend die Älteren, lachend die Jungen, alle ein Mobiltelefon erhoben, um bergseitig die Stefan-Zweig-Villa, die in jedem Führer angepriesen wird, und auf der gegenüberliegenden Seite die „schöne Stadt" zu fotografieren, wie Georg Trakl sie nannte und wie sie ausgebreitet an den Ufern der Salzach liegt. Jetzt ist kaum jemand unterwegs. Nach dem steinernen Felixtor biegen sich Straße und Stiege leicht nach rechts und noch ein Stück weiter ist links in den Maschendrahtzaun ein schön geformtes Gartentor eingebaut. Die kleine blaue Tafel daneben nennt die Adresse: Kapuzinerberg 5. Der eingefriedete Garten steigt nochmals an. Hinter dem jetzt kahlen, aber dichten Geäst riesiger Laubbäume ist am Ende der Geländestufe und am Saum des dahinterliegenden Waldes eine langgestreckte Villa zu erkennen: Das Paschinger-Schlössl, ehemals ein Jagddomizil der Erzbischöfe, das im 17. Jahrhundert erbaut wurde und im 19. zahlreiche Um- und Anbauten erfahren hat. Um 1800 war Anton Paschinger der Besitzer des Anwesens. Sein Name blieb dem Haus erhalten.

1916: In Europa tobt der Krieg. Salzburg ist noch relativ unbeschadet. Ein stilles Provinzstädtchen, nicht viel mehr als 20 000 werden gezählt. Täglich kommen Todesmeldungen. Zwei Verliebte gehen auf einem Spaziergang am Paschinger-Schlössl vorüber. Sie kommen beide aus Wien, wollen ein paar Tage in Salzburg ungestört zusammen sein. Sie sind nicht mehr ganz jung, um die Mitte Dreißig, haben beide ihre eigene Geschichte hinter sich. Vor acht Jahren haben sie sich bei einer heiteren Feier für den beliebten Wiener Schauspieler Alexander Girardi in Rodaun zum ersten Mal von Ferne gesehen, vor vier Jahren haben sie sich auf Betreiben der literaturbegeisterten Frau näher kennengelernt. Seit 1914 ist sie geschieden, ihre beiden Mädchen sind in Wien geblieben. Das schönbrunnergelbe Anwesen übt einen verborgenen Zauber auf das Paar aus. Einige Monate später lesen sie zufällig, dass dieses raumgreifende, im Grünen liegende Haus zu kaufen ist. Genau so etwas suchen sie. Hier könnte der Mann in Ruhe und abseits der Metropolen arbeiten. 1917 kaufen sie das Haus und den dazugehörenden riesigen Garten tatsächlich. Zwischen 1919 und 1934 wird es das gemeinsame Zuhause sein von Stefan Zweig und Friderike, geborene Burger, geschiedene von Winternitz und ab ihrer Hochzeit im Jänner 1920 Friderike Zweig. Im katholischen Österreich ist es ein mühsamer Kampf um den Dispens zur Scheidung gewesen. Bei der Amtshandlung der Eheschließung im Wiener Rathaus lässt sie sich durch den gemeinsamen Freund Felix Braun vertreten. Sie ist in Salzburg geblieben und noch in der Nacht schreibt sie an Stefan: „Mein Lieber, […] Ich spüre so gar keine Veränderung. Das ist so, weil Du mir meine Sentimentalität abgewöhnt hast. Wäre sie eingeschaltet, schriebe ich Dir einen Brief, den Du Dir einrahmen könntest. Es schwebt mir so dunkel vor, was ich Dir darin sagen würde – aber wie gesagt, es ist nichts damit, und meine Gebete, mein Liebling, bete ich auch, wenn Du bei mir bist […]" Unterschrieben ist der Brief mit *Mumu*. Ein Beginn, der sich über Konventionen hinwegsetzt? Oder einer, der Fragen aufwirft?

[…] und ich spürte wieder – ein Gefühl, das mich selig machen kann bis zu Tränen –, dass immer, hinter jeder Fensterscheibe Schicksal wartet, jede Tür sich in Erlebnis auftut, allgegenwärtig das Mannigfaltige dieser Welt ist und selbst der schmutzigste Winkel noch so wimmelnd von schon ganz gestaltetem Erleben wie die Verwesung vom eifrigen Glanz der Käfer.[1]

Die Mondscheingasse heißt die Erzählung von Stefan Zweig, in der er diese Zeilen schreibt. Erschienen 1912/13, als er

Friderike bereits kannte. Zudem eine Geschichte, die jenes Kontinuum seines Schreibens anklingen lässt, das ihn, neben anderen Gründen, zu einem der erfolgreichsten Schriftsteller seiner Zeit machen wird: die einfühlende Darstellung grenz- und tiefenpsychologischer, beinahe psychiatrischer Motive. Von seiner frühen Novelle *Angst* bis zum späten und einzigen vollendeten Roman *Ungeduld des Herzens* wird ihn diese Erkundung nicht loslassen. Ebenso wenig wie die wortreich kaschierte Faszination und persönliche Getroffenheit als Besucher von depravierten, ihn jedoch heimlich anziehenden Hurenmilieus, für die es auch zahlreiche Anspielungen in den Briefen der späteren Eheleute gibt. Die Erzählung spielt, als Kontrast zum Ambiente glamourösen Reichtums, im Spelunkenviertel einer Hafenstadt am Mittelmeer oder am Atlantik. Sie spielt jedoch überall, wo Menschen leben, kämpfen, vergehen. Noch ist die Zukunft der beiden, die hinter den Fenstern einer Salzburger Villa ein gemeinsames Leben beginnen, offen. Noch ist ungewiss, mit welchen Hoffnungen sie ihr Schicksal im Mannigfaltigen der Welt gestalten werden und in welche Abgründe es sie führen wird. Im Tiefsten bleibt es ihr Geheimnis und soll es bleiben. „Denn ich glaube, dass nur der wahrhaft lebt, der sein Schicksal als ein Geheimnis lebt."

Ich gehe am Kapuzinerkloster und an der Bronzestele des Dichters von Josef Zenzmaier vorüber und stets noch links dem Zaun dieses Gartens entlang, der eigentlich ein Park ist. Und immer habe ich einen Ausschnitt der Villa im Blick, leicht schneebedeckt die Dächer hinter den Zweigen. Die Baumstämme der Waldhänge, die sich den Stadtberg hinauf- ziehen, glänzen feucht und grauweiß, manche tiefschwarz. Unter einer Buche bleibe ich stehen und schaue auf das Haus zurück. Lange stehe ich da. Alles, habe ich den Eindruck, ist von Friderike und Stefan Zweig selbst sowie von einem Heer von Wissenschaftlern und Wissenschaftlerinnen über sie gesagt, aus der Vergangenheit sowie vom Nachleben bis in die Gegenwart.[2] Sehr vieles von beidem habe ich gelesen. Aber um frei erzählen zu können, nehme ich Zuflucht zur Vorstellungskraft und entwerfe mir eigene Szenen. Fantasiebilder, in denen „das Gleitende, das doch alles Lebendige bedeutet", aufleuchten könnte.

*

Mai 1919. Ein warmer, himmelblauer Tag. Die Obstbäume im Garten blühen in weißem Rausch. Bienenturbulenz, Wachsen und Sprießen in einen neuen Frühling hinein. Zitronenfalter gaukeln, die Rosen ranken sich bis zum ersten Stock und haben pralle Knospen, über die Laubwälder des Kapuzinerberges ist helles Grün gestreut. Auf der Gartenterrasse hat Friderike den Tisch für vier gedeckt, ihre beiden Mädchen, Alix und Suse aus ihrer Ehe mit Felix von Winternitz, zwölf und neun Jahre alt, haben geholfen, soweit es ging. Sie streicht noch einmal das Tischtuch glatt, rückt das Besteck zurecht und ordnet die Gläser für Wasser, Saft, Weißwein und Rotwein in ihre akkurate Position. „Ordnung [...]" hatte Stefan geschrieben, „Das einzig Wichtige ist in Ordnung kommen, in irgendeine, was für eine ist gleichgültig, ob sie ein bißchen besser oder schlechter ist." Er ist schnell wieder nach Wien abgereist, vor Alltagsproblemen flüchtet er und schreibt stattdessen entschuldigende Briefe: „Liebes, sei nicht böse [...]", und überlässt es ihr, einen Weg aus dem Chaos in diesem desolaten Haus zu finden.

Natürlich hatte er an das Große und Ganze gedacht. Denn sie kamen aus der Schweiz zurück, wo sie seit 1917 gelebt hatten, beide vielfältig tätig und schreibend. Friderike, deren zweiter Roman *Vögelchen* 1919 erscheint, auch in der Friedensbewegung aktiv, Stefan als Korrespondent der *Neuen Freien Presse* in Wien und gefeierter Autor von Novellen und Theaterstücken, jüngst des Antikriegsdramas *Jeremias.* Sie kamen aus einem Land des Friedens in den desaströsen Rumpfstaat Österreich zurück, der nach dem Ersten Weltkrieg von der einstigen europäischen Großmacht des Habsburgerreiches übrig geblieben war. Sie kamen in einem überfüllten Zug mit lungernden Gestalten und Versehrten. Im kriegsgeschädigten Salzburg herrschte Hunger. Zum Alltag gehörten Schwarzhandel, Verdacht, Angst und Wohnungsnot. Es gab kaum Handwerker und kein Baumaterial, um das ziemlich verlotterte Haus zu reparieren. Das Dach war undicht, es gab keine Elektrizität, kein Telefon, keine Heizung, die den gesamten Komplex hätte erwärmen können. Von der Rückseite des Gebäudes, das in die Felsen und die Stadtbefestigung eingebaut ist, sickerte an Regentagen Wasser in den Gang und in die Zimmer, der Park war verwildert. In den unteren Räumen lebte noch eine ehemalige ältere Gärtnerin, die als „hexenhaft" beschrieben wird, mit ihrer Ziege. Ihr Sohn war zerrüttet vom Krieg zurückgekommen, auf die schiefe Bahn geraten und hatte seine kommunistischen Kumpane bei sich einquartiert sowie Schmuggelgut versteckt.

Aber Friderike war nicht nur eine kluge Frau, vielfältig kunstinteressiert, gebildet und ausgebildet als Lehrerin für französische und deutsche Literatur sowie selbst Dichterin – „ich dichte auch", hatte sie bereits 1912 selbstbewusst in ihrem ersten, noch anonym geschickten Brief an Zweig geschrieben –, sondern sie war auch lebenspraktisch und tatkräftig. Stefan war großzügig und stattete sie mit reichlich Geld aus, sodass sie einen großen Handlungsspielraum hatte. Sie fand ein Bauunternehmen für alle dringenden Reparaturarbeiten, in der Altstadt ein Zimmer für die „Hexe" samt Ziege, expedierte den Sohn mit Anhang, nahm die Tochter als Hausmädchen und ein Polizistenehepaar als Untermieter auf. Und später, als durch die Wohnungsnot vier weitere Familien im Haus Unterkunft finden sollten, erreichte sie es durch den Hinweis auf den Denkmalschutz sowie eine hohe Summe an die Stadtregierung, dass eine zusätzliche Einquartierung verhindert werden konnte. Man munkelte, dass die Summe ungefähr dem Kaufpreis der Villa entsprochen hätte.

Mit einem neuen Gärtner hat sie inzwischen wenigstens die herrliche Terrasse vor dem Esszimmer schön gestaltet, die Stiege und den Serpentinenweg vom Eingangstor zum Haus herauf freischneiden lassen sowie Fenster und Flügeltüren geöffnet, damit die Sonne das alte Gemäuer wärmt. Das Dach ist dichtgemacht, eine Heizung eingebaut. Sie hat die Bibliothek mit den Abertausend Büchern eingerichtet, die wertvolle Dufour-Tapete im großen Salon des ersten Stockes von Staub und Schmutz befreit und schmückt die Zimmer mit Blumen. „Stefan Pascha", wie er sich selbst etwas schuldbewusst nennt, kommt zurück in ein bewohnbares, fast paradiesisches Haus über den Dächern der Stadt und dem Glockengeläut des Friedens.

*

Jeder Gang in die Stadt hinab war damals erschütterndes Erlebnis; zum ersten Mal sah ich einer Hungersnot in die gelben und gefährlichen Augen. Das Brot krümelte sich schwarz und schmeckte nach Pech und Leim, Kaffee war

ein Absud von gebrannter Gerste, Bier ein gelbes Wasser,
Schokolade gefärbter Sand, die Kartoffeln erfroren; […] die
Männer schlichen fast ausschließlich in alten, sogar russischen
Uniformen herum, die sie aus einem Depot oder einem
Krankenhaus geholt hatten und in denen schon mehrere
Menschen gestorben waren.[3]

In der *Welt von Gestern*, geschrieben 1941/42 im brasilianischen Exil kurz vor seinem Suizid, erinnert sich Stefan Zweig an die ersten Jahre in Salzburg. Die Inflation war galoppierend, von einem Tag auf den anderen stiegen die Preise ins Unermessliche, der Staat trieb die Notenpresse zur Höchstleistung, die Dörfer gaben ein eigenes „Notgeld" heraus, das jenseits der Gemeindegrenze nichts mehr galt. Reiche wurden zu Bettlern, Spekulanten zu Reichen. Für viele Frauen war „hamstern" die letzte Hoffnung, ihre Kinder wenigstens notdürftig ernähren zu können. Manche Bauern wurden unverschämt, Bäuerinnen, schreibt Friderike, trugen Pelzmäntel. Im Luxushotel de l'Europe in Salzburg waren englische Arbeitslose einquartiert, da sie hier billiger leben konnten als in den Slums von London oder Manchester. „[…] es gab keine Tugend als die einzige: geschickt, geschmeidig, bedenkenlos zu sein und dem jagenden Roß auf den Rücken zu springen, statt sich von ihm zertrampeln zu lassen."

Dennoch drehte sich das Schwungrad weiter, denn der „Wille zur Kontinuität des Lebens erwies sich stärker als die Labilität des Geldes", stärker als Chaos und Verzweiflung. In der Erzählung *Die unsichtbare Sammlung* schreibt Zweig dem finanziellen Desaster, das auch das besiegte Deutschland erfasst, die berührende Geschichte eines erblindeten Mannes, der seine wertvolle Kupferstichsammlung einem potenziellen Käufer zeigt. Blatt für Blatt beschreibt er detailgenau aus dem Gedächtnis die Kunstwerke eines Dürer, Holbein oder Leonardo da Vinci, ohne zu ahnen, dass die Mappe nur mehr aus leeren Blättern besteht. Frau und Tochter, von der Inflation „hundsföttisch betrogene Menschen", hatten die Originale längst verkaufen müssen, um das nackte Überleben zu sichern.

Über-Leben.

Den Ersten Weltkrieg hatte Stefan Zweig glimpflich überlebt. Im Zweiten fehlte ihm die Kraft selbst für das Leben.

Das Leben-Wollen.

„Der Tag, an dem ich/mir das linke Auge durchschoß,/aber nicht mehr,/der Tag, an dem/in der Fleischerzeitung stand,/ das Leben geht weiter,/der Tag, an dem es weiterging", schrieb Ilse Aichinger in einem ihrer Gedichte aus den 1970er Jahren. Elend hat keine Jahreszahl. Aichinger hat den Naziterror überlebt, aber er blieb in den Worten.

Und das Leben ging weiter.

*

Juli/August 1921. Hell und heiter klingt das Lachen der vielen Frauen, Englisch, Französisch, Italienisch und Deutsch geht die Unterhaltung durcheinander, sie scheinen begeistert zu sein und Pläne für die Zukunft zu entwerfen. Friderike hat sie in den sommerlichen Garten geladen. Sie haben bewegte Wochen hinter sich. Der 3. Kongress der *Internationalen Frauenliga für Frieden und Freiheit* im Musikvereinsgebäude in Wien war ein großer Erfolg gewesen und jetzt, am 1. August, hatte im Mozarteum Salzburg vormittags die fulminante Eröffnung der Sommerschule der englischen Sektion der *Frauenliga* stattgefunden, organisiert von Friderike. Der sozialdemokratische Landeshauptmann-Stellvertreter Robert Preußler hielt die Eröffnungsrede und würdigte Friderike Zweig als diejenige, „die in Salzburg überall da zu finden ist, wo es einen guten und großen Gedanken zum Durchbruch zu verhelfen gilt". Laura Jane Adams und Emily Greene Balch, beide spätere Friedensnobelpreisträgerinnen, waren zu Gast, ebenso der französische Schriftsteller und Sigmund-Freud-Kenner Pierre Jean Jouve sowie zahlreiche Friedensaktivistinnen aus der ganzen Welt. Mit einigen von ihnen hatte Friderike in Zürich Freundschaft geschlossen und eine enge Zusammenarbeit aufgebaut. Auf den Friedenskonferenzen in Bern, Den Haag und Wien waren Resolutionen verabschiedet und den jeweiligen Regierungen überreicht worden mit dem Ziel, Armut zu bekämpfen, aufgeklärte Erziehung zu fördern und vor allem die Menschenmordmaschine des Krieges zu unterbinden und sie durch internationale Toleranz und Freundschaft zu ersetzen.[4]

Die Aktivitäten seiner Frau unterstützt Stefan, teilnehmen will er jedoch nicht, öffentlichkeitsscheu und organisationsunwillig wie er ist. Er ist nach Marienbad gefahren, um seine Mutter während ihres Kuraufenthaltes zu besuchen. Friderike schreibt ihm nach dem Eröffnungstag und ihrem Gartenfest nachts noch gutgelaunt einen Brief: „Mein Liebes, Du wärst krank an dem Lob geworden, an den Glückwünschen, die man Deinem Dorftrottel angedeihen hat lassen. [...] Wundervolle vielartigste Menschen sind da, ich werde es nie verschmerzen, daß Du sie nicht beisammen gesehen hast."

Schnell hat Friderike, wie sie in ihren Erinnerungen notiert, in Salzburg Fuß gefasst. Sie liebt dieses Städtchen mit der großen Vergangenheit und der schwierigen Gegenwart, aber sie will, sie wird mithelfen, sie zu verbessern. Sie hat Mitstreiterinnen gefunden, Marie Preußler, Alice Schulte und Dora Schwarz, manche werden zu lebenslangen Freundinnen, die ihr in der Zeit vor Ausbruch eines neuen Krieges hilfreich zur Seite stehen werden: vor allem Josefine Junger und Marga Lammasch. Am Rande auch Magda Mautner-Markhof, die den armen Innviertler Lehrer Alois Grasmayr geheiratet hat, der in jungen Jahren barfuß durch Amerika gezogen war, nun durch den Reichtum seiner Frau die Hotels Stein und Bristol und zwei Gasthäuser besitzt, die Blaue Gans und das Sternbräu sowie einen astronomischen Turm in der Villa auf dem Mönchsberg. Grasmayr war zudem passionierter Faust-Forscher, Manuskript und Buch seiner „Faustfibel" verbrannten durch einen Bombenanschlag im Zweiten Weltkrieg, sein mundartliches *Faustbüchl* erschien 1949 in Ernst Schönwieses Verlag *Das Silberboot*.

Das Schneetreiben ist inzwischen dichter geworden. Es ist kälter, der Schnee bleibt liegen und ich sehe meine Spuren im Weiß … – und stelle mir den Sommer vor: Der Park ist mit Lampions erleuchtet, es ist August 1923, helle Aufregung im Haus, der Zug, mit dem Romain Rolland eintreffen soll, hat Verspätung. Stefan erwartet den Freund und Nobelpreisträger auf dem Bahnhof. Als sie endlich den steilen Weg von der Linzergasse hinauf zur Villa kommen, mögen sie an Mozart gedacht haben, er war um 1780 öfter hier zu Gast bei Anna Helene Hermes von Fürstenhof gewesen, seine Schwester Nannerl hatte deren Töchtern Klavierunterricht gegeben. „Hermesvilla" hieß die Zweigvilla damals und nach wie vor gelangt man durch das Felixtor zu ihr – waren es gute Zeichen für Glück und ein beflügeltes Leben unter dem Schutz eines Götterboten?

Viel Prominenz ist eingeladen, um Rolland willkommen zu heißen, der Ehrenpräsident des österreichischen PEN

Arthur Schnitzler, Hermann Bahr und Paul Stefan, der das internationale Musikfest in Salzburg leitet, und viele weitere mehr. Es wird gefeiert und debattiert bis spät in die Nacht, über Literatur, Musik und Frieden.

Max Reinhardt und Hugo von Hofmannsthal sind nicht dabei. Sie geben ihre eigenen Feste auf Schloss Leopoldskron, zu denen wiederum das Ehepaar Zweig nicht eingeladen ist. Rauschende Feste, erzählt man sich, mit über hundert Menschen. Auf den Inseln des Weihers und im Park wird Theater gespielt, im Venezianischen Zimmer getanzt und in der Bibliothek aus den Dichtungen der Welt gelesen. Seit 1918 war der Berliner Theater- und Opernregisseur Max Reinhardt der Schlossherr. 1920 gründete er zusammen mit Hofmannsthal und Richard Strauss sowie Unterstützern aus Kultur und Politik die Salzburger Festspiele, die in den folgenden Jahren – außer 1924, als das Geld fehlte – zu einer internationalen Attraktion werden sollten und als Friedensprojekt nach den Verheerungen des Krieges gedacht waren.

Die Festspiele: welch ein ambivalentes Ereignis in Stefan Zweigs Leben! Als er 1917 mit Friderike beschloss, sich in Salzburg niederzulassen, wählte er mit Absicht ein Provinzstädtchen. Er war bereits ein bekannter Autor. Seine Dramen *Tersites, Der verwandelte Komödiant, Das Haus am Meer* und *Jeremias* waren in Dresden, Breslau, am Wiener Burgtheater und in Zürich uraufgeführt worden, er hatte über Honoré de Balzac, Charles Dickens und vor allem eine Monografie über den berühmten belgischen Lyriker Emile Verhaeren geschrieben sowie Erzählungen wie *Brennendes Geheimnis* und während des Krieges den viel beachteten, umstrittenen Offenen Brief *An die Freunde im Fremdland.* Zweig war viel gereist, aber jetzt, nach den Schrecknissen des europäischen Schlachtens, wollte er Abgeschiedenheit, um konzentriert arbeiten und mit neuen Ideen neu beginnen zu können. „Es war der glücklichste Gedanke meines Lebens, Wien rechtzeitig zu verlassen und eine ruhigere Form der Existenz zu wählen, die mir äußerst gut anschlägt", schreibt er an den Freund Viktor Fleischer. Salzburg hatte durch den Reichtum der Erzbischöfe eine große Vergangenheit und war architektonisch ein Juwel in der Mischung von Mittelalter, Renaissance und Barock. Zu Beginn der 1920er Jahre war die Bevölkerung nur auf knapp über 30 000 Einwohner angewachsen, war immer noch still und verarmt. Das Haus, das sich das Paar als ihr Zuhause gewählt hatte, lag noch einmal abgeschieden über den Dächern und Türmen der Stadt am rechten Ufer der Salzach und verborgen in den waldreichen Hängen des Kapuzinerberges, in denen es noch Rehe und Gämsen gab.

Durch die Gründung der Festspiele jedoch kamen von Jahr zu Jahr mehr Besucher, Künstler, Kritiker, Musik- und Theaterliebhaber aus ganz Europa und Übersee sowie in steigendem Maße Touristenströme. Die sommerliche Schreibarbeit im Garten und die geöffneten Fenster in der lichtdurchfluteten Bibliothek hatte Zweig besonders geliebt und das ungestörte Leben im Freien wirkte seinen Depressionen wohltuend entgegen. Durch die rasant an Anziehungskraft gewinnenden Festspiele wurde Salzburg jedoch zu einem Hexenkessel. Auch sein eigener Ruf wandelte sich in diesen 20er Jahren von Bekanntheit zu Berühmtheit, er wurde zu einem der meist gelesenen und meist übersetzten europäischen Autoren. Ungezählte Besucher sagten sich an, Literaturinteressierte, aber auch Adabeis, die das Haus des Dichters als Fremdenverkehrsattraktion verstanden wie die Festung auf dem Mönchsberg, den Peterskeller oder Hofmannsthals *Jedermann* auf dem Domplatz. Zweig liebte Musik und Theater, hatte Freunde unter Dirigenten, Sängern und Schauspielern beiderlei Geschlechts, er sah sich mit Freude die eine oder andere Aufführung an, aber meist flüchtete er irgendwohin, nach Gastein, bevorzugt nach Zell am See oder in das Dorf Thumersbach gegenüber, wo er ein Haus am Seeufer mieten konnte. Schon 1922 schreibt er an Romain Rolland:

Hier werden die Festspiele vorbereitet. Reinhardt, Hofmanns-thal führen ihre Stücke auf, Richard Strauss wird die Oper dirigieren, auch Belá Bartók, von dem Sie mir erzählen, und den ich sehr schätze, wird morgen kommen. Für mich hat diese ästhetische Beschäftigung im Moment etwas Ab-stoßendes: ich trete in jedem Fall die Flucht an vor diesem Tanz auf dem Vulkan und vor dem Goldenen Kalb.[5]

Die Flucht hat noch andere, tiefere Gründe. Darüber spricht Stefan Zweig nicht. Er verbirgt seine Kränkung, seinen Schmerz. Weder Reinhardt noch Hofmannsthal fordern ihn auf, für die Festspiele zu arbeiten. Sie meiden ihn. Lassen ihn links liegen. Er hat das Gefühl, dass sie ihn missachten. Seine Literatur ablehnen und sie als seicht und populär an-biedernd einschätzen. Sein pazifistisches Drama *Jeremias* und die Komödie *Volpone* zum Beispiel gehen mit großem Erfolg über Europas Bühnen, in Salzburg kommen sie nicht ins Programm. Zweig, ein uneitler und enthusiastischer Be-wunderer der Werke anderer Künstler und ein Verehrer vor allem der frühen Dichtungen Hofmannsthals, wird von die-sem jedoch abfällig als „Erwerbszweig" bezeichnet. Neid auf den Erfolg? Persönliche Aversion? Hofmannsthal stirbt 1929. Stefan Zweig hält die Gedenkrede bei der Trauerfeier im Wiener Burgtheater, die Witwe ist nicht anwesend, was er als Affront empfindet. Gemäß den Erinnerungen von Friderike erfährt Stefan Zweig erst jetzt von Max Reinhardt, dass sich

Hofmannsthal als Bedingung seiner eigenen Mitarbeit an den Festspielen ausbedungen habe, dass der Kollege vom Kapuzinerberg nicht aktiv daran teilnehmen dürfe. Ebenfalls erst nach Hofmannsthals Tod wendet sich Richard Strauss an Zweig mit der Bitte um ein Opernlibretto. Zweig schreibt daraufhin mit freudiger Erwartung den Text zur *Schweigsamen Frau*. Bis es jedoch 1935 zur Uraufführung in Dresden und zu geplanten Aufführungen in Salzburg kommt, ist längst Hitler an der Macht und Stefan Zweig als Jude geächtet. Die Aufführung kommt zwar noch zustande, wird aber nach wenigen Vorstellungen auf Hitlers Druck vom Spielplan abgesetzt. Strauss, der von 1933 bis 1935 als Präsident der Reichsmusikkammer offizieller Repräsentant des nationalsozialistischen Deutschlands war, hatte seine ganze Reputation aufwenden müssen, damit der Name „Stefan Zweig", dessen Bücher 1933 in Berlin öffentlich verbrannt worden waren, als Librettist auf dem Ankündigungsplakat stehen bleiben durfte.

Schnee fällt durch das dichte Geäst der Kapuzinerbergbäume. Ein Eichelhäher warnt das Wild, sonst ist Stille. Von Zeit zu Zeit Spaziergänger, nicht viele. Ich bin unterwegs zur Anhöhe dieses zweiten Stadtberges, der sich als dichte Waldlandschaft über den alten Stadtvierteln rechts der Salzach und den ins Grünland hinauswuchernden neuen erhebt.

Das Restaurant im mittelalterlichen Franziskischlössl, das am Ende aller Wege am Rand der Felsabstürze Richtung Schallmoos und Gnigl liegt, schickt mir einladendes Laternenlicht entgegen. Ich bestelle schwarzen Tee, um mich zu wärmen.

Sind Friderike und Stefan oft diese Wege gegangen? Gemeinsam? Allein? Zu Beginn der 1930er Jahre zunehmend allein und für sich? Mit Hermann Bahr ist Stefan früher sogar auf den Gaisberg und angeblich auch auf den beinahe 2 000 Meter hohen Untersberg im Süden der Stadt gewandert, dabei unzählige Zigarillos rauchend. Bahr, der gute Freund, war bis zu seiner Übersiedlung nach München gern gesehener Gast im Hause Zweig. Wenn sie nicht gerade ein Engagement auf den großen Bühnen von Wien, Berlin oder Dresden hatte, kam seine schöne Frau mit, die Opernsängerin Anna Bahr-Mildenburg, die vor allem als Wagnersängerin berühmt war. Es ist leicht, sich die Zweig'schen Feste in diesen weit ausschwingenden 1920er Jahren und noch weiter bis in das Schicksalsjahr 1934 auszumalen. Viele sind eingeladen und werfen ihren Glanz über die Sommervilla auf dem Kapuzinerberg, James Joyce, Thomas Mann, Carl Zuckmayer, Franz Theodor Csokor, Arturo Toscanini, Bruno Walter und viele mehr aus aller Herren Länder. Die Fotos stehen auf den Titelseiten internationaler Blätter und der französische Schriftsteller Jules Romains nennt das Haus eine „Villa in Europa". Aber ich sehe die Lichter, die aus den nächtlichen Fenstern strahlen, erkalten und die rot leuchtenden Lampions, die einst wie friedliche Zeichen der Zustimmung den Garten erleuchteten, langsam erlöschen.

*

Stefan Zweig ist geräuschempfindlich. Er steht auf der schönen Terrasse vor seinem Arbeitszimmer im ersten Stock, auf der er gerne eine Atempause macht inmitten seines permanenten Schreibens. Schaut hinunter auf die Kirchen der Stadt. Zehn, zwanzig von ihnen kann er sehen oder hören in dieser Hochburg des Katholizismus, Romanisches mischt sich mit Spitz-Gotischem, strenge Renaissance mit überbordendem Barock, ein evangelisches Gotteshaus gibt es und eine Synagoge und in der Ferne auf den Hügeln zum Seenland hin grüßt noch die Pilgerkirche von Maria Plain. Er ist ein Freigeist, war auch einmal Freimaurer in Wiener Tradition, Konfessionen sagen ihm nichts. Aber die Mittagsglocken um zwölf liebt er und ebenso jene freitags um drei zum Gedenken an den Tod Christi. Dröhnend und bimmelnd zieht die Glockensymphonie über Plätze und Gassen, den Fluss, das Schloss Mirabell bis zu ihm herauf und zum Kloster der Kapuziner. Glockengeläut ist ihm Frieden. Manchmal, zu besonders feierlichen Anlässen, schlägt allein die große Glocke des Doms, die weithin ihren dunklen Klang verschenkt, und es ist ihm wie ein Gruß aus der Kindheit, als die Pummerin im Stephansdom ein neues Jahr eingeläutet hat.

Unter ihm an der südseitigen Hausmauer ist eine verblassende Sonnenuhr aufgemalt. Er beobachtet sie mit gemischten Gefühlen. Wie schön zu sehen, wie langsam die Zeit verrinnt. Aber andererseits … In seinem Roman, den er vorläufig die *Postfräuleingeschichte* nennt, der sich ihm unerklärlicherweise sperrt und der unvollendet und erst posthum 1982 unter dem Titel *Rausch der Verwandlung* erscheinen wird, schreibt er eine verstörende Beobachtung nieder. Sie wird ihm zum Symbol für das Leben selbst. Für das Leben des Postfräuleins Christine? Oder sein eigenes Leben, das er mitunter satt hat mit Frau und Stieftöchtern und alltäglichen Querelen? In seinen düsteren Stunden empfindet er dieses Leben trotz allen Erfolgs als missglückt. Hat wachsende Sehnsucht nach Veränderung.

Und an der Uhr sieht sie zum erstenmal, daß sie nicht vorwärts geht, sondern im Kreise läuft, von zwölf bis eins, von eins bis zwei und wieder weiter bis zwölf und von eins zu

*zwei und wieder zurück auf zwölf, immer den gleichen
Weg, ohne einen Schritt weiterzukommen, immer neu auf-
gezogen für den Dienst, ohne je frei zu werden, immer ein-
gekerkert in dasselbe rechteckige braune Gehäuse. Und
wenn Christine sich niedersetzt morgens um acht Uhr, ist sie
müde – müde nicht von irgendetwas Vollbrachtem und Ge-
leistetem, sondern müde schon im voraus alles dessen, was
kommen wird, immer die gleichen Gesichter, die gleichen
Fragen, die gleichen Handgriffe, das gleiche Geld.*[6]

Zweig steht über der Stadt. Vom nahen Bahnhof dringen die
Pfiffe der ein- und ausfahrenden Züge zu ihm. Er will fort.
Er will bleiben. Nichts wie fort, wenn er das Gegröle der
jungen Burschen hört, der Deutschnationalen, unter die
sich immer mehr Naziparolen mischen, Hakenkreuzler, ein
„gräßliches Volk, Unterdeutsche, […] ein stupides Herren-
tum oder Ich-möchte-Herrentum". Sie singen *Die Wacht am
Rhein* und marschieren im Takt zu ihrem Heil-Geschrei
durch die Schwarzstraße und über die Staatsbrücke zum
Residenzplatz. Das Folgetonhorn von Einsatzfahrzeugen
schrillt dazwischen, wenn es wieder einmal einen Tumult
oder eine Brandlegung gibt. Hundegebell irritiert ihn, außer
es ist das sich überstürzende Freudejaulen seines geliebten
Kaspar, wenn sein Herrl nach Hause kommt. Selten nimmt
er den Gesang der Vögel wahr. Vielleicht einmal den Ruf
von Rabenkrähen, wenn ein Schwarm über die Baumwipfel
kommt. Nachts, wenn er nicht schlafen kann, ruft ein Kauz,
verhofft ein Rehbock im Wald.

Am Gartentisch schräg unter der Terrasse lachen die bei-
den Mädchen, Alix und Suse. Im Lauf der Zeit sind sie zu
jungen Damen herangewachsen, hübsch und eigenständig,
vielleicht etwas zu vergnügungssüchtig in seinen Augen.

Nicht so, wie er sich junge Leute wünscht, die ernsthaft an einer neuen Gesellschaft des Geistes interessiert sind und helfen, sie aufzubauen. Sie sind verwöhnt, ein Zankapfel zwischen ihm und Friderike, die die Mädchen verteidigt. Die Anordnung der Räume in diesem schönen, aber unpraktischen Haus betont diese Zwistigkeiten und verwundert, wenn man sie das erste Mal sieht: Friderikes Schlafzimmer und Boudoir sowie das einzige Bad und das Zimmer der Mädchen liegen auf der rechten Seite des Hauses, Stefans Schlaf- und Arbeitszimmer weit davon entfernt am äußersten linken Ende im Westflügel – dazwischen ist der großräumige, helle Rokokosalon mit der wertvollen Tapete aus der Manufaktur von Josef Dufour im französischen Mâcon, eine idyllische Landschaft um 1800, ein Fluss, eine Stadt und heitere Menschen an seinem Ufer. Zweig ist stolz auf diese Tapete, unter ihr prangt der Schreibtisch Ludwig van Beethovens und hier in diesem Saal empfängt das Ehepaar seine Gäste, die Parkettböden glänzen, der Kachelofen ist geheizt an kalten Tagen, der Blick über die Stadt und in das Gebirge ist bezaubernd. Getrennt und weit auseinander für intime Nähe jedoch sind die Zimmer für das Leben eines Paares.

Ja, die Mädchen. Lange hat er sich gegen die Anschaffung eines Radioapparates gewehrt, es war umsonst und es stört ihn gewaltig, wenn sie ihn laut aufdrehen und Musik hören. Ihren leichtfertigen Reden hört er zu, aber er versteht sie nicht. Er kann wenig mit ihnen anfangen und umgekehrt ist es genauso. Sie sind seine Stieftöchter, sie kamen in sein Leben, als sie zwölf und neun Jahre alt waren. Er hat nie eine warme Kinderhand erlebt, die seinen Schutz suchte, nie eine tränennasse Wange, die sich vertrauensvoll an die seine schmiegte, nie die ersten Worte eines neuen Lebens gehört. Sie können mich nicht brauchen, ist sein bitteres Resümee, das er verkleidet in die Erzählung *Untergang eines Herzens,* publiziert 1926, einbaut. Etwas sentimental vielleicht, denkt man an Friedrich Hölderlins letzten, seine ganze Existenz betreffenden Brief, bevor er nach Bordeaux ging. Seine große Liebe wurde ihm genommen, ein Amt will man ihm nicht geben, Freunde fallen ab, verzweifelt und zerrüttet schreibt er, dass er die Heimat auf immer verlasse, „[...] denn sie können mich nicht brauchen".

*

Stefan Zweig schließt die Flügeltüren seines Arbeitszimmers. Fängt wieder an zu schreiben. Frau Anna Meingast, die Sekretärin, war bereits vormittags hier zum Diktat. Auch das „Hauptbuch" mit allen Einnahmen und Ausgaben, den Verlagsverträgen, Übersetzungsrechten, den Angaben zur weltweiten Vermarktung, den Notaten zu einzelnen Werken usw. hat sie ergänzt.[7] Vielleicht geht er hinunter in die Bibliothek, sein eigenes Reich, vielleicht schreibt er hier. Er ist ein passionierter Sammler, Autographen von Literatur und Musik, Kupferstiche, Bilder, Möbel. Alles, was er tut, tut er ganz. „Leidenschaftlich ich selbst, und fähig, alles nur passioniert, mit einem vorstürzenden Stoß aller Sinne zu begreifen [...]", lässt er den Studenten in der berühmten Novelle *Verwirrung der Gefühle* sagen und es trifft auf ihn selbst zu: den Autor, der schreibt und schreibt und in diesen fünfzehn Salzburger Jahren zu einem der erfolgreichsten Dichter des deutschen Sprachraums wird, in kürzester Zeit zahlreiche Auflagen erreicht, in dreißig, vierzig Sprachen übersetzt und vielfach verfilmt wird. Wer kennt sie nicht, diese Novellen, diese brennenden Geschichten von Menschen und ihren Schicksalen, die einem nachgehen bis in die Träume, geschrieben im Pathos der Leidenschaft, des „Erkennenwollens" und des „brüderlichen Mitgefühls". Erzählungen von Doppelmoral, Irrweg und Hybris, von Glück und Tragik des Lebens, getragen vom Wunsch des Autors, zu verstehen und nicht zu richten, da „jedes moralische Urteil sinnlos" sei und Menschen nicht „einlinig", sondern von Gegenströmungen in sich selbst zerrissen seien: *Angst, Brief einer Unbekannten, Phantastische Nacht, Der Amokläufer, Vierundzwanzig Stunden aus dem Leben einer Frau, Untergang eines Herzens* oder *Verwirrung der Gefühle* und viele mehr. Diese Geschichten gehen von Mund zu Mund, von Land zu Land, ebenso Zweigs drei Essaybände mit dem Übertitel *Baumeister der Welt*: über Balzac, Dickens und Dostojewski; Hölderlin, Kleist und Nietzsche und schließlich 1928 über Casanova, Stendhal und Tolstoi. Ein Jahr zuvor sind die *Sternstunden der Menschheit* erschienen, 1929 kommt bereits die große Biografie über Joseph Fouché, 1932 über Marie Antoinette, 1934 über Erasmus von Rotterdam, 1935 erscheint jene über Maria Stuart und 1939 über *Castellio gegen Calvin oder Ein Gewissen gegen die Gewalt*, beide bereits von London aus. Dazwischen und daneben Hunderte, Tausende andere Arbeiten, Essays, Libretti, Vorträge, Vorworte, Gedenkreden zum Tod von Rilke, Hofmannsthal und später von Sigmund Freud, Rezensionen, Feuilletons, Würdigungen, Übersetzungen und die Herausgabe einer *Bibliotheca Mundi*. Zweig hält feurige Ansprachen in Schulen, an Universitäten, vor Politikern und Wirtschaftsmagnaten. Als einen „Weltaugenblick" empfindet er diese Salzburger Jahre noch in seinem Erinnerungsbuch *Die Welt von Gestern*: „Man konnte wieder arbeiten, sich innerlich sammeln, an geistige Dinge denken. Man konnte sogar wieder träumen und auf ein geistiges Europa hoffen."

Unermüdlich reist er durch dieses Europa, das er leidenschaftlich liebt und verteidigt und das er als seine eigentliche Heimat betrachtet. Und geht durch sein schönes Haus, das genauso wurde, wie er es gewollt. Zögert. Sinniert. „Aber doch, sollte ich immer hier leben, immer an demselben Schreibtisch sitzen, und Bücher schreiben, ein Buch und noch ein Buch [...], abgeschieden schon von allem Zufälligen, allen Spannungen und Gefahren?"

Bricht sich der Dämon in ihm wieder Bahn, den er von Hölderlin, Kleist und Nietzsche so gut kennt, diese Unrast, das quälende Ferment, „das zu allem Gefährlichen, zu Übermaß, Ekstase, Selbsttäuschung, Selbstvernichtung das sonst ruhige Sein drängt"?

Die Monate kommen, die Jahre gehen.

Die Bücher stapeln sich, der Ruhm wächst.

Er schreibt, reist, hat kurze Amouren irgendwo.

Wird gefeiert, ist gehetzt.

Sehnt sich nach Ruhe.

Dann nach Veränderung, von Grund auf.

Und, wieder einmal, nach einem neuen Leben.

Einem Rausch der Verwandlung.

Und Friderike? Besorgt Haushalt und Garten, versucht, ihren Töchtern eine gute Mutter zu sein, ist eine hinreißende Gastgeberin für die vielen Besuche und hält ihrem Mann den Rücken frei für seine Arbeit. Schirmt ihn ab, soweit es möglich ist. In ihrer Autobiografie *Spiegelungen des Lebens,* die sie mit über achtzig Jahren in New York verfasst, erzählt sie ausführlich darüber, und in ihrem früheren Erinnerungsbuch *Stefan Zweig. Wie ich ihn erlebte,* das 1947 in Stockholm und ein Jahr später in Deutschland erschien, schreibt sie:

*So viel meine Anteilnahme, die Anregung von Themen, un-
sere Gespräche über die Arbeit und gewisse Einwände ihm
bedeuten mochten, am wichtigsten war doch die Bewah-
rung seiner Arbeitsruhe, des Festungsgrabens um die Burg
des Schaffens. Praktische Hilfe meinerseits wie Tippen und
Stenogrammaufnehmen lehnte er ab, weil es so viel anderes
gab, wozu ihm meine Zeit nützlicher war, etwa Mitlesen des
Forschungsmaterials, Übersetzen fremdsprachiger Zitate,
Korrekturlesen. Dazu kam die Lektüre der ihm reichlich
eingesandten Manuskripte und Bücher, das Exzerpieren
aus diesen und das Schreiben der betreffenden Dank- und
Antwortbriefe, in einer Form, als schriebe er sie selbst [...]
Daß ich jahrelang nichts Mechanisches für ihn tat – allen-
falls Registraturarbeiten für das Ordnen und Beschriften
der Sammlungen und das Katalogisieren der Bibliothek –
rächte sich später [...]*[8]

Keine Arbeit ist ihr zu gering oder zu viel, wenn sie ihm
und seinem Werk dient. Er ist ihr *Obergott,* wie sie einmal
scherzhaft sagt. Er liebt seine Freiheit und fordert Verständ-
nis. Er ist der Herr und verlangt Rücksicht. Sie glaubt, ihn
besser zu kennen als alle sonst, hat Sorge, „[...] daß einmal
die hohlsten, blödsinnigsten Sachen über Dich geschrieben
sein werden [...] Dein Schrifttum ist ja nur ein Drittel Deines
Selbst und auch das Wesentliche daraus für die Deutung der
anderen, also der zwei Drittel, hat niemand erfaßt." Schon
vor ihrer Hochzeit sagt ihr eine innere Stimme, sich nicht
zu wehren, „um ihn zu behalten und nicht in ein Nichts zu
schicken". Auch wenn ihr Verlangen wächst, Widerstand zu
bieten, ihre eigenen Wege zu gehen, ihr eigenes Schreiben
wieder aufzunehmen und ihre Friedensaktivitäten zu inten-
sivieren, kennt sie doch seine depressiven Zustände nur zu

gut und will ihn in der Schwärze seiner dunklen Zeit nicht allein lassen. Jahre später erst wird er einbekennen, welch großen Anteil Friderike an seinem Aufstieg zum Weltautor hatte. In *Stefan Zweig. Wie ich ihn erlebte*, fügt sie dem oben Zitierten hinzu:

> *[...] was in diesem Hause entstand, war sein eigentliches Lebenswerk, war eine riesige, fast unermeßliche Arbeitsleistung von gewiß 200 000 Seiten [...] Und zu dem rein künstlerischen Schaffen, das aus dem zartesten Vibrieren von Seele und Geist entsteht, kam noch die kolossale Forschungsarbeit.*

Wenige Schriftsteller sind von ihren Frauen oder Geliebten so tief verstanden worden wie Stefan Zweig von Friderike. Dafür nimmt sie vieles in Kauf. Sie wird es brauchen.

In diesem „Vibrieren von Seele und Geist" entwirft Zweig seine unverwechselbaren Figuren, seine Charaktere aus dem Panoptikum des Seins. Ich lasse sie Revue passieren im Schneetreiben vor den kleinen Fenstern des Franziskischlössls, in dessen gemütlicher Gaststube ich einen weiteren Tee trinke und eine Kleinigkeit esse, ich sehe sie vor mir, diese verlorenen Menschen, verlassen und verwirrt, zurückgestoßen und unerkannt, fragend, suchend und einsam. Auf der Jagd nach Abenteuer und rücksichtslos oft die Männer, Spieler, die um Reichtum und Anerkennung pokern, manche haben den „Frauenblick", der die weiblichen Schönheiten bereits mit den Augen nackt auszieht. Viele seiner Figuren, Männer wie Frauen, leben am Rand, verbergen ihre Leidenschaften, sind Geschlagene, kennen ihr Schicksal nicht oder erkennen es zu spät. „Aber jeder hat sein inneres Gesetz: der eine geht nach oben, der andere nach unten, und wer steigen soll, wird steigen, und wer fallen soll, wird fallen." Erzählungen von kleinbürgerlicher Dürftigkeit, von Armut und Ausgestoßensein, vom „Abhub" der Gesellschaft, von Strizzis, Zuhältern, Huren und Dieben. Häufiger jedoch von Adeligen, Großbürgern und Offizieren in saturierten Verhältnissen, die die Salons der Großstädte und Schlösser frequentieren, die luftigen Terrassen der Luxushotels an der italienischen und französischen Riviera oder an den windigen Stränden von Ostende. Abgesang auf eine Zeit, die untergeht. Oft zieht Zweig eine zweite, neutrale Ebene ein, verbirgt sich in einem Brief, einem Bericht oder einer Aufzeichnung, die dem Autor zugespielt werden. Ein stilistischer Trick, als ob er sich vor zu viel Emotion schützen und nicht verraten wollte, dass das Beobachtete und Erzählte, das Genossene und Erlittene ein Teil seiner selbst wären. Er scheut sich nicht vor den großen Worten des Gefühls, was seine Kritiker verhöhnen und sein Publikum liebt, weil es sich darin wiederfindet, erlöst, glücklich oder in den Abgrund geführt. Kein Zwischenraum bleibt zwischen den erdachten Figuren und den Lesenden, sodass diese sich getroffen fühlen, als hätte der Dichter sie ertappt.

Mit tiefenpsychologischem Feingefühl, fast Furor, geht Zweig in üppiger Sprache dem Labyrinth menschlichen Verhaltens nach, den Wünschen, Hoffnungen, Sehnsüchten und Niedrigkeiten, den verborgenen Gedanken, der geheimen Lust, den tödlichen Verletzungen. Diese Intensität hat extrem gegensätzliche Reaktionen ausgelöst: Der österreichische Schriftsteller und Diplomat Leopold Andrian kanzelt zum Beispiel in einem Brief an Hofmannsthal die Novelle *Verwirrung der Gefühle* mit den Worten ab: „[…] jeder Satz prätentiös über die Maßen, falsch und nichtssagend – das Ganze ein v ö l l i g e s N i c h t s"; Maxim Gorki hingegen, die gewichtige Stimme aus Russland, schreibt: „Ich glaube, noch niemand vor ihm hat so eindringlich, mit so erstaunlicher Barmherzigkeit zum Menschen über die Liebe geschrieben."[9]

[...] wem nur einmal die Fähigkeit zuteilward, eine einzige Form irdischen Leidens wahrhaft mitzufühlen, der versteht durch diese magische Belehrung alle Formen, auch die fremdartigsten und scheinbar widersinnigen",[10]

schreibt Zweig in seinem einzigen vollendeten Roman *Ungeduld des Herzens,* in dem ein junger Leutnant zum „Narr des Mitleids" wird: Ein ganzer packender Roman von 465 Seiten zu den hilfreichen wie den letztlich zerstörerischen Formen von Erbarmen. Überlegungen zu diesem Roman gab es schon in Salzburg, ausgearbeitet wurde er in London, als Zweig bereits mit Lotte Altmann liiert war. Veröffentlicht wurde er 1939 mit einer bezeichnenden Publikationsgeschichte: englisch unter dem Titel *Beware of Pity* bei Cassels in London, deutsch bei Albert de Lange, Amsterdam und Bermann Fischer, Stockholm. Deutschland und Österreich hingegen, wo Stefan Zweigs größtes und bis dahin begeistertes Publikum lebt, stehen unter der Herrschaft der Nationalsozialisten, was sowohl den Autor als auch Zweigs Verlage zwingt, im Exil zu leben und zu arbeiten.

Mitgefühl zu zeigen, versucht Zweig auch im praktischen Leben. Er zählt zu jenen, die freigebig in Not geratene Kollegen unterstützen, was dazu führt, dass er mit Bittgesuchen überhäuft wird. Jährlich gibt er bis zu 10 000 Reichsmark an Hilfsgeldern aus, was ihn nach dem Wegfall des deutschen Marktes finanziell belastet und seelisch erschöpft. Unbekannten Autoren vermittelt er Verlage, Freunden sichere

Stellen als Lektoren und anderen überlässt er eigene Auftrags-
werke. Nur einmal scheint ihn sein Feingefühl zu verlassen:
in seiner großen Lebenskrise ab den 1930er Jahren jenem
Menschen gegenüber, der ihm am nächsten steht, Friderike,
auf die er barsch und brüsk reagiert und für die er in den
Auseinandersetzungen um den Verkauf der Kapuzinervilla
nur mehr Vorwurf und bittere Anschuldigung kennt. In
den kränkenden Briefen ist dies nachzulesen. Die bösesten
sind angeblich noch nicht veröffentlicht.

„Ja, was ist denn die Wahrheit über mich, über irgend-
einen?", lasse ich abermals Ingeborg Bachmann in der Er-
zählung *Ein Wildermuth* fragen. „Alle die tausend Tausend-
stelsekunden von Gefallen, Angst, Begierde, Abscheu, Ruhe,
Erregung, die einer durchmacht, worauf sollen die schließen
lassen! Müssen sie schließen lassen? Auf eins doch nur: daß
er von vielem gehabt und gelitten hat."

Vor den Fenstern des Franziskischlössls dämmert es bereits.
Ich muss aufbrechen, um nicht in der Dunkelheit über
Wurzeln, Gestein und rutschigen Blätterboden den Waldweg
bis zum Kapuzinerkloster zurück antreten zu müssen. Ich
wollte mir noch Notizen zu den großen Biografien machen,
aber es ist, solange ich auf die Rechnung warte, nur noch
Zeit für die erste Seite der Taschenbuchausgabe des *Erasmus
von Rotterdam* und Zweigs Einleitung zu *Triumph und Tragik*
dieses Mannes, die er in den Jahren des Zusammenbruchs
seines geistigen Europa zu Beginn der 1930er Jahre als Selbst-
portrait geschrieben hat:

*[...] daß er unter allen Schreibenden und Schaffenden des
Abendlandes der erste bewußte Europäer gewesen, der erste
streitbare Friedensfreund, der beredteste Anwalt des huma-*

269

nistischen, des weit- und geistesfreundlichen Ideals. Und
dass er überdies ein Besiegter blieb in seinem Kampf um eine
gerechtere, einverständlichere Gestaltung unserer geistigen
Welt, dies sein tragisches Schicksal verbindet ihn nur noch
inniger unserem brüderlichen Gefühl.[11]

*

Ein Besiegter. Dieses Gefühl setzt sich in Stefan Zweig in
seinen letzten Salzburger Jahren immer tiefer fest. Noch
geht er täglich den Knüppelweg hinunter in das Café Bazar,
um die druckfrischen internationalen Zeitungen zu lesen,
oder zum Antiquar Aschenbrenner, um nach Ausgefallenem
zu suchen. Trifft sich mit dem jungen Emil Fuchs, einem
Funktionär der Sozialistischen Partei, der zum engen Freund
wird, im Café Mozart zum Schachspiel. Heftig debattieren
sie über die sterbende Idee einer demokratischen Gesell-
schaft. Zweigs Popularität scheint zu Beginn der 1930er Jahre
grenzenlos. Aber politisch verfinstert sich die Szene. In
Österreich ist Engelbert Dollfuß auf dem Weg zur Diktatur
des Austrofaschismus und in Deutschland hat die NSDAP
längst die Mehrheit erobert und setzt sie mit aller Brutalität
durch. Intoleranz und Gewalt nehmen rapide zu, Judenhetze
ist an der Tagesordnung, Andersdenkende werden mundtot
gemacht, eingesperrt oder ermordet. Zweigs Pessimismus
steigt. Er sieht die Brände am Horizont. Sie kommen näher.
Wie sein Spiegelbild Erasmus bekämpft er in seinen Auf-
rufen, Reden und Schriften den „Widergeist der Vernunft",

[...] den Fanatismus, ob auf religiösem, nationalem oder
religiösem Gebiete als den gebornen und verschwornen
Zerstörer jeder Verständigung, er haßte sie alle, die Hals-

starrigen und Denkeinseitigen, ob im Priestergewand oder
Professorentalar, die Scheuklappendenker und Zeloten je-
der Klasse und Rasse, die allorts für ihre eigene Meinung
Kadavergehorsam verlangen und jede andere Anschauung
verächtlich Ketzerei nennen oder Schurkerei [...] Aber im
tiefsten hat Erasmus immer gewußt, daß dieser Unheilgeist
der menschlichen Natur, daß der Fanatismus ihm seine
eigene mildere Welt und sein Leben zerstören werde.[12]

Worte, die ihm selbst gelten: [...] *daß der Fanatismus* [...]
sein Leben zerstören werde. Noch lebt Zweig in seiner „Villa
in Europa". Aber sie hat keinen Glanz mehr. Über seine Ehe
breitet sich die Kälte einer tiefen Kluft. Seine Rastlosigkeit
steigt. Panisch mitunter, flüchtend manches Mal reist er
durch Länder und Städte. Zürich, Nizza, Rom, Villeneuve,
Hamburg, Berlin, Brüssel, Moskau, Paris, London. „[...] ge-
hetzt wie ein Wildschwein." Ist sprachgewandt, polyglott,
elegant wie immer, ein Stück Altösterreich hinüberrettend in
den Untergang. Liebling des Publikums. Die jungen Damen
himmeln ihn nach wie vor an, detailgenau berichtet er
Friderike von seinen Affären. Wenn sie nur sein „Ober-
haserl" bliebe, hat sie ihm schon 1916 vor ihrer Heirat ge-
schrieben – und unermüdlich wird es in jeder Zweig-Bio-
grafie zitiert –, dann wäre es ja gut; und wenn der Schreibtisch
hier bliebe im gemeinsamen Haus. Aber er meidet es immer
öfter und zur Festspielzeit trampeln „200 Besucher" durch
seinen Garten. Es wird ihm alles zu viel, der „Betrieb", die
ganze „Maschine" des Erfolgs. Macht er sich selbst etwas
vor? Lebt in Ambivalenzen. Hin- und hergerissen.
   Immer seltener reisen Friderike und er gemeinsam. Ein-
mal noch, 1930, nach Süditalien, wo sie Neapel besuchen
und in Sorrent Maxim Gorki treffen. 1931 verbringen sie

den Winter im stillen Hôtel du Cap d'Antibes an der Côte d'Azur. Zweig lädt dazu Joseph Roth ein, „Rothi", den Freund, der gerade an seinem *Radetzkymarsch* arbeitet und den er vor der Trunksucht bewahren möchte. Vielleicht waren es die letzten zwei glücklichen Monate für das Ehepaar. Weihnachten und Familienfeiern hat er immer gemieden, aber zur Jahreswende 1931/32 bleibt er länger als sonst in Paris, über einen Monat. Friderike ist verstört, zu Silvester schreibt sie ihm: „Ich selber möchte Dir doch so gerne Ruhe geben, aber ich bin nicht mehr so zuversichtlich, denn ich kann mein eigenes Gleichgewicht jetzt auch nicht mehr recht im Stillesitzen finden. Das Haus ist mir nicht genug Heim: ich habe zu wenig zu sagen, ich habe kein Besitzrecht, es ist mir zu groß, ein zu weiter Mantel über einer manchmal frierenden Seele." Im Jänner 1932 ist sie mit Suse, die eine Ausbildung zur Säuglingsschwester anstrebt, unterwegs nach Genf, dem Sitz des Völkerbundes. Mit Diplomatie versucht sie, die Verbindung zu ihrem Mann aufrechtzuerhalten und schreibt in Sorge um die gemeinsame und die politische Zukunft:

Schade, dass Du nicht ein paar Tage hierherkommen willst [...] Es ist doch in mancher Hinsicht jetzt wieder „das Herz Europas", freilich kein ganz gesundes, aber eines, das sich mit mehr oder weniger Aufrichtigkeit zu kurieren sucht, bevor es sich verloren gibt. Wärst Du doch dazu bereit, hier am Ufer des schönen Sees, wo im Jänner jetzt Blumen blühen, ein kleines Haus zu kaufen. In bösen Nächten habe ich schon Hitlerbomben auf unser Haus herabfallen sehen.[13]

Stefan Zweig schreibt kühl aus Paris, während sie auf ihn wartet: „Wäre mit Wonne noch zwei Monate geblieben, aber ich kann ohne Sekretärin nicht arbeiten, es ist die alte Misere. Wo wäre ich, wenn ich jemanden mit mir hätte, dem ich die Texte und Briefe diktieren kann, ich hätte bei halbem Kraftverbrauch das Doppelte geleistet und nicht immer die Nach-Hause-Nervosität gehabt. [...] Aber es ist herrlich hier und ich fühle mich wie ein Karpfen im frischen Wasser." Friderike, selbst nach solchen brüsken Reaktionen immer noch bemüht, ihm seine Wünsche zu erfüllen, wird inmitten der dramatischen Ereignisse der kommenden Jahre eine Sekretärin suchen. Und Charlotte Elisabeth Altmann finden, genannt Lotte, ein junges Mädchen, still, sanft, ergeben. Noch ahnt Friderike nicht, was das bedeutet.

Von Genf aus besucht sie noch Romain Rolland in Villeneuve, der sich in den Zweig'schen Ehezerwürfnissen zunehmend auf ihre Seite schlägt, macht Studien für eine geplante Louis-Pasteur-Biografie und nimmt im Mai als Österreichische Delegierte am Kongress der Internationalen Frauenliga in Grenoble teil. Sie lernt, wieder eigenständig zu gehen.

Ein einziges Mal noch, 1933, bleibt Stefan Zweig überraschenderweise zum Weihnachtsfest in Salzburg. Gemeinsam lauscht die Familie den feierlichen Trompetenbläsern vor dem Kapuzinerkloster zum Fest von Christi Geburt. Das Glockengeläut über Salzburgs Dächern um zwölf Uhr mittags jahraus, jahrein, wird er nur mehr wenige Male hören.

Das Paschinger Schlössl. Sein Zuhause für fünfzehn reiche Jahre lang. Die Obstbäume haben geblüht, die Rosen geduftet, die Sonnenuhr warf kurze Schatten, die Buchenwälder legten ihr goldenes Kleid an und der Sturm trieb Schnee über die Figuren des Kreuzwegs. Immer noch hält einer der Schergen das Messer in der Hand.

*

Und dann 1934.

Die Heimsuchung.

Hausdurchsuchung.

Bürgerkrieg. In Wien sind offene Kämpfe zwischen Heimwehr und Sozialisten ausgebrochen, die sich auf die Bundesländer ausdehnen. Österreich hat sich im Austrofaschismus radikalisiert. Am frühen Morgen des 18. Februar – Zweig kann gerade noch seinen Morgenrock anziehen – durchsucht die konservativ-katholische Heimwehr die Kapuzinervilla nach Waffen des sozialistischen Republikanischen Schutzbundes. Nach Waffen! Und das bei ihm, Stefan Zweig, dem erklärten Pazifisten, der er nach anfänglicher Kriegsbegeisterung geworden ist, seit er im Juli 1915 als Berichterstatter für das Archiv des k.u.k. Kriegsministeriums nach Galizien geschickt worden war und gesehen hatte, was Krieg mit den Menschen tut: Blut und Schrei und Tod. Er war damals auch in Grodek gewesen und empfand tiefer als andere die Zeilen in Georg Trakls letztem großen Gedicht *Grodek*: „[…] umfängt die Nacht/Sterbende Krieger, die wilde Klage/ Ihrer zerbrochenen Münder […]“, und verstand besser als viele, warum sich Trakl kurz darauf im Garnisonsspital von Krakau das Leben genommen hatte. 1917 war Zweig berühmt geworden mit seinem Antikriegsdrama *Jeremias* und seither war er zu einem von Europas glühendsten Friedensverteidigern geworden. Hausdurchsuchung also nach Waffen, ein Stöbern bis in die Truhen und Schränke privatesten Lebens, Wäsche, Briefe, Manuskripte, vom Keller bis unters Dach, wenngleich höflich und fast beschämt ausgeführt von den Polizeibeamten, die dazu abgestellt worden waren.

Jetzt: nur weg von hier!

Schnell und endgültig weg von diesem Salzburg. Der Bürgerkrieg hier und die Regierung Dollfuß sind ihm nur Vorboten, aber drüben, nur einen Steinwurf über der Grenze, herrscht im Nazi-Deutschland bereits offener Terror. Schon den gescheiterten Hitlerputsch vom November 1923 hat er vorausahnend als „Wahnsinn über Wahnsinn!" bezeichnet, mit Sorge und großem Aufwand zur Selbstberuhigung beobachtet er bereits in den frühen 1920er Jahren die Zeichen an der Wand. In seiner Fantasie hört er noch Adolf Hitlers Hetz- und Hassreden im Großen Festspielhaus und gut erinnert er sich an die begeisterten Zeitungsberichte über die Uraufführung des Theaterstückes *Der Anschluß* von Franz Hlawna, dem reisenden Einpeitscher des NS-Gedankenguts, das im Salzburger Stadttheater 1923 unter Beifallsgejohle über die Bühne ging. Seither hat er die politische Entwicklung angsterfüllt und präzise vorausgesagt. 1934 ist Salzburg längst zur Hochburg des Antisemitismus und zur österreichischen Kommandozentrale der NSDAP geworden, die Horst-Wessel-Chöre dringen herauf ins Paschinger Schlössl, in sein Arbeitszimmer im Westflügel, in den Salon mit den Dufour-Tapeten und in die Bibliothek mit Abertausenden Bänden und wertvollsten Autographen. Sein friedliches Haus ist entweiht. Vom Türmchen über der Vierung des Gebäudes sieht er hinüber Richtung Berchtesgaden, wo Hitlers Sperrgebiet auf dem Obersalzberg liegt, das sich bis zum Gipfel des Kehlsteins hinaufzieht und er sich tiefer unten das gesamte im Ausbau befindliche Ensemble vorstellen kann mit dem privaten Berghof des Führers, den Bunkeranlagen und Kasernen sowie den Wohnhäusern der NS-Bonzen eines Hermann Göring, Albert Speer oder Martin Bormann.

Spätestens nach Hitlers Machtergreifung 1933 ist Stefan Zweig als Jude gebrandmarkt. In Salzburg geifern die Nazi-nahen Zeitungen gegen ihn, in Berlin brennen seine Bücher auf dem Scheiterhaufen. Für Richard Strauss, der bereits an

Zweigs Partitur für *Die schweigsame Frau* arbeitet, schreibt er den Entwurf eines Librettos mit dem Titel *Der Rattenfänger von Hameln*, eine unmissverständliche Paraphrase auf den Reichskanzler als Massenverführer, als „großer Gaukler, Hypnotiseur, der Hilfe verspricht". Als dieser seinen Lohn fordert, die Bürgerschaft ihn jedoch verweigert, zwingt er die ganze Bevölkerung als Rache zu unaufhörlichem Tanz, zur Tanztollwut als totale Entmündigung. Auch „A. Dolf" nennt er Hitler an anderer Stelle und ihm schreibt er die Verantwortung für die sich unaufhaltsam steigernde Gewalt zu.[14]

Seinen Protest sucht Stefan Zweig jedoch ausschließlich in seinen Texten zu formulieren. Da er theatralische Auftritte in der Öffentlichkeit scheut, greift er zur literarischen Camouflage. Portraitiert sich selbst als den Humanisten Erasmus von Rotterdam, der zwischen den religiös-politischen Fronten zerrieben wird, sowie als Castellio, der vergeblich versucht, sich gegen den despotischen Radikalismus Calvins zur Wehr zu setzen. Beide Bücher müssen bereits bei Herbert Reichner in Wien erscheinen, da für Zweig der außerordentlich lukrative deutsche Markt durch Hitlers Judenboykott versperrt ist und ihm ebenso der Inselverlag in Leipzig, der über zwei Jahrzehnte seine literarische Heimat war, wegbricht – ein Verlust, den der Dichter bis zu seinem Lebensende nicht verwinden können wird. Er klammert sich an die übergreifende „deutsche Sprache", an Goethes Geist, den er nicht verraten will. Schweigt, verurteilt den Nationalsozialismus nicht in aggressiven offiziellen Stellungnamen. Ehemalige Freunde und Nazi-Gegner sehen ihn daher als Verräter und Kollaborateur, die Tagespresse hingegen nennt ihn den „Saujuden".

Verdüstert ist die Gegenwart.

Zeichen genug.

Lange hat er gezögert, aber jetzt handelt er, abrupt, von heute auf morgen. Unmittelbar nach der Hausdurchsuchung verlässt Stefan Zweig Salzburg. Seine erste Flucht über Kontinente hinweg, der auf dem Weg ins Verhängnis weitere folgen werden. Behördlich kündigt er seinen Wohnsitz in der Kapuzinervilla auf und nimmt einen neuen in London, wo er sich bereits Ende 1933 länger aufgehalten hat. Friderike bleibt vorläufig mit den beiden Töchtern zurück. Jetzt, wo die Gefahr steigt, hängt sie überraschenderweise an Haus, Mozartstadt und Österreich.

Tabula rasa. Stefan Zweig bricht alle Brücken ab. Das Haus muss schnellstmöglich verkauft werden. Friderike muss es tun, er ist nicht mehr da. Er glaubt ihr nicht, dass dies schwierig ist in wirtschaftlicher Depression, in der sich keine Käufer finden. Viele seiner wertvollen Besitztümer verkauft oder verschenkt er hinter Friderikes Rücken oder gibt sie in Donationen an Museen und Archive: Autographen, Bücher, die Dufour-Tapete. Er wird unzugänglich, unberechenbar in seinen spontanen Entschlüssen. Verliert sein Gleichgewicht. Alles „Festliche, Vergnügliche" ist ihm „gespenstisch fremd geworden". Entfremdet auch die besten Freunde. In der Stadt erreichen die Denunziationen gegen ihn, den Juden, der ins Ausland floh, einen neuen Höhepunkt. Einmal kommt er kurz, wohnt jedoch im Hotel. Man sieht dichten Rauch aus dem Kamin der Kapuzinervilla aufsteigen. Sich das vorzustellen: Zwei Tage lang stehen Friderike und Stefan am großen Ofen der Zentralheizung. Verbrannt muss alles werden, was war. Verbrannte Liebe. Verbranntes Leben. Weiß er, was er tut? Läuft er Amok, ins Leere hinein?

*

277

1937. Mitte Mai, ein milder, sonniger Tag.
Ob sie da sein wird, nach all dem, was geschehen ist?
Nach diesen vergeudeten, vergifteten Jahren des Streits?
Dieser Welle von Missverständnis, sogar aufflammendem Hass?
Ob sie seinen nächtlichen Brief vom 12. Mai erhalten hat?
Ob sie da sein wird, nach dem, was in Wien geschah?
Er hatte sie gebeten, ihn zu erwarten.

Er sah sie, als er sich aus dem Zugfenster beugt. Ihre Gestalt, die einst schlank gewesen ist, ihr geblümtes Kleid, das er gerne mag. Ihre Haltung, aufrecht. Sie steht auf dem Perron und wartet auf ihn. Seine Bangnis fällt in das Bremsgeräusch der Räder, der Rauch der Lokomotive zieht über sein Haar, der Turm der Müllner Kirche ragt kurz über die Eisenkonstruktion der Bahnhofshalle, dann ist er verschwunden. Die Buchen auf dem Gnigler Kühberg und dem Kapuzinerberg tragen ihr erstes Grün.

Stefan Zweig kommt von Wien.

Als der Salonwagen kurz zuvor am Wallersee entlanggefahren ist, hat er zur Wiesmühl von Alice und Carl Zuckmayer am jenseitigen Ufer von Henndorf hinübergeschaut, zu diesem gastlichen Haus, in das er oft eingeladen worden war, in den heiteren Runden einer vergangenen Zeit mit Ödön von Horváth, Franz Theodor Csokor, Hans Schiebelhuth und dem Opernsänger Richard Mayr, auch Franz Werfel mit Alma Mahler, Jakob Haringer und Thomas Mann waren mitunter dabei. Noch war damals nicht zu wissen, dass sie *alle*, außer Mayr, vertrieben werden und flüchten werden müssen, Thomas Mann war bereits im Schweizer Exil. Das Wasser des Sees war grüngrau, leicht moorig und schilfumstanden. Seinen 50. Geburtstag am 28. November 1931, dieses furchtbare Datum, hatte Zweig mit Zuckmayer im kleinen Münchner Restaurant Schwarz verbracht, und als sie beim Schnaps angelangt waren, hatte er plötzlich gesagt: „Eigentlich hätte man jetzt genug vom Leben. Was noch kommen kann, ist doch nichts als Abstieg." Er hatte nur wegwollen von Familienfest, Glückwunschflut und der Gratulations-Pilgerei den alten Knüppelweg hinauf ins Paschinger Schlössl, zu ihm, dem berühmten Autor. Ja, hier, auf dem Salzburger Kapuzinerberg war er zum Weltschriftsteller geworden. Mit der Frau an seiner Seite, die jetzt auf ihn wartet. Friderike. Zehn, zwölf, vielleicht etwas mehr Jahre lagen hinter ihnen, die er später in melancholischen Augenblicken zu den glücklichsten seines Lebens zählen wird. Warum, ja, warum nur hatten sie sich so entfernt voneinander, warum geriet der erbitterte Streit um den Verkauf der Kapuzinervilla zu solcher Höllenfahrt, die die Einschaltung von Rechtsan-wälten erforderte? Aber doch, doch, es war viel Gutes in die Tage gemischt, hatte er noch nachts in diesen bedeutungs-schweren Maitagen des Jahres 1937 an Friderike geschrieben. Fügte jedoch an: „[…] Die beste Zeit ist unwiederkehrbar vorbei und wir haben sie gemeinsam gelebt, viel davon in wirklichem Glück und ich auch in gesegneter Arbeit."

Aber inzwischen lebt der Weltschriftsteller in London.

Seit drei Jahren in diesem kühl-distanzierten London.

Anfangs liebt er diese Stadt.

Und liebt eine junge Frau.

Seine Sekretärin Lotte Altmann.

Neues Leben.

Die Bremsen quietschen, die Räder stehen still, der Zug hält. Friderike. Der verebbende Fahrtwind schlägt den dünnen

Stoff des Kleides um ihre Beine. Als er aussteigt, sieht er die leicht geneigte Haltung ihres Kopfes, ihr unsicher gewordenes Lächeln. Fährt er zu *ihr*? *Ihr* entgegen, nicht weiter zu …? Will er etwas wiedergutmachen? Wenige Tage zuvor sind sie beim Notar in Wien gewesen, um die finanzielle Gütertrennung und ihre Versorgung für die Zukunft zu fixieren. Für sie scheint es naiverweise – oder hat sie es Jahrzehnte später täuschend so in Erinnerung? – ein „Stück Papier", denn das Wort „Scheidung" habe er immer noch gemieden. Kaum im Hotel Regina neben der Wiener Votivkirche angekommen, habe er sich in tiefer Niedergeschlagenheit auf das Bett geworfen …

Sie war in dieser Nacht noch mit dem letzten Zug nach Salzburg zurückgefahren. Als sie fort war, schrieb er den besagten Brief, der, hätte ein Brief diese Macht, manches ungeschehen machen könnte, all die Brüskierungen und Demütigungen der letzten Jahre:

Ich möchte nicht, dass Du glaubst, es sei dies eine frohe Stunde für mich gewesen – im Gegenteil, ich schreibe Dir das in der Nacht, schlaflos und in Gedanken an die vergangene gute Zeit. Wir haben beide Fehler gemacht und ich wollte, es wäre anders gekommen – bei Gott, ich spüre nichts als Traurigkeit über diesen äußeren Abschied, der innerlich keiner für mich ist, vielleicht nur wieder ein Näherkommen, weil wir nicht mehr so nahe sind mit all den Kleinlichkeiten und Peinlichkeiten […] Ich danke Dir für alles und vergesse nichts von dem Guten und Gemeinsamen dieser Jahre und werde es nie vergessen.[15]

Da steht sie also auf dem Salzburger Hauptbahnhof, wo er sie auf der Durchreise noch einmal sehen will. Wie oft hat sie auf den Bahnhöfen Europas auf ihn gewartet, in Wien, Zürich, Paris, Hamburg und anderswo. Sie wartet auf ihn. Aber sie ist nicht allein. Warum ist sie nicht allein gekommen? Als ob sie sich wappnen wollte gegen ihn, sich mit Schutz umgeben. Ach ja, die Kinder, die zu jungen Frauen geworden sind und auf deren Seite sie sich im Streitfall immer gestellt hat, unglücklicherweise nicht auf seine, was er als „Verhängnis", sogar als „feindselig" empfunden hat. „Entzückend" hat der Leipziger Freund Erich Ebermayer die Mädchen genannt, kein Wunder, sie sind ja aufgewachsen wie Prinzessinnen in seinem Schlössl am Kapuzinerberg, hatten nur oberflächlichen Lebenstanz im Sinn, das war nicht seine Welt. Sie waren einander fremd. Auch wenn sie langsam Vernunft anzunehmen schienen: Alix in einem Tourismusbüro, Suse als Fotografin. Säuglingsschwester hat sie auch gelernt. Man wird es brauchen. Denn es kommt Krieg, sagt er sich, langsam auf die Gruppe zugehend, ein neuer Krieg wird kommen, verheerender, zerstörerischer als alles, was bisher war. Einen zweiten großen Krieg wird und will er nicht mehr überleben, zu alt, zu müde fühlt er sich … Und ein Mann ist da, er steht etwas hinter Friderike, ist nicht allzu groß von Statur, Hut, schwarzer Schnauzbart. Rothi. Joseph Roth, der liebe, versoffene Freund, den er jahrelang mit beträchtlichen Summen unterstützt hat. Umsonst, wie es scheint, denn offenbar kann nichts verhindern, dass Roth, dessen Werk Zweig höher schätzt als das eigene, nur noch tiefer in Alkohol und Verzweiflung versinkt. Und als der Ankommende die vier Menschen so eng beisammenstehen sieht, hat er den Eindruck, dass sich selbst der Freund in letzter Zeit mehr auf die Seite Friderikes zu schlagen scheint, wie zu seiner großen Enttäuschung auch Romain Rolland.

Alix, Suse und Roth.

Und Friderike. Fritzi. *Mumu* unterschrieb sie sich manchmal.

Später *Exmumu*.

Er will allein sein mit ihr. Sie ziehen sich, nach Friderikes Erinnerungen, zurück.

Stefan überredet sie, mit ihm zu fahren. Wenigstens ein Stück der Strecke. Der Salzach entlang zwischen den fast senkrecht aufsteigenden Felswänden des Hagen- und des Tennengebirges Richtung Süden und nach dem Knick des Flusses nach Westen. Fortfahren. Reden. Rückgängig machen. Die Notariats-Papiere für ungültig erklären lassen.

In Zell am See telegrafieren sie nach Wien.

Hoffnung? Wer von ihnen hofft intensiver auf etwas, das längst nicht mehr zu erhoffen war? Aber, wie sich herausstellen wird – es war zu spät. Der Notar hatte bereits alles erledigt und der Advokat war auf Urlaub.

Von Zell am See aus fährt Friderike zurück nach Salzburg.

Erst um Mitternacht kommt sie an.

Die Töchter und Roth in Sorge und Aufregung.

Stefan Zweig fährt weiter in die Nacht.

Noch im Zug formuliert er ein Telegramm an Friderike.

Widerruft den Widerruf.

In Zürich erwartet ihn Lotte.

*

Beruhigt er sich langsam? Kommt wieder zu sich? Im Juni nach diesen unglückseligen Maitagen in Wien und Salzburg schreibt er von London aus an Friderike:

Es mußten endlich zwischen uns die Spannungen beendet sein. Dein Selbständigkeitsgefühl ist zu groß – nicht, daß

Du nicht geistig das Recht hattest – aber für mich zu groß geworden und ich keine Kraft mehr hatte für den unbewuß-ten Widerspruch. Auch in diesem letzten Moment der Re-gelung konntest Du mir nicht vertrauen: vielleicht hast Du Recht gehabt, denn ich vertraue mir selbst nicht mehr [...] es ist vielleicht wirklich schwierig, mit mir zu sein – ich habe vor vier Jahren eben den Stoß tiefer bekommen, als Du bemerkt hast. Es ist besser, hoffe ich, wie es gekommen ist, denn Du hast wenigstens Frieden und Sicherheit und dazu, ich schwöre es Dir, meine herzlichste Freundschaft, die sich weit über den toten Buchstaben hinaus erweisen wird – [...][16]

Nur die Arbeit mache ihm noch Freude, schreibt er. Sie sei sein „Universalmittel gegen alle äußeren und inneren Düsterheiten". Es erscheinen die *Begegnungen mit Menschen, Büchern, Städten* und die Legende *Der begrabene Leuchter.* Er beginnt mit den Vorstudien zur Biografie über *Magellan. Der Mann und seine Tat,* die 1938 noch bei Reichner in Wien erscheint. Aber am 12. März 1938 marschiert Hitler unter begeistertem Jubel in Österreich ein und vollzieht den „Anschluss" an das nationalsozialistische Deutsche Reich. Stefan Zweig hat es geahnt, es in seinen schlimmsten Pro-phetien kommen sehen und es ist ihm gewiss, dass Europa auf einen Krieg zusteuert. Für ihn sind diese Monate der endgültige „Sturz ins Leere". Die Briefe an seine Freunde zeigen seine zunehmende Verzweiflung, sein ganzes Opus werde „noch einmal eingestampft", er fühlt sich als heimat-loser Wanderer, entwurzelt Dahintreibender, verstoßen und verlassen, „[...] eine Welle überrollt die andere: wir sind schon gar nicht lebendig mehr, sondern eingesargt in die Historie." Machtlos gegen die „Gemeinheit in Röhrenstiefeln" empfindet er sich und seine ganze Generation. Sie seien zu „erasmisch", zu sehr „vergiftet mit Humanität".[17]

In der Hallham Street versucht er weiterhin, Freunden, die in ärgerer Not sind als er, zu helfen, mit Geld, Einreiseerlaubnissen, Empfehlungen. Und arbeitet weiter am Roman *Ungeduld des Herzens*. Nur schreiben hilft. Vielleicht hilft ihm auch dieses Sichversenken in das Leid anderer Menschen? In das Schicksal dieses gelähmten jungen Mädchens Edith, die sich manisch an die Hoffnung klammert, gesund und geliebt werden zu können? Vielleicht erinnert er sich an das Gefühl aus glücklicherer Zeit, als er sich in der *Phantastischen Nacht* näher über sich selbst beugte, über das Unbekannte und das Geheimnis tief drinnen in ihm selbst, diesem „Stück atmenden Weltalls"?

*

Es ist Abend geworden. Das Franziskischlössl liegt hinter mir, auf dem Waldweg bergab waren nur mehr wenige Menschen unterwegs. Einmal tauchten die Augen eines Rehs auf, wie winzige Laternen verschwanden sie zwischen den Stämmen. Die Dächer des Kapuzinerklosters schimmern feucht. Leises Rauschen vom Verkehr an den Uferstraßen der Salzach dringt herauf. Die Kuppeln und Kirchtürme der „schönen Stadt" sind bereits angestrahlt, ebenso die Festung auf dem gegenüberliegenden Mönchsberg, sie wirkt weniger drohend, unwirklicher im Licht. Ich setze mich auf die Stufen des Klosters, den Rucksack als Unterlage, und schaue zum Paschinger Schlössl hinüber. Zu dieser unwiederbringlich verlorenen „Villa in Europa".

Szenen, Imaginationen habe ich mir durchgespielt.

Un-Wägbares.

Nichts auf die Waagschale legen.

Nicht urteilen.

Zwei Fenster des Hauses sind erleuchtet. Vergangenen Sommer wurde ich einmal freundlich durch das Haus geführt. Wir gingen durch die Räume, in denen Friderike und Stefan Zweig gewohnt haben, in guten und in schlechten Tagen. Noch war die Atmosphäre, vielleicht sogar die Aura von einst spürbar. Durch die hohen Fenster fiel helles Licht in den Salon. Es war ein friedlicher Tag im August. Leichter Wind spielte in den Blättern des Amberbaumes. Der Blutahorn leuchtete tatsächlich wie Blut. Die Gespräche gingen her und hin. Eine Kirchenglocke schlug vier Uhr. Leicht vorstellbar war das Leben jener Menschen, die dieses Haus einst zum Treffpunkt der europäischen Geisteselite gemacht haben. Hier glücklich, schöpferisch und verzweifelt waren …

Nachzutragen bleiben nur die Fakten.

Die Stefan-Zweig-Villa wird nach großen Schwierigkeiten schließlich am 25. Mai 1937 weit unter ihrem Wert an die Kaufmannsgattin Friederika Gollhofer verkauft – eine gestundete Restschuld wird später von der Gestapo einkassiert. 12. März 1938: der „Anschluss". Zweig beantragt die britische Staatsbürgerschaft. Nur sechs Wochen nach Hitlers Einmarsch findet am Salzburger Residenzplatz die erste Bücherverbrennung in Österreich statt: Am 30. April 1938 organisiert der NS-Lehrerbund gemeinsam mit der Hitlerjugend eine groß angelegte Aktion, über die sogar die *New York Times* berichtet und von 5 000 begeisterten Zuschauern spricht. Mit markigen Sprüchen werden auch Zweigs Bücher, viele von ihnen in dieser Stadt entstanden, die er einst liebte, ins Feuer geworfen. Im Dezember 1938 wird die Ehe zwischen Friderike und Stefan geschieden. 1939 übersiedelt er mit Lotte von London aus nach Bath an der südlichen Atlantikküste Englands. Am 1. September überschreiten deutsche Truppen die polnische Grenze: der Zweite Weltkrieg hat begonnen. Am 6. September heiratet Stefan Zweig Lotte Altmann. Im Juli 1940 geht er mit Lotte von New York aus auf eine lange Südamerikareise und kehrt im Dezember nach New York zurück, jedoch nicht mehr nach England, das unter dem Bombenhagel der deutschen Luftwaffe liegt. Er nimmt eine Wohnung in New Haven, Connecticut, wo auch die Yale University angesiedelt ist. Im Mai 1941 hält er vor mehr als 1 000 Zuhörerinnen und Zuhörern in New York beim von Erika Mann und Hermann Kesten mitorganisierten *fundraising*-Bankett anlässlich der Gründung des European PEN seinen berühmten, gegen das NS-Regime gerichteten Aufruf *In dieser dunklen Stunde:*

‚Das sind nicht wir! Das ist ein fremder Geist, eine fremde Ideologie!‘ Jedoch wir als Schriftsteller deutscher Sprache fühlen angesichts dieser Vergewaltigungen eine geheime und grausame Scham. Denn diese Dekrete sind in deutscher Sprache verfaßt, in derselben Sprache, in der wir schreiben und denken. Diese Brutalitäten geschehen im Namen derselben deutschen Kultur, der wir versuchten, mit unserem Werk zu dienen.[18]

Trotz Hausverkauf und Zuspitzung der politischen Lage ist Friderike nach Stefan Zweigs Emigration in Salzburg geblieben und übersiedelt 1937 in ein Haus im Stadtteil Nonntal.

Als Hitler in Österreich einmarschiert, ist Friderike mit Suse in Paris, um der Tochter Erfahrungen als Fotografin zu ermöglichen und selbst die Arbeiten für ihre Louis-Pasteur-Biografie abzuschließen. Als Jüdin und Diffamierte wagt sie nach dem „Anschluss" ihrer Heimat an Nazideutschland keine Rückkehr und teilt damit das Schicksal ihres Mannes. Alix, die noch in Salzburg ist, kann einiges aus dem verbliebenen Bestand retten, der Großteil von Friderikes wertvollen Besitztümern und den ihr so teuren Erinnerungsdokumenten an Stefan wird von der Gestapo beschlagnahmt, als „Judenvermögen" geraubt und ist unwiederbringlich verloren. 1940 emigriert Friderike mit beiden Töchtern unter wesentlicher Mithilfe von Stefan Zweig, der sich nach wie vor für sie verantwortlich fühlt, in die USA. Bemerkenswerterweise über dasselbe Netzwerk des Fluchthelfers Varian Fry in Marseille, der auch die Flucht des Ehepaares Werfel und diejenige Walter Benjamins von den Hafendörfern Cerbère und Banyuls aus organisiert hatte. Friderike sowie Alix und Suse mit ihren Ehemännern gelangen unter ähnlich abenteuerlichen Bedingungen, jedoch über einen weiter landeinwärts und ungefähr 20 Kilometer westlich der Mittelmeerküste gelegenen Weg in die Freiheit nach Spanien: vom Grenzdorf Le Perthus aus, von wo eine Passstraße – heute die Autobahn von Perpignan nach Figueres – über die Pyrenäen führt.

Im Umkreis von New York trifft das geschiedene Ehepaar Zweig wieder aufeinander – nach der Distanz von einigen Jahren und nach den traumatischen Erlebnissen von Flucht und Exil in gutem Einvernehmen und wiedererstandener Nähe. Während Friderike schnell neue Aufgaben findet, sich in Exilorganisationen engagiert und an Romanen und literarischen Portraits arbeitet, zieht Stefan Zweig, auffallend müde, erschöpft und niedergeschlagen, 1941 mit Lotte nach Brasilien weiter. Er fühlt sich entwurzelt, gehetzt von Land zu Land. „Entheimatet". Brasilien ist das Land, das er liebt, das ihn schon bei seinem ersten Besuch im August 1936 wie einen Staatsgast empfangen und gefeiert und dem er in seinem anfänglichen Enthusiasmus ein von Kritikern als einseitig beurteiltes Buch geschrieben hat: *Brasilien. Ein Land der Zukunft.* Nördlich von Rio de Janeiro in den Bergen von Petropolis lässt er sich nieder. Weiter, noch weiter weg von Naziterror, Hitler, Krieg und der Zerstörung aller seiner Werte: des Ideals eines vereinten, geistigen und friedlichen Europa. Aber Hitler, so scheint ihm, wird ihm näherkommen, wohin er auch flüchtet, wird überall siegen: Am 7. Dezember 1941 vernichtet Japan, das mit Nazideutschland verbündet ist, im Hafen von Pearl Harbor die Pazifikflotte der USA. Mit schwindender Kraft hatte der Dichter auf ein neues Leben gehofft. Wieder einmal. Aber wie viel schwächer ist sein Hoffen geworden!

Werde ich je zurückkehren können? Werde ich es dürfen, werde ich es wollen? Aber ich frage schon nicht mehr, ich lasse mich treiben, nur von einem Gedanken beseelt, nicht diesem braunen Burschen in die Hände zu fallen – dies die einzige Furcht, die ich im Leben noch habe, die andern sind verlernt [...][19]

In Petropolis arbeitet Stefan Zweig an seinen letzten großen Werken. Zeugnisse eines Vermächtnisses, einer Selbsterkundung und zugleich Geständnisse des Scheiterns.

Schreiben als Überlebensstrategie, als Bannung von Depressivem und Aussichtslosem. Todesbannungen. Es sind verzweifelte Beschwörungen gegen das Nichts. Gegen die Vergeblichkeit, auch seines eigenen Schreibens, „die Hoffnung auf eine Humanisierung der Welt" erreicht zu haben. In diesen letzten Lebensmonaten in Petropolis 1941/42 muss er offenbar Tag und Nacht gearbeitet haben. Vor sich selbst geflüchtet sein? Rastlos und unentschieden wechselt er von einem Vorhaben zum anderen, nimmt alte Projekte wieder auf, den Roman *Clarissa*, eine große Biografie über Balzac und das vielstimmig verschlüsselte Werk über Michel de Montaigne, der ihm unentbehrlicher „Bruder, Helfer, Tröster und Freund" wird: alle bleiben Fragment. Seine Autobiografie und zugleich die allgemeine Geschichte seiner Generation, die von den „vulkanischen Erschütterungen" des 20. Jahrhunderts geprägt ist, kann er abschließen: *Die Welt von Gestern. Erinnerungen eines Europäers*, für die er mit Friderike intensiven Kontakt aufnimmt. Beraubt von gutem Quellenmaterial und allen seinen Freunden, wird sie ein Teil seines historischen Gedächtnisses. Rätselhaft und verstörend bleibt bis heute, dass der Name Friderikes kein einziges Mal in diesem weitgespannten Erinnerungsbuch genannt wird. Noch einmal tabula rasa. Die Frau, die seit seinem 31. Lebensjahr an seiner Seite war und zu der er selbst nach der Scheidung bald wieder eine neue Nähe fand, wird ausgelöscht. Als ob es sie nie gegeben hätte. Auch Lotte kommt nicht vor. Zweigs Verteidiger führen an, dass er nicht sein *eigenes* Leben, sondern das seiner Zeit sowie die *allgemeine* Geschichte Europas darstellen wollte. Aber ist das Buch nicht in der Ich-Form geschrieben? Und berichtet es nicht von Hunderten Begegnungen, die dieses Ich des Autors Stefan Zweig hatte, erzählt es nicht von dessen Begeisterungen, Enttäuschungen und Utopien?

Nicht urteilen. Nur festhalten.

Zurück nach Brasilien. Denn hier, in der Einsamkeit der tropischen Bergwälder von Petropolis, schreibt Stefan Zweig seine letzte Novelle, die ihn im Literaturhimmel unsterblich macht: die *Schachnovelle*. Diese immer noch erschütternde Geschichte eines durch den Terror der Gestapoverhöre

Gefolterten, der in der Isolationshaft an der Grenze zum Wahnsinn beginnt, mit sich selbst – „oder vielmehr gegen mich selbst" – Schach zu spielen. Auf die leere Zimmerdecke starrend, spielt er nur in seiner Fantasie, in panisch-manischer Vorstellungskraft als verzweifelten Versuch, zu überleben. Der stumme Schrei eines Besiegten, der schließlich das Spiel sowohl gegen sich selbst als auch gegen die Inhumanität seiner Zeit verliert.

In der Nacht vom 22. auf den 23. Februar 1942 nehmen Stefan und Lotte Zweig Veronal. Gegen Mittag des 23. Februar werden sie tot in ihrem Bungalow aufgefunden.

*

Ein Pater kommt schnellen Schritts aus dem Klostertrakt, der der Verwaltung dient. Nur mehr wenige Ordensbrüder leben hier im Haus der Kapuziner, die für Stille, Einkehr und die Seelsorge für bedrängte Menschen stehen. Stefan Zweig hat sich gut mit den Patres verstanden. Wir wechseln einige Worte, dann geht der Mann im langen braunen Habit an die Kirchenorgel, um für das Weihnachtshochamt zu üben. Mir ist kalt und ich breche auf. Der Schneefall ist dichter geworden, die Luft eisiger, Sturm fegt über die Staatsbrücke. Durchnässt und frierend sitze ich im zugigen Bus. Sterne sind keine zu sehen.

Ich will dem Tod nicht die Macht über das Leben geben. Und nicht den Sieg zusprechen über Worte, Geschichten und die brennenden Bilder, die bleiben. Zu Hause mache ich mir einen heißen Grog, nehme Zweigs Novellen zur Hand und lese, um Kälte und Schicksalstragödien zu trotzen, Zweigs schwüle Sternentropennacht auf Deck eines Passagierschiffes inmitten des Lebensozeans – –

Nie hatte ich den Himmel gesehen wie in jener Nacht, so strahlend, so stahlblau hart und doch funkelnd, triefend, rauschend, quellend von Licht, das vom Mond verhangen niederschwoll und von den Sternen, und das aus einem geheimnisvollen Innen zu brennen schien. Weißer Lack, flimmerten im Monde alle Randlinien des Schiffes grell gegen das samtdunkle Meer, die Taue, die Rahen, alles Schmale, alle Konturen waren aufgelöst in diesem flutenden Glanz: gleichsam im Leeren schienen die Lichter auf den Masten und darüber das runde Auge des Ausgucks zu hängen, irdische gelbe Sterne zwischen den strahlenden des Himmels.

Gerade aber zu Häupten stand mir das magische Sternbild, das Kreuz des Südens, mit flimmernden diamantenen Nägeln ins Unsichtbare gehämmert, schwebend scheinbar, indes nur das Schiff Bewegung schuf, das leise bebend sich mit atmender Brust nieder und auf, nieder und auf, ein gigantischer Schwimmer, durch die dunklen Wogen stieß. Ich stand und sah empor: mir war wie in einem Bade, wo Wasser warm von oben fällt, nur dass dies Licht war, das mir weiß und auch lau die Hände überspülte, die Schultern, das Haupt mild umgoss und nach innen zu dringen schien, denn alles Dumpfe in mir war plötzlich aufgehellt. Ich atmete befreit, rein, und jäh beseligt spürte ich auf den Lippen wie ein klares Getränk die Luft, die weiche, gegorene, leicht trunken machende Luft, in der Atem von Früchten, Duft von fernen Inseln war. Nun, nun zum ersten Mal, seit ich die Planken betreten, überkam mich die heilige Lust des Träumens.[20]

***

CARL ZUCKMAYER

Das Kennwort heiße: Leben!

CARL ZUCKMAYER

Unter den Gletschern von Saas-Fee

Das Haus. Dieses Haus. „Letzte Bleibe Carl Zuckmayers in Saas-Fee" stand unter dem Bild, ich weiß nicht mehr, in welcher Zeitschrift. „Bleibe" hat etwas Armseliges und „letzte Bleibe" etwas Endgültiges. Beides passte in meiner Vorstellung weder zu Zuckmayer, dem Ausufernden, Tatkräftigen, Lebensmutigen, noch zu diesem Haus: es schien groß zu sein, ausladend, würdig in einer Weise, die ich nicht erklären konnte. Irgendwann einmal, dachte ich, möchte ich dieses Haus sehen und den Ort, den er sich zum Bleiben aussuchte, Zuckmayer, einer der vielen Vertriebenen des 20. Jahrhunderts.

Und dann „Saas-Fee". „Saas" klingt schön, aber fremd. „Fee" ist unser aller Kindheitsmuster, ob es die böse oder die gute Fee war, die unsere Träume durchzog, ist nicht entscheidend.

Orte, die man in der Fantasie mit Bedeutungen vollgestellt hat, haben meist nur zu verlieren. Die Wirklichkeit ist mit unseren Vorstellungen überfordert und kann nicht halten, was wir uns von ihr versprechen. Aber: wo war es, daß es auch uns den Atem verschlug? In einer der Kurven der Autostraße, die sich vom Saastal noch einmal eine Etage höher hinaufwindet? Vor dem riesigen Parkhaus, das in die Fee-Schlucht hineingebaut ist und vor dem einen zum ersten Mal diese ungeheuren Berge zu demütigen scheinen? Oder noch ein paar Schritte weiter? Aber wo immer der Ort des

Angewurzeltseins gewesen sein mochte: auch uns streifte der „heilige Schreck".

Dann biegt man, schon auf der Höhe der Ortschaft, um eine Felsenecke und steht ganz plötzlich vor einem Anblick, wie er mir nie und nirgends begegnet ist. Man steht am Ende der Welt und zugleich an ihrem Ursprung, an ihrem Anbeginn und in ihrer Mitte. Gewaltiger silberner Rahmen, im Halbrund geschlossen, nach Süden von Schneegipfeln in einer Anordnung von unerklärlicher Harmonie, nach Westen von einer Kette gotischer Kathedralentürme. Zuerst kann man nur da hinaufschauen, es verschlägt einem den Atem. Dann sieht man vor sich den Ort Saas-Fee, damals noch ein Bergbauerndorf von 468 Seelen, durch ein paar Hotels aus der Engländerzeit kaum in seiner Einheitlichkeit gestört, in weit ausschwingende Matten eingebettet, von ansteigenden Lärchen- und Arvenwäldern gesäumt und von so viel Himmel überwölbt, daß man – ähnlich wie auf offener See – nach allen Seiten Freiheit und Weite verspürt. Dieser Himmel blühte jetzt, am Abend, in einem tiefen, fast violett getönten Dunkelblau, während es auf den Schneefirnen noch blitzte und wetterte vom Widerstand der schon gesunkenen Sonne.

Überall von den Bastionen der Gletscher ziehen sich die schaumweißen Bänder der Bergbäche hinab, deren Rauschen und Läuten die Luft erfüllt und die Stille vertieft [...] Wir konnten, nach dem ersten heiligen Schreck, mit dem uns dieser Anblick durchfuhr, noch lange nicht sprechen, nur tief atmen. Die Luft war von Heu durchsüßt und von einer prickelnden, eisgeborenen Reinheit.

,Hier', sagte dann einer von uns, ,wenn man hier bleiben könnte!'[q]

Das war im August 1938. In Genf war es heiß gewesen, das Herz war schwer. Man suchte Kühlung und Abstand. Kurz zuvor waren Alice und Carl Zuckmayer mit den beiden Töchtern vor der Verfolgung durch die Nationalsozialisten in die Schweiz geflüchtet. Dem Tod entronnen, dem Morden, auch möglichem Selbstmord. Vertrieben – „Austreibung" nennt es Zuckmayer – aus der Wiesmühl in Henndorf, die zwölf Jahre ihr glückliches Zuhause gewesen war.

Wo ist man daheim? Wo man geboren wurde oder wo man zu sterben wünscht? Damals glaubte ich es zu wissen – glaubte mit einer Stecknadel auf dem Globus den winzigen Punkt geographisch bestimmen zu können, der mir selbstgeschaffene, selbst erwählte Heimat war, und wo ich mein irdisches Dasein auszuleben hoffte: es war der Ort Henndorf bei Salzburg, genau gesagt Haus Wiesmühl, im Grundbuch Neumarkt-Köstendorf als ‚Fenning Nr. 3' mit anderthalb Joch Land und Wasserrecht eingetragen.
Wenn man mich damals gefragt hätte, wo das Paradies gelegen sei, so hätte ich ohne Zögern geantwortet: in Österreich, sechzehn Kilometer östlich von Salzburg an der Reichsstraße, dicht beim Wallersee.[2]

Die erste Reise der Zuckmayers nach Saas-Fee ist minutiös belegt. Ihr Fußmarsch, begleitet von einer Maultierkolonne mit dem Gepäck, ist nachgehbar für alle Devotionalienanhänger: von Visp im Rhonetal hinauf nach Gärchen; nicht weiter ins damals schon berühmte Zermatt, sondern den Weg links hinüber in das unbekanntere Saas-Tal, über die Hannigalp nach Saas-Balen und weiter mit dem Postauto bis zur damaligen Endstation Saas Grund. Und dann: den Kapellenweg hinauf nach Fee, dem höchstgelegenen Ort der vier Gemeinden im Tal, das schon zu Zeiten der Römer eines der wichtigen Verbindungstäler zwischen Norden und Süden war, Handelsweg, Pilgerweg und, wie überall durch die Jahrhunderte, Weg des Krieges und der Flucht. Und dann, ja, dann kamen sie zu besagter Wegbiegung, wie Carl Zuckmayer sie in seiner Autobiografie *Als wär's ein Stück von mir* festgehalten hat.

„Hier, wenn man hier bleiben könnte …" Erst zwanzig Jahre später, Ende 1957, wurde der spontane Wunsch Wirklichkeit. Die Emigration in die USA lag dazwischen, die Backwoods-Farm bei Barnard in Vermont, *Die Farm in den grünen Bergen*, wie Alice Herdan-Zuckmayer ihre Erinnerungen nannte. Wieder eine neue Heimat oder eine, die man zu einer zu machen versuchte.

Wer verteilt welche Kräfte in den Menschen? Ein Schicksal, die Gesellschaft, wir selbst? Ist es so, wie Sartre sagt, daß es nicht wichtig ist, was man aus uns gemacht hat, sondern einzig und allein das, was wir selbst aus dem machen, was man aus uns gemacht hat? Man hat sie vertrieben aus ihrem Land, aus ihrer Sprache. Sie schufteten als Bauern, züchteten Hühner und Truthähne. Aber die Sehnsucht zurück wurde größer als die „Angewachsenheit" in einem vertraut gewordenen Stück Land und Landschaft. „[…] ich fühle mich so weit weg von einer Mitte, das heißt dem Zentrum einer Welt, in der meine Arbeit gebraucht wird und wo sie Boden und Resonanz hat", schreibt Zuckmayer an den deutschen Bundespräsidenten Theodor Heuss 1956, abgedruckt im Marbacher Katalog 1996 *Ich wollte nur Theater machen*. Das Zurück von dem „So-Weit-Weg" wurde die Schweiz. Saas-Fee, Haus Vogelweid. Nicht Deutschland. Nicht Österreich. Auch im österreichischen Henndorf hieß man ihn unmittelbar nach Kriegsende nicht willkommen. Das geschah erst fünfundzwanzig Jahre später, beim offiziellen pompösen Willkommensfest , das wiederum erst 1972, in der fernen Dachkammer von Saas-Fee, als *Henndorfer Pastorale* Literatur wurde. Saas-Fee, das fast 1800 Meter hoch gelegene Walliser Bergbauerndorf mit knapp fünfhundert Einwohnern, hatte sich tief verwoben in die Vorstellung von Frieden. Vierzehn Mal waren sie als Besucher hier gewesen, bevor die Tochter des Bergführers Alfred Supersaxo, Fridolina, Alice Zuckmayer bei einem Spaziergang darauf aufmerksam machte, dass ein schönes Haus aus den 1920er Jahren zum Verkauf stünde. Die Zuckmayers waren nicht arm, der große Erfolg der Nachkriegs-Theaterstücke *Des Teufels General* und *Der Gesang im Feuerofen,* die Wiederaufnahme der zu Klassikern gewordenen Dramen *Der fröhliche Weinberg, Schinderhannes* und *Der Hauptmann von Köpenick* sowie zahlreiche Verfilmungen brachten stattliche Tantiemen. Aber: Sie wussten nicht wohin, in diesen 1950er Jahren, in denen die einen im Exil blieben, die andern heimkehrten, die dritten zugrunde gingen. Sie waren um die sechzig, als sie das Haus Vogelweid kauften: wieder ein neuer Anfang.

Ich bin ganz wirr vor Freude, vorgestern haben wir das schönste Haus von Saas-Fee gekauft und fühlen uns seither, als hätten wir Henndorf und Barnard wieder [...] Ich war vorher so unglücklich und deprimiert und Zuck so hoffnungslos. Und plötzlich ist es die schönste Lösung,[3]

schreibt Alice Zuckmayer an die Freunde Heiskanen im Dezember 1957. Haus Vogelweid: Heute findet man es schwer. Hotels, Pensionen, Chalets wuchern in die blühenden Wiesen hinein, hinauf in die Hänge des ursprünglich abgelegenen

Weilers *Wildi*. Der Ort ist ausgestorben, die Wintersaison ist vorüber, die Sommersaison jetzt, Ende Mai, noch nicht angebrochen. Das Dorf gehört den Einheimischen, für ein paar Wochen, ein paar Tage zwischen Erschöpfung und neuem Anlauf. Fast alle Hotels, viele Geschäfte sind zugesperrt. An den Häusern wird repariert, renoviert. Wege werden frisch geschottert oder geteert. Die gelben Arme von Baukränen fahren durch das Blau des Himmels. Die Schulbuben haben alle Mountainbikes, es geht bergauf, bergab in Saas-Fee. Keine Autos. Wie Zermatt ein Ort ohne Verkehr, auch Zuckmayer hatte gedroht, auszusiedeln, wenn das Dorf nicht autofrei bliebe.

W. und ich suchen im Wirrwarr der schmucken Häuser nach Zuckmayers „letzter Bleibe". Es war knapp nach der Jahrtausendwende, als wir hier waren – wie es jetzt, mehr als zwanzig Jahre später hier aussieht, wissen wir nicht. Damals blühten in den Gärten üppige Frühlingsblumen. Unten im Rhonetal war schon Sommer, die Sonne lag in den Weinhängen, die Flüsse führten Schmelzwasser. Eine große Tafel kündigte das Literaturfestival von Leukerbad an: Urs Widmer um Mitternacht auf dem Gemmipaß, Robert Schindel vormittags im Römerbad – bitte in Badekleidung erscheinen. Inzwischen ist Urs Widmer, dieser wunderbare Schweizer Autor und enge Freund H.C. Artmanns, bereits vierzehn Jahre tot … In jenem weit zurückliegenden Mai lagen die Früchte des Tales in den Gemüsekörben, Kirschen hingen in den Bäumen, alle paar Kilometer wieder ein Wegweiser in die Unterrichtsstunden der Geografie: Lötschbergtunnel, Aletschgletscher, San Bernardino, St. Gotthard … – gibt es hier, fragten wir uns damals, nur Berge, Pässe und Jenseits?

Wir haben weiter nach dem Zuckmayer-Haus gesucht. Sind schon über den Dorfrand hinausgeraten. Am Ende sei es gelegen, das Haus Vogelweid, so war zu lesen, über den Dächern der anderen Häuser des Weilers. Der Blick ginge frei über die Mulden und das tiefer gelegene Saas-Tal hinüber zu den Gipfeln der Weissmiesgruppe. Wir biegen in den „Carl-Zuckmayer-Weg" ein, der sanft in die lichten Wälder der Hannigalp führt. Natürlich ist ein Weg nach Zuckmayer benannt, war er doch täglich um 11 Uhr zu seinem Spaziergang aufgebrochen durch die Lärchen- und Arvenwälder und hatte den Hut gezogen vor den siebenhundert bis tausend Jahr alten Bäumen, die die Zeiten überdauert hatten, die Kriege und die Eroberungszüge und die ihm Symbol waren für die Nichtigkeit der Sorgen des Einzelnen.

Ist gewandert wie in Henndorf auch, stundenlang. Vielleicht ein wenig kürzer jetzt, er ging auf die Siebzig zu, hatte einen Herzinfarkt hinter sich; auch der Hund, der ihn begleitete, war ein anderer. Ging und schaute und verweilte. Notierte in die kleinen „Konsumbüchlein", die für die Rabatt-Eintragungen gedacht waren. „Mikrokosmiker" nannte er sich selbst gerne, kein Käfer, kein Gras, keine Rinde waren ihm zu minder. Ging, verweilte, notierte, die Tage kamen und gingen und es war ein erfülltes Leben.

*

Es duftet nach Harz. Der Wind streicht durch die langen Nadeln der Arven und durch die ergrünenden Lärchen – Melodie der Sanftmut, jetzt, wo es auch hier heroben in Saas-Fee langsam Sommer wird. Wir sind ein wenig müde von den Skitouren der letzten Tage im Kessel der Gletscher, im Gleißen des Lichts. Waren verschwindende Punkte zwischen den Graten, Schlünden, Spalten, dem Schimmern des Eises. Den Gipfel des Allalinhorns haben wir nicht erreicht, er war von dichtem Nebel verhüllt. Zuckmayer hat es geschafft, sein erster Viertausender. Im August 1948 war er in einer Dreierseilschaft mit Tochter Winnetou und mit Bergführer Alfred Supersaxo von der Britannia-Hütte aus, wo er einen anderen, später für ihn wichtigen Bergführer, Ignaz Zurbriggen, kennenlernte, aufgebrochen. Sie überquerten den Allalin- und Feegletscher und noch Jahre später erzählte Zuckmayer von dem beglückenden Erlebnis des atemberaubenden Rundblicks.

Die Supersaxos, die Zurbriggens, die Imsengs: Ihre Namen beherrschen heute noch das Schriftbild auf Geschäften, Hotels, Baufirmen, Bergführer-Büros, Skischulen, die Inschriften auf den Gräbern. Pirmin Zurbriggen, ehemaliger Ski- und Schweizer Nationalheld, ist unten im Tal beheimatet, in Saas-Almagel, dem letzten Ort vor dem Monte-Moro-Pass, der in den Süden führt, nach dem Ort mit dem verheißungsvollen Namen Domodossola und weiter nach Mailand. Jahrtausendelang zogen Soldaten, Pilger, Kaufleute und Schmuggler über die gewundene Passstraße; auch Bauern- und Handwerkssöhne aus dem Saas-Tal, die zu Hause nichts mehr zum Leben fanden und sich in der Wildnis von Macugnaga am Fuße des Monte-Rosa-Massivs eine bessere Zukunft aufbauen wollten. Die Bevölkerungs-Statistik in der Saaser Chronik zeigt, dass die Abwanderung auch im Jahr 2000 noch groß war. Vielleicht bezieht man deshalb die „ortsansässigen Ausländer" in das Zahlenspiel von Kommen, Gehen, Geborenwerden und Sterben mit ein. Vielleicht ist man tatsächlich toleranter in diesem abgelegenen Tal ursprünglicher Inzucht.

Wir gehen zurück, den Hag entlang. Margueriten, Glocken-
blumen, Trollblumen, Narzissen, Sumpf-Orchideen, Vergiss-
meinnicht, alles auf einmal, es bleibt wenig Zeit auf den
Wiesen des kurzen Sommers. Zwei Männer versuchen, ein
junges Pferd einzufangen, das panisch über die blauen
Storchenschnabel-Wiesen rennt. Häuser, Pensionen, Chalets.
„Am Rand" steht es also nicht mehr, das Haus Vogelweid.
Man weist uns den Weg und wir fragen uns, ob man eigent-
lich die Wohnstätten der Dichter wirklich sehen muss?
Genügt nicht ihr Werk? Was hält in uns die Neugierde auf
persönliches Umfeld wach? Ist es nicht, wenngleich ein
wenig intellektuell verbrämt, nichts anderes als die Sucht
nach Intimität? Jene Sucht, die wir an den Medien so gerne
kritisieren?

Alle Überlegungen sind hinfällig, als es plötzlich vor uns
steht, dieses Haus. Überraschend wie der erste Blick auf
Saas-Fee. „Letzte Bleibe." Bleiben, ja, das könnte man hier.
Hineingeduckt in eine sanfte Mulde, zurückgesetzt von der
Straße, breit der Bau in den harmonischen Proportionen
der Saaser Höfe, ein Balkon über die ganze Front. Still,
groß, breit, zweistöckig und unter dem Dach ausgebaute
Mansarden, nicht Bauernhaus, nicht Villa, aber ein wenig
von beidem. Die Fensterläden sind nicht rot oder rotweiß
gestreift, wie viele in der Gegend. Sie sind weiß. Sie geben
dem Haus etwas Vornehmes, Unantastbares. Das Dach ist
mit Steinen aus dem heimischen Glimmerschiefer beschwert,
das ganze Gebäude aus Lärchenholz gefügt, verwittert, in
der Sonne leuchten die unterschiedlichen Schattierungen
von goldgelb bis dunkelbraun. „[...] zweiundsiebzig mal
einundachtzig Traghölzer, immer in der Neunzahl ange-
ordnet", werde ich abends nachlesen. Arven, Fichten und
Bergkiefern rundum, eine verkrüppelte Birke, großer Gar-

ten, etwas verwildert jetzt nach dem Winter, verlassen, verschlossen, fast unberührbar. Aura, denke ich. Sehen, fühlen, Einlass geben.

Ich würde gerne läuten.

Und ein anderer ist plötzlich da im imaginierten Bild. Mehr als Zuckmayer selbst, der in und mit dem Dorf lebte, mit den Leuten umging und ihre Sorgen zu den seinen machte, ist mir im ersten An- und Augenblick Michael Guttenbrunner gegenwärtig, der Verschlossene, Abgewandte, der Mann von Zucks Lieblingstochter Winnetou, die gemeinsam hier viel Zeit verbrachten. Wenn man Fotos vergleicht: Hat die Tochter im Gemahl den Vater gesucht? Guttenbrunner, der Vergessene, Verkannte, der präzise Träumer. *Im Machtgehege IV*:

> *So stand ich lange und hatte Angst. Und dachte: dort, hinter der Krümmung des Weges liegt Emmaus, das nächtliche Dorf. Dort hat sich der Herr den Wandrern aus gebrochenem Brote enthüllt. Dort hinter dem Hügel arbeitet er, als Gärtner verkleidet, in einem Garten. Dort düstert das offene Grab durch Blumenglanz. Dort ist der See, den der Sturm erregt, und in Seenot das Schiff. Und ich sehe den Herrn mit trockenen Füßen die Wogen treten.[4]*

Auf dem Grab von Alice und Carl Zuckmayer liegt ein Strauß frischer Vergissmeinnicht, als wir es hinter der seelenlos wirkenden neuen Kirche suchen. Der Grabstein: ein unbehauener Serpentin. Maria-Winnetou hatte ihn gemeinsam mit Werner Imseng gefunden. Der Felsbrocken lag im Geschiebe der Gletscher, die vom Allalinhorn, vom Alphubel und vom Dom zusammenrinnen und die in früheren Zeiten bis zu den letzten Heuhütten reichten.

Eine alte Bäuerin, ein alter Handwerker, die mit den Zuck-mayers noch Umgang hatten, mögen die Blumen auf das Grab gelegt haben. Carl und Alice waren beliebt, sie wurden scheu, aber freundschaftlich geschätzt. „Carl Zuckmayer hatte ein ungemein feines Sensorium für die Freundschaft, hatte eine natürliche Art, mit Menschen in Kontakt zu kommen, sowie eine tiefe Empfindsamkeit für die Dorfwelt. Es ging ein eigenartiger Zauber von ihm aus, spürbar dem Leben zugewandte Menschlichkeit", schreibt Otto Supersaxo, Zuckmayers Saas-Fee-Biograf in seinem reich bebilderten Buch mit dem Titel *Carl Zuckmayer. Letzte Heimat in Saas-Fee.* Der international gefeierte Dichter und ehemalige Drehbuchautor von Hollywood liebte die Gespräche mit dem Bergführer und dem Zimmermann, dem Wirt, dem Bauer und dem Sakristan. Die Ehrungen, die Zuckmayer zuteil-wurden, kann man in der Chronik von Saas-Fee nachlesen. Sie sind zahlreich und wahrscheinlich nicht nur Tribut für einen Prominenten, der fremdenverkehrsträchtig zu ver-markten war. 1961 verlieh ihm die Gemeinde Saas-Fee das ‚Burgerrecht‘. „Ewige Rechte und ewige Freundschaft soll man bestätigen und befestigen mit Schrift, weil im Laufe der Zeiten vergangener und vergänglicher Dinge bald vergessen wird" – dieser schöne Satz ist in der Ehrenurkunde der Ge-meinde nachzulesen. „Daß ich mich hierher zurückgezogen habe, ist keine ‚Weltflucht‘. Nirgends fühle ich mich so sehr inmitten der lebendigen Welt", schreibt Zuckmayer in *Als wär's ein Stück von mir.* Jeder Tag scheint ihm verloren, den er nicht in Saas-Fee verbringt.

Wieder eine „Mitte". Wieder die Suche nach einem Equili-brium, wenn die Paradiese zerbrechen. Als Alice und Carl Zuckmayer in den Nachkriegsjahren sich zögernd entschließen, Deutschland wieder das eine oder andere Mal zu besuchen und sie schließlich zwischen beiden Ländern hin- und herpendeln, bleibt ein Gefühl der Zwiespältigkeit. Die „Doppelexistenz" wird allmählich problematisch. Er sei „zurückgekehrt", schreibt Zuckmayer 1956 in einem Brief an Theodor Heuss, aber nicht „heimgekehrt". Er ist aus seinem „Paradies" in Henndorf am Wallersee vertrieben worden, ist in die Schweiz und schließlich in die USA geflüchtet, hat schwer in den Bergen von Vermont gearbeitet, wo es winters bis zu minus 40 Grad hat und die Schneewächten eine Höhe von drei bis vier Metern erreichen, und hat lange überlegt, ob er sich, *falls* er zurückkehren sollte, wieder in seiner rhein-hessischen Heimat niederlassen sollte. Zwei Gründe sprachen jedoch dagegen, wie er in späteren Briefen und Interviews ausführte: Nach dem Tod von Thomas Mann 1955 und Gottfried Benn 1956, wäre er *der* Repräsentant der deutschen Literatur gewesen – seine Frau habe ihn jedoch beschworen, sich nicht auf Forum und Agora zu begeben, sondern sich zurückzuziehen, um weiter an seinem Werk arbeiten zu können. Der zweite Grund: Zuckmayer empfand es als Affront, dass die von Hitler Vertriebenen demütig um „Wiedereinbürgerung" bitten mussten, um deutsche Staatsangehörige werden zu können.

Er kam schließlich 1958 als amerikanischer Staatsbürger zurück und beantragte die österreichische Staatsbürgerschaft, die ihm auch im selben Jahr noch zuerkannt wurde. Jene der Schweiz erst acht Jahre später.

Vierzehn Mal waren Alice und Carl Zuckmayer also in Saas-Fee gewesen, bevor sie das abgelegene Bergdorf im Wallis als dasjenige wählten, welches andere als „letzte Bleibe" bezeichneten und was es tatsächlich auch wurde. „Wir wünschen", schrieben sie beide 1967 nieder, „in diesem Ort, in dem wir Heimat gefunden haben und dessen Burger wir geworden sind, bestattet zu werden, damit unsere sterblichen Reste für alle Zeiten dort verbleiben, wo wir uns in der letzten Zeit unseres Lebens am meisten zu Hause und am glücklichsten gefühlt haben."

Welche Gabe, welcher Lebensmut, jeden neuen Ort wieder in die Hand zu nehmen, ihn zu kneten und ihm die Wärme des eigenen Körpers zu geben. Wenn andere auch diese Kraft gehabt hätten! Als Zuckmayer auf seiner Farm in Vermont im Februar 1942 vom Selbstmord seines Freundes Stefan Zweig und dessen Gattin Lotte im fernen Brasilien erfuhr, war er, wie die gesamte *community* der Exilierten, zutiefst erschüttert. Die vielen Briefe, die er nach diesem Ereignis bekam, „zeugten von einer niederschmetternden Hoffnungslosigkeit". Was ihn in der Folge bewog, mit einem *Aufruf zum Leben* zu antworten – ein flammender Appell zum Widerstand:

Solang noch einer lebt, wenn auch in äußerster Bedrängnis, der anderes denkt, fühlt, glaubt und will als der Bedränger, hat Hitler nicht gesiegt. Er wird und kann nicht siegen, er kann und wird nicht siegen, wenn er nicht Fuß fasst in uns selber und uns von innen überwältigt, auslöscht, vergiftet und zerstört. Laßt Euch nicht von der Müdigkeit übermannen, die den einsamen Posten gefährlicher macht als die Schlachtreihe. Singt sie weg. Solang Ihr noch einen Hauch von Stimme habt, ruft das Signal, das Kennwort durch die Nacht, es heiße: Leben! [...] Wir müssen dieses Leben bis zum äußersten verteidigen, denn es gehört nicht uns allein. Was auch kommen mag: kämpft weiter. Lebt: aus Trotz – wenn alle andern Kräfte Euch versagen und selbst die Freude lahm wird – lebt: aus Wut! Keiner von uns darf sterben, solange Hitler lebt![5]

Es ist März 2022, als ich diese Stelle aus Zuckmayers Schriften heraussuche. Vor wenigen Tagen hat der russische Präsident Vladimir Putin seinen Vernichtungskrieg gegen die Ukraine begonnen.

*

Im Dorf von Saas-Fee ist zwischen Hotels, Pensionen und Appartementhäusern noch das Alte präsent, die tiefdunkelbraunen Bauernhäuser, die Stadln auf den steinernen Füßen, um das eingelagerte Getreide vor Mäusen und Feuchtigkeit zu schützen, die Vorgärten mit Gemüse, die schmalen, steilen Gassen, die Brunnen; und überall, noch wie zu Zuckmayers Zeiten, „fast bis zu den Gletscherzungen und den Steinwänden hin, an den Waldrändern, ins freie Weideland eingeschnitten, die kleinen quadratischen oder länglichen Vierecke der ‚Äckerlein‘, getreidebraun und krautiggrün, die uns anschauten wie Gesichter alter Leute, wenn sie sich still von der Arbeit heben […]“, wie er es in *Als wär's ein Stück von mir* beschreibt.

Eine Literatur, die zu dieser Landschaft passt, denke ich, als ich in der mit Zirbenholz vertäfelten Stube unserer kleinen Pension sitze und lese, eine Literatur, die aus der Erde lebt. „Au Crain“ heißt das stilvolle, gemütliche Chalet, in dem wir wohnen. „Crain“ bedeutet so viel wie „Steinmann“, Wegzeichen aus aufeinandergeschichteten Steinen, um nicht in die Irre zu gehen. Senkrecht über dem Haus, wie eingewurzelt in das Dach, steigen die Schründe eines blauweißen Hängegletschers auf, als ob sie jeden Augenblick herabstürzen und das Dorf, uns und die Welt begraben wollten. Alptraum, Vorstellung eines ungeheuren Berstens, eines Getöses zum Tode hin. So kostbar die Liebe, wenn man noch am Leben ist.

Der Gletscher gehört zum Massiv der Mischabel-Gruppe: Dom, Mischabel, Lenzspitze ... Ich vermisse das Hochjoch, denn die Namen sind mir längst, bevor ich wusste, wo sie stünden, vertraut durch den Titel eines Buches: *Dom Mischabel Hochjoch*, das erste Buch von Bodo Hell, dem Dichter aus Salzburg, der in Wien lebt und Sommer-Senner auf einer Dachsteinalm ist und der für dieses Prosa-Debut mit dem erstmals vergebenen Rauriser Literaturpreis 1972 ausgezeichnet wurde. Welches *Hochjoch* hat er da dazugetan und hat die fast geheiligte Dreieinheit von Saas-Fee auf seine Weise variiert? Brauchte der begnadete Phonetiker und Maultrommelspieler einfach noch zwei O?

Vor den Fenstern bimmeln Glocken in vielen Tönen, eine kleine Symphonie. Die Kühe werden von den Weiden geholt. Ein paar Bauern aus Saas-Fee und aus den weiter unten im Tal liegenden Saaser Gemeinden leisten sich noch den Luxus, Vieh auf die Almen zu treiben. Es dient eher dem Dekor für den Sommertourismus als der Landwirtschaft, die im Vergleich zum Fremdenverkehr kaum mehr eine Rolle spielt. Der gemächliche Zug der Rinder und das vielstimmige Läuten ist wie der Nachhall einer untergegangenen Welt. Über Nacht wird dem Vieh ein Platz hinter dem Dorf zugewiesen, nahe der Station der Allalinseilbahn. Stille soll herrschen unter den Sternen, kein Schnaufen, kein Muhen, keine Glocken. Die Nachtruhe der Gäste darf nicht gestört werden. Nur das ferne Rauschen der Gletscherbäche ist nicht domestizierbar. Sie tun, was sie wollen, in jeglicher Zeit.

Und Carl Zuckmayer? War die Zeit über ihn hinweggegangen? Er war durchaus am Puls des literarischen Lebens. Den internationalen Charles-Veillon-Preis für Essayistik zum

Beispiel spricht er als Jurymitglied 1965 dem in der DDR lebenden bedeutenden Lyriker Johannes Bobrowski zu; Thomas Bernhards ersten Roman *Frost* rezensiert er im Feuilleton der Hamburger *ZEIT* vom 21. Juni 1963 außerordentlich positiv: „Ich halte das Buch für eine der stärksten Talentproben, für eines der aufwühlendsten und eindringlichsten Prosawerke, die seit Peter Weiss von einem Autor der jüngeren Generation vorgelegt worden sind." Er korrespondiert mit einer großen Anzahl von Autorinnen und Autoren, in der Schweiz vorwiegend mit Friedrich Dürrenmatt und Max Frisch, mit Theaterleuten, Historikern und Theologen, Carl Jacob Burckhardt und Karl Barth sind ihm liebgewonnene Briefpartner. Umsichtig und mit großem Arbeitseifer kümmert er sich um sein eigenes Werk, gibt seine gesammelten Gedichte heraus und schreibt viele seiner erfolgreichen Theaterstücke zu Hörspielen oder Drehbüchern für kassenklingelnde Filme um – zwischen 1949 und 1960 allein elf Kino- und drei Fernsehfilme. Staatsoberhäupter kommen zu Besuch, Heuss und Heinemann, im fernen Deutschland ist er immer noch eine Berühmtheit.

Aber der Glanz strahlt von der Vergangenheit ab. Als Dramatiker neuer Werke hat er keinen Erfolg mehr. *Die Uhr schlägt eins,* 1961, oder *Das Leben des Horace A.W. Tabor,* 1964, werden schlecht bis vernichtend kritisiert. Schon *Das kalte Licht* von 1955 galt als antiquiert. Brecht, Dürrenmatt, Handke, Hochhuth: Das waren die Namen, die am neuen Theater der 1960er und 70er Jahre zählten. Für die Nachkriegsgeneration stand Zuckmayer vor allem für restaurative Werte: Die Verfilmungen, die auf die Effekte von Bodenständigkeit, Familiensinn oder „großen Persönlichkeiten" hin adaptiert wurden, hatten großen Anteil daran. Die Literatur hatte längst anderes Terrain betreten, in der Sprache, den

Themen, in der Zielsetzung. „In den Romanen von Beckett, in denen kein Wort von dem geschichtlichen Grauen unserer eigenen Epoche geredet wird", schreibt Theodor W. Adorno in den *Deutschen Heften* vom Februar 1960, „scheint mir dies Grauen unvergleichlich viel genauer ausgeführt, als wenn Herr Zuckmayer Stücke über den Atomkrieg oder die SS schreibt, die schließlich doch nicht mehr als die UNESCO-Weisheit wiederkäuen, daß es immer nur auf den Menschen ankomme".

Da saß er also, der alternde Mann, den Kokoschka zeichnete, Hindemith vertonte und dessen Theaterstücke und deren Verfilmungen – allein *Der Hauptmann von Köpenick* wurde in Zuckmayers Lebenszeit vier Mal mit unterschiedlichen Hauptdarstellern verfilmt – ein Millionenpublikum erreichten, saß in seinem Haus Vogelweid und lauschte dem Knacken des Holzes, dessen Seufzern und Einflüsterungen. Empfing Freunde, kultivierte seinen Weinkeller und ging spazieren. Er betrachtete den Schatten, den sein Körper im Mondlicht über den Hang fallen ließ und der ihm das Gefühl gab, mächtiger zu sein als alle Mächtigen der Welt. Wurde immer mehr zum Mikrokosmiker, sprach mit Baum und Blüte, Tier und Stein, sah die Lärchen sich im Herbst verfärben zu „Van-Goghschem Ocker und Orange". Das war der Traum von Frieden. „Das Einzelgehen. Das ungestörte Denken. Die Selbstvergessenheit."

Ging in sein Arbeitszimmer unter dem Dach, das Almagellerhorn im Fenster, Pyramide der Geradlinigkeit. Ging an den Schreibtisch (der heute im Museum an der Dorfstraße zu besichtigen ist) und blickte zurück auf sein abenteuerliches Leben, auf ein Jahrhundert voll Schönheit und Qual, auf eine Epoche zwischen Kaiserkrone, Hitler und Hiroshima. Blickte zurück, gab der Erinnerung Raum und schrieb das

Werk, das bleibende Dichtung und quellenreiches Zeit-dokument zugleich wurde: die Autobiografie *Als wär's ein Stück von mir*.

Ich schaue ins Tal, dort laufen die Wege zusammen, die vielfach verschlungenen, die ich gegangen bin, und ich hebe meine Augen auf zu den Bergen: dahinter ist die Unend-lichkeit, welche durch alle Weltraum- und Kernforschung nie ganz ergründbar sein wird, so wie der Tod, der Austritt aus dem bewußten Leben, der große Übergang, durch alle Findung der Biologie und Genetik nie seines letzten Ge-heimnisses entkleidet.[6]

Erinnerungen ... Auch Carl Zuckmayers Freund Stefan Zweig hatte, fünfundzwanzig Jahre zuvor, zu Ende seines Lebens, von dem er wohl bereits wusste, dass er es selbst herbei-führen würde, das große Resümee seines Daseins und seines Jahrhunderts gezogen: *Die Welt von Gestern. Erinnerungen eines Europäers.*

Als wir die Serpentinen von Saas-Fee ins Tal hinunterfahren, steigt der Mond als weiße Scheibe über dem Allalinhorn auf, der Tag bewahrt noch ein schwaches Licht. Um die spätbarocke Kirche von Saas-Balen, „Objekt von nationaler Bedeutung", drängen sich Menschen in der Dämmerung. Sie beobachten drei Kühe, die die Grasdecke von der Erde scharren. Es sind Kampfkühe, gedrungen, bullig, schwarz.

Der Name „Saas-Fee" ist übrigens nicht märchenhaften Ursprungs. Er soll auf sarazenischen Einfluss zurückgehen. Um die Alpenpässe vor Feinden zu schützen, gestattete der aus Bamberg stammende und zum Markgrafen von Ivrea, spä-ter zum König von Italien aufgestiegene Berengar II. seinen arabischen Soldaten-Einheiten, die 939 selbst kriegerisch und mordend ins Wallis eingebrochen waren, sich in den abgelegenen Tälern sesshaft zu machen. Zweifach Lanze und Schwert und Blut. Aus den Eroberern wurden Besatzer, aus den Besatzern Beschützer, aus den Beschützern Assimilierte, aus den Assimilierten Einheimische. Bleibende Spuren davon sind heute nur noch die Namen: Almagel, Allalin, Mischabel, Saas, Fee ...

Es ist Nacht, als wir in Visp im Rhonetal ankommen. Hier ist Carl Zuckmayer gestorben, an einem Krankenhaustag im Jänner 1977. Unser Quartier liegt außerhalb der Stadt in den Weinbergen und unter ausladenden Nussbäumen. Warmer Wind streicht beim Fenster herein, nur von fern ist der monotone Lärm der Überlandstraße zu hören, nahe das erste zaghafte Grillengezirpe. Die Lärchenbalken des Mansardenzimmers ächzen dann und wann. Vielleicht haben sie noch die Kälte der vergangenen Monate in sich und müssen sich erst an den beginnenden Sommer gewöhnen. Reden sie mit uns? Haben sie Stimmen wie jene im Haus Vogelweid?

Ich höre sie sprechen, in den Winternächten, wenn das Holz knackt und seufzt, ruft und flüstert. Es sind die Stimmen, die weitersprechen, wenn die unseren verstummt sind. Sie beschwichtigen meine Träume, sie erfüllen mich mit Ruhe und Vertrauen.[7]

***

AUGUST VON PLATEN

Wer die Schönheit angeschaut mit Augen

AUGUST VON PLATEN

Syrakus

Nach den Gletschern von Saas-Fee an die Ufer Siziliens …
Wild rauschen die Wellen unter unserem Zimmer in der kleinen Pension Giuggiulena von Syrakus. Der Sturm rüttelt an den Fensterläden, allgegenwärtig der Furor, klein der Mensch. Das Meer schlägt gegen das vulkanische Gestein, donnert über das schwarz Zerklüftete, als ob es eine Botschaft aus fernen Küsten brächte.

Wähnst du, daß der Frommen
Haus dich aufgenommen?
Bist du je des Zweifels
Ungetüm entkommen?
Bist du je des Sehnens
Meere durchgeschwommen?[1]

Bücher mit den Werken von August Graf von Platen habe ich mitgenommen, Exzerpte aus unterschiedlichen Bibliotheksausgaben und die beiden olivgrünen Bände von 1895 mit Goldprägedruck auf dem Einband und dem schönen olivroten Vorsatzpapier aus der Reihe von Meyers Klassiker-Ausgaben. Sie standen in der Bibliothek meiner Großeltern neben Goethe, Schiller, Shakespeare, Heine und Lessing, eingerahmt von Blumauer, Ganghofer und Felix Dahn. In der 4. Klasse Gymnasium mussten wir Platens berühmte Ballade *Das Grab im Busento* auswendig lernen:

313

„[…] Und den Fluß hinauf, hinunter ziehn die Schatten tapf-
rer Goten,/die den Alarich beweinen, ihres Volkes besten
Toten […]" Ich hatte Dahns Germanen-Romane wie die
Indianergeschichten Karl Mays gelesen, trauerte um diesen
vermeintlich heroischen Gotenkönig, der so jung sterben
musste – „[…] und die Lobgesänge tönten fort im Goten-
heere;/Wälze sie, Busentowelle, wälze sie von Meer zu Meere."
Der Zweifel und das Studium der historischen Fakten kamen
erst später.

Am nächsten Morgen liegt das Ionische Meer geglättet unter
uns, türkis, kobalt, tintenblau und silbern. Schöner als er-
träumt. Am rechten Horizont sind die Befestigungen der
Insel Ortigia zu sehen. Sie ist nur wenige Meter vom Fest-
land getrennt und wahrscheinlich die Urzelle der Besiede-
lung von Syrakus. Die wechselvolle Geschichte, vor allem
jene der antiken griechischen Kolonisierung, die Syrakus
zur Metropole der damaligen westlichen Welt machte, ist in
jedem Reiseführer nachzulesen.

Deswegen sind wir jedoch nicht hier, im Jahr 2016.

W. und ich möchten anderen Spuren nachgehen. Jenen
eines Mannes, der ein Leben lang verzweifelt auf der Suche
nach sich selbst war und sich dabei immer mehr verloren
ging: August Graf von Platen-Hallermünde. Unter den vielen
unglücklichen Dichtern Deutschlands zu Beginn des 19. Jahr-
hunderts ist er sicher der Unglücklichsten einer. 1796 in
Ansbach in der Nähe von Bayreuth geboren, starb er elend
und verarmt in Syrakus, wohin er sich vor der Cholera ge-
flüchtet hatte. Er wurde neununddreißig Jahre alt.

Wir kannten Palermo, Agrigent, Selinunt und Segesta, die
Kirchen und Klöster, die Tempel und Trümmer, die Bilder des
Zaubers und der Zerstörung. Aber immer schon wollten wir

nach Syrakus. Wenige Namen haben einen so verlockenden Klang. Nicht so grausam einsilbig wie „Rom", wie der deutsche Lyriker Durs Grünbein, Träger des Büchner-, Nietzsche- und Hölderlin-Preises, schreibt, der in seinem Buch *Aroma* der Stadt am Tiber allerdings einen Hymnus dichtete. Grünbein war, zusammen mit einer Schar erlesener Autoren und Wissenschaftler, in Syrakus zu Gast bei *Europa neu denken*, einer Symposionsreihe, die der Salzburger Rechtswissenschaftler und Philosoph Michael Fischer 2012 begründet hatte, die nach Fischers frühem Tod seine Frau Ilse erfolgreich weiterführt und die unter der Schirmherrschaft der EU den nachbarschaftlichen Zusammenschluss der Länder rund um das Mittelmeer zu stärken sucht. Sizilien, immer schon Durchgangsland vieler Völker, von Eroberungs- und Fluchtbewegungen, ist ein idealer geografischer und ideeller Ort dafür. Europa sei von Anfang an Ambivalenz, meinte Durs Grünbein, Trauma und Glück; und Michael Krüger, Dichter und ehemaliger Leiter des Hanser Verlages, wies darauf hin, dass Aufklärung und der Weg zum Licht in jedem Land eine andere Richtung hätten. Vor den Küsten von Syrakus waren keine überfüllten Flüchtlingsboote zu sehen. Aber sie sind im Bewusstsein. Ebenso die verstörende Frage: Für wen Glück? Für wen Trauma? Und für wen Licht oder Tod? Fragen, die schon Homers Odysseus hier stellte.

Meer und Hügel rahmen Syrakus ein. Bewacht in nördlicher Ferne vom 3 323 Meter hohen Ätna, über dem sich eine permanente Rauchfahne dem Wind ergab und die sich, als wir die Serpentinen hinauffuhren, wie eine Riesenschlange um die Schrunden des Berges legte. Taormina, dem vielbesungenen Küstenort an seinen Ausläufern, hat Platen kurz vor seinem Tod einen *Festgesang* gewidmet.

Zarte vergängliche Wölkchen umfliegen den schneeigen Ätna,
Während des Meeres Abgrund klar wie ein Spiegel erscheint;
Steil auftürmt sich die Stadt; hoch über die Gärten der Klöster,
Über den blühenden Wein ragen Cypressen empor. [...][2]

Schwarze, erkaltete Lavabahnen strömen vom Gipfel des Ätna
bis in die Täler, gewalttätig und bestürzend, wenn man dieses
Schauspiel zum ersten Mal sieht. Auf allen unseren Ausflügen
rund um Syrakus stand der Ätna über dem Land. Am
schönsten von den Hügeln über der Barockstadt Palazzolo
Acréide aus, von Acrai Antica, diesem feinen, kleinen und
kaum besuchten Ausgrabungsgebiet mit seinem Theater, der
Akropolis, den Rudimenten des Aphrodite-Tempels und einer
breiten, gepflasterten Hauptstraße, die sich im Grünen ver-
liert. Ein weiches, goldenes Licht lag über den Wiesen, die wie
frühlingsgelb gesprenkelt leuchteten. Wir saßen auf den Stufen
des Theaters, die Pinien rauschten, der Vulkan schwebte
zwischen Himmel und Erde und wir stellten uns das alltäg-
liche und festliche Leben 664 vor Christus vor – hier war es
lebendiger als später in den von Busreisenden überfüllten
und wesentlich berühmteren Ausgrabungsstätten von Syrakus
selbst. So viel wäre in und rund um Syrakus zu sehen, jedes
Fleckchen Land ein Kleinod, ein Palimpsest alter Kulturen
von vorchristlicher Zeit über Sikuler, Griechen, Römer und
Normannen bis in die Gegenwart, tausend Geschichten, he-
roische und tragische und kein Ende in dieser Schönheit
von Meer und Berg, Olivenhainen, Weingärten und Getreide-
feldern, von wilden Schluchten und Ruinen, wie im hoch
gelegenen Noto Antica, eine einst bedeutende Stadt, die
1693 durch ein Erdbeben zerstört wurde und durch die wir
auf weichen Piniennadeln zwischen Felsbrocken und Mauer-
resten dahinwandern, lautlos, bereit für die Fantasie.

August Graf von Platen. Heute ein Vergessener, zu seinen Lebzeiten ein vielfach Kritisierter. Zerrieben zwischen den Größen eines Goethe, Schiller, Eichendorff, Novalis, Jean Paul und Heinrich Heine. Den „Grafen" hat die Literaturgeschichte weggelassen, er blieb August von Platen und hielt sich für größer als die meisten. Noch nicht vierzig, ging er 1835 schmerzgeplagt zugrunde auf der Insel Ortigia, der Altstadt von Syrakus. Deutschland hatte er längst den Rücken gekehrt. Zu eng war ihm das Leben in bayerischen Landen, wo er geboren und aufgewachsen war. Mit zehn Jahren kam er in eine Kadettenschule, die kalt, streng und für den weichveranlagten Knaben unerträglich war, ähnlich wie für Friedrich Hölderlin die rigide Klosterschule von Denkendorf. „Ist das ein Leben für Menschen", schreibt Platen mit dreizehn Jahren an seine Mutter, „jeder Hund, jede Katze, ja jeder gemeine Soldat hat es besser als wir. Und du, liebe Mutter, kannst mir zumuten, daß ich hier gerne sein soll. Du, meine Mutter?" 1810 kommt er in das königliche Pageninstitut in München, wird 1812 in den Dienst der Edelknaben aufgenommen und ist erleichtert und erlöst durch das vornehme „Leben am Hofe". Früh bewundert er den Kronprinzen, den späteren König Ludwig I., der sein wichtigster Gönner werden wird und dem er zu dessen Thronbesteigung 1925 eine glänzende Ode schreibt. Platen stürzt sich in das Studium der Dichter und lernt mit Begeisterung Sprachen, Latein, Griechisch, Französisch, Englisch und Italienisch, das die Sehnsucht nach Italien in ihm weckt, nach Kunst, Poesie, Schönheit. Er hat ein ausgeprägtes Freundschaftsbedürfnis, wie es in Internaten und getrennt vom Elternhaus häufig ist. Trotz seiner tiefen Abneigung gegen alles Militärische, entscheidet er sich 1813 nicht für eine Beamten- oder Gelehrtenlaufbahn, sondern zur Überraschung aller für einen Eintritt in die Armee und begründet es mit einem raffiniert zurechtgelegten Kalkül:

> *Es sind Motive, welche nicht von dem Wesen des Soldatenstandes hergenommen sind, die mich bestimmen, sondern solche, die durchaus den Poeten betreffen: die viele Muße, die ich mir verspreche, die Hoffnung, die Welt zu sehen, der Aufenthalt in der Hauptstadt, die mir unter anderen Vorteilen eine große Bibliothek bietet. Dagegen halte ich die schlechten Aussichten im Zivildienste und das mir verhaßte Leben auf Universitäten, wo man sich entweder ganz der ungeselligen Einsamkeit oder dem allzu geselligen Strudel übergeben muß, und die Furcht vor Provinzialstädten.*[3]

1815 wird in Europa Frieden geschlossen, Napoleon ist besiegt. Die Berufssoldaten haben wenig zu tun, Platen bekommt viel Urlaub, er reist, kränkelt, ist unschlüssig, will in Amerika ein „Sprachmeister in Philadelphia" werden. Bleibt mittellos, bekommt ein königliches Stipendium, wird vom Dienst freigestellt, betreibt ästhetische, historische, philosophische und botanische Studien in Würzburg und Erlangen, verzettelt sich, beginnt zu schreiben und wird sich seiner Homosexualität bewusst, die sich als wichtigstes Motiv bis zu seinem Tod durch seine Dichtungen, vor allem die Sonette, ziehen wird: verschlüsselt, schmerzvoll, unerlöst.

> *Auch du betrügst mich, da von allen Seiten*
> *Ich mich betrogen weiß und hintergangen,*
> *Du füllst mein Herz mit brennendem Verlangen*
> *Und meinen Gaumen an mit Bitterkeiten.*

Was nur dem Feinde mag der Feind bereiten,
Hab' ich von dir als Freundeslohn empfangen,
Ich aber lasse deinen Namen prangen
Und überliefre dich dem Lob der Zeiten.

Bei diesem Tau, der mir im Auge flimmert,
Noch geb ich deine Liebe nicht verloren,
Wie sehr dein Herz sich gegen mich verschlimmert!

Dich hat zum Spiegel sich der Lenz erkoren,
Die Jugend lacht auf deiner Stirn und schimmert,
Wie ein Gemisch aus Sonnen und Auroren.[4]

Unschwer zu entschlüsseln sind die Gedichte, wenn man den Hintergrund weiß. Homosexualität galt immer noch als Schande und „Unzucht", in vielen Ländern als Verbrechen, das Strafe und Gefängnis zur Folge hatte, Ächtung in jedem Fall: Oscar Wilde und Paul Verlaine sind, selbst ein halbes Jahrhundert später, beredte Beispiele dafür. An Johann Joachim Winckelmann, den großen Apologeten der griechischen Antike und Gegner religiöser Einschränkungen, der mutmaßlich von einem Strichjungen in Triest ermordet wurde, richtet Platen ein Sonett, das mit den Zeilen beginnt: „Wenn ich der Frömmler Gaukelei'n entkommen,/So sei der Dank dafür an Dich gewendet:/Wohl fand dein Geist, was nie beginnt noch endet,/ doch fand er's nicht im Predigtbuch der Frommen." In immer neuen Anläufen, Bildern, Bitten und Sehnsuchtsworten beschwört Platen seine namenlosen Geliebten, ruft er sie an, will alle Kränkungen ertragen. „Mein Herz ist zerrissen, du liebst mich nicht!/Du ließest mich's wissen, du liebst mich nicht!/Wiewohl ich dir flehend und werbend erschien,/Und liebesbeflissen, du liebst mich nicht!"

Platen fühlt sich als verkanntes Genie, attestiert sich selbst „süße Meisterschaft" und will zu den Klassikern deutscher Sprache gezählt werden. 1829 legt er sich aus Konkurrenzneid mit Heinrich Heine und dessen Judentum an – Heine schlug zurück, machte in den *Bädern von Lucca* im dritten Teil seiner *Reisebilder* Platens Homosexualität öffentlich und zum Gespött. Es war der größte Literatur-Skandal der Zeit. Manche Biografen halten diese Verhöhnung für den Todesstoß von Platens schöpferischer Produktion.

Obwohl arm – von zu Hause hatte er mit keiner finanziellen Unterstützung zu rechnen – war er findig und wendig in der Organisation seines Lebens, er lavierte zwischen Militärdienst, Sondergenehmigungen und unterschiedlichen Universitäten, die Zeit in Erlangen ab 1819 wurde seine glücklichste. Das Studium der Philosophie belegte er bei Hölderlins und Hegels Jugendfreund Friedrich Wilhelm Schelling, der ein landesweit anerkannter Philosoph geworden war und dessen Vorlesungen als Ereignis galten.

Wie sah man uns an deinem Munde hangen,
Und lauschen jeglichen auf seinem Sitze,
Da deines Geistes ungeheure Blitze
Wie Schlag auf Schlag in unsre Seele drangen![5],

schreibt Platen in seinem Sonett *An Schelling*. Seine eigene dichterische Produktion explodiert geradezu in diesen Erlanger Jahren, sie werden die fruchtbarsten seines Lebens werden. Seine poetischen Werke sind von staunenswerter Vielfalt, die ganze Welt will er in seine Worte fassen, begeisterungsfähig und begabt. Er hat sich eine große Meisterschaft in den unterschiedlichsten literarischen Formen erarbeitet, schreibt

Freiheits- und Vaterlandslieder, Balladen und Romanzen, Hymnen, Oden und Sonette nach antik-römischem Vorbild und einen unerschöpflichen Fundus an freien Gedichten. Angeregt durch das allgemein erwachte Interesse an orientalischer Literatur, vor allem durch die Übersetzungen von Joseph von Hammer-Purgstall und Friedrich Rückert sowie Goethes *West-östlichen Diwan,* dieser poetischen Keimzelle, um *Europa neu zu denken,* stürzte er sich in das Studium des Persischen, häuft Grammatiken, Ausgaben und Übersetzungen um sich und schreibt zunächst tastend, dann immer enthusiastischer Gedichte in der schwierigen Versform der Ghaselen, die 1821 in Erlangen erscheinen und 1823 mit den *Neuen Ghaselen* fortgesetzt werden. Er schickt Widmungsexemplare an Goethe, Jean Paul und Schelling und erntet großes Lob.

Der Trommel folgt' ich manchen Tag, und an den Höfen lebt' ich auch,
Erfahren hab' ich dies und das, und das und dies erstrebt' ich auch;
Es zog der ungestillte Geist mich wandernd oft im Land umher,
Und wieder stille saß ich dann, und an den Büchern klebt' ich auch;
Verklommen ist die Hitze halb, die junge Seelen ganz erfüllt,
Denn oft verzehret mich der Haß, und vor der Liebe bebt' ich auch;
Doch schien ich mir zu nichts bestimmt, als nur das Schöne weit und breit
Zu krönen durch erhab'nes Lob, und solche Kronen webt' ich auch;
Was künftig mir beschieden sei, verkünde kein Orakel mir,
Denn dieser Sorg' und Bangigkeit um Künftiges entschwebt' ich auch.[6]

Das Lob ist vorübergehend, die dauerhafte Anerkennung bleibt aus. Das Gefühl, verkannt zu werden, steigert sich in Platen, läßt ihn ruhelos immer neue Projekte beginnen, die meisten scheitern. Unermüdlich versucht er sich auf theatralischem Gebiet, seine Freunde und er selbst erwarten den großen Wurf, unglücklicherweise bleiben die meisten Versuche stecken und seltsamerweise schreibt er weniger Tragödien, sondern vor allem Lustspiele, für die er wenig Talent hat. Nur *Die verhängnisvolle Gabel* von 1826, eine Abrechnung mit dem Literaturbetrieb seiner Zeit, erreicht einige Zustimmung. Goethe, von dem es zahlreiche Aussprüche zu August von Platen gibt, er ihn demnach sehr genau wahrgenommen hat, beurteilt die Stücke des jungen, ehrgeizigen Dichters im Gespräch mit Eckermann differenziert:

Sie sind durchaus geistreich und in gewisser Weise vollendet, allein, es fehlt ihnen ein spezifisches Gewicht, eine gewisse Schwere des Gehalts. Sie sind nicht derart, um im Gemüt des Lesers ein tiefes und nachwirkendes Interesse zu erregen, vielmehr berühren sie die Saiten unsers Innern nur leicht und vorübereilend. Sie gleichen dem Kork, der, auf dem Wasser schwimmend, keinen Eindruck macht, sondern von der Oberfläche sehr leicht getragen wird. Der Deutsche verlangt einen gewissen Ernst, eine gewisse Größe der Gesinnung, eine gewisse Fülle des Innern, weshalb denn auch Schiller von allen so hoch gehalten wird. Ich zweifle nun keineswegs an Platens sehr tüchtigem Charakter, allein das kommt, wahrscheinlich aus einer abweichenden Kunstansicht, hier nicht zur Erscheinung. Er entwickelt eine reiche Bildung, Geist, treffenden Witz und sehr viele künstlerische Vollendung; allein damit ist es, besonders bei uns Deutschen, nicht gethan.[7]

Die Pension Giuggiulena hat eine herrliche Dachterrasse. Tief unter uns schlagen die Wellen des Ionischen Meeres an das schwarze Lavagestein, die letzten Badegäste stelzen vorsichtig über die Spitzen und Zacken. Jeden Abend das Schauspiel des Sonnenuntergangs. Orange, blutrot oder von der Farbe durchscheinenden Amethysts. Nachtblau, wenn die Sonne in Wolken versinkt. Wir sind müde, waren heute in den Monti Iblei, dieser bizarren, fast menschenleeren Landschaft mit öden, karstigen Hochflächen, hinreißenden Ausblicken – immer ist der Ätna der Herrscher über alles Irdische – und den tief eingeschnittenen Schluchten des Anapo und der Calcinara. Die Totenstadt von Pantalica erstreckt sich über das Land und die beiden Schluchten, Zeugen der Besiedelung der Sikuler aus der Bronzezeit. Die ältesten Funde gehen bis in das 13. Jahrhundert vor Christus zurück, von den aus Holz gebauten Häusern gibt es keine Reste, aber die Totenstadt liegt friedlich an den steilen Hängen, gespenstisch hingegen sieht sie aus in gleißendem Licht. Die Höhlen und Gräber sind teilweise überwuchert von hohem, wildem Gras und Buschwerk, schwarz ist das Innere, schneeweiß der Fels rundum. Immer war Pantalica, in dem man die legendäre Sikulerstadt Hybla vermutet, Fluchtgebiet, zunächst für die ursprünglichen Volksstämme, später für die frühen Christen, die sich in der abgelegenen Landschaft vor Verfolgung zu schützen suchten. Die Funde von Grabbeigaben zeugen von regem Handel der Sikuler mit den Mykenern der Peloponnes, die Geflüchteten aus frühchristlicher Zeit nützten die Nekropole als Wohnraum und bauten manche Grabkammer zu einer Kapelle um. Jetzt sind sie leere Löcher inmitten einer still atmenden, zauberhaften

Landschaft von Oliven- und Affenbrotbäumen, Macchia und Teppichen von winzigen Herbstzeitlosen.

Heiß war der Tag, die Sonne wohnte in den Abhängen der Calcinara-Schlucht. Die Wege sind steil, steinig und schmal, Eidechsen huschen unter den dichten Thymian, Insektengesumm. Wenige Menschen unterwegs. Nur ganz unten, in den Tümpeln und Wannen der Calcinara, ist Badegetümmel, Lachen und das Rufen spielender Kinder, ein heiterer Spätsommerspaß im Oktober. Das Wasser ist smaragdgrün und frisch. Vielleicht ist einst August von Platen hier auf den alten Wegen der Bauern gewandert, er war ein begeisterter Botaniker, sammelte seltene Pflanzen und Früchte, suchte die Einsamkeit, die ihn ein Leben lang anzog und die zugleich sein Unglück war.

Am 24. August 1824 ist Platen zum ersten Mal nach Italien aufgebrochen. Er ist so hingerissen vom Land seiner Träume, dass er seinen Urlaub beträchtlich überschreitet, sich das Militärkommando auf die Suche nach dem „verlorenen Leutnant" macht und ihn für drei Monate in den Arrest sperrt. 1826 erhält er großzügigerweise die Genehmigung für eine zweijährige Studienreise nach Italien.

Es war seine entscheidende Lebenswende. Ab jetzt ist er unstet auf Wanderschaft, bleibt kaum einige Monate an einem Ort und kehrt ab 1828 nur mehr zu kurzen Besuchen bei der Mutter nach Deutschland zurück, wo er sich von Jahr zu Jahr mehr missachtet fühlt.

Es sehnt sich ewig dieser Geist ins Weite,
Und möchte fürder, immer fürder streben:
Nie könnt' ich lang an einer Scholle kleben,
Und hätt' ein Eden ich an jeder Seite.

Mein Geist, bewegt von innerlichem Streite,
Empfand so sehr in diesem kurzen Leben,
Wie leicht es ist, die Heimat aufzugeben,
Allein wie schwer, zu finden eine zweite.

Doch wer aus voller Seele haßt das Schlechte,
Auch aus der Heimat wird es ihn verjagen,
Wenn dort verehrt es wird vom Volk der Knechte.

Weit klüger ist's, dem Vaterland entsagen,
Als unter einem kindischen Geschlechte
Das Joch des blinden Pöbelhasses tragen.[8]

Wie beschwingt ist er losgezogen!

So offen für das Neue, für Italien, das Griechenland in sich trägt und ihm als Urgrund alles Geistigen und Schönen scheint. Er kommt nach Triest, Venedig und Florenz, schreibt im ersten Rausch begeisterte Oden und Hymnen und selbst die nördliche Lombardei flieht er Richtung Süden, was der kurze, leichte Reim aufnimmt als Schnelligkeit der Reise.

Flucht nach Toscana

Wie flog der Wagen leicht dahin,
Seit hinter mir der Apennin,
Seit jeder Pfad, auf dem der flog,
Ins Arnothal hinunterbog!
Olivenhaine ringsherum,
Wo manches schöne Tusculum,
Umgeben von Cypressen, stand,
verhießen mir ein mild'res Land.

Ein Volk, das immer fröhlich singt,
und dessen Sprache süßer klingt.

Nie laßt mich wiedersehen, o nie
Die nebelreiche Lombardie,
Wo winterlich der Flüsse Qualm
Umdampft den dürren Stoppelhalm
Und über ebne Flächen weit
Sich legt die dicke Feuchtigkeit! [...][9]

Viele traten die Reise in den Süden an, vor und nach Goethes berühmter *Italienischen Reise*. Als Goethe im Frühling 1787 zum ersten Mal Sizilien betrat, fand er hier den „Schlüssel zu allem", den Kreuzungspunkt zwischen Orient und Okzident. August von Platen kannte das Land aus der Literatur, von Dante und Boccaccio bis zu Giacomo Leopardi, er liebte die Sprache, liebte die Menschen, noch bevor er je einen Fuß auf italienischen Boden gesetzt hatte. Die wenigsten reisten so komfortabel, hoch geehrt und freudig empfangen wie der Dichterfürst aus Weimar. Viele kamen bereits mit Tuberkulose, andere holten sich Malaria in den ausgedehnten Sumpfgebieten oder Syphilis in billigen Absteigen. Platen konnte nur mühsam seinen gräflichen Status aufrecht halten. Nur bescheiden vermochte er seinen Lebensunterhalt zu bestreiten durch seine Werke, die er Cotta zunehmend schwerer zur Publikation abtrotzen musste, und durch vereinzelte Unterstützung aus dem Umkreis des bayerischen Königshauses, meist arrangiert von Friedrich Wilhelm Schelling, seinem ehemaligen Lehrer an der Universität Erlangen. Aber Platens existenzielle, leidenschaftliche Suche nach der Liebe, seine Zerrissenheit zwischen Hybris und Verzweiflung, machten ihn zum Gehetzten, vom „Weltschmerz" Niedergedrückten.

Im Herzen wechselt mir ein gleicher Drang,
Ein ew'ger Tausch von Schmerzgefühl und Glück,
Bald schmilzt in weiche Liebe mein Gesang,
Bald stoß ich kalt von mir die Welt zurück.
[...]
Was unerreichbar scheint, bedünkt so schwer,
Und was erreicht ist, fliegt dahin im Nu:
Es lockt mich stets, ich weiß nicht recht, wohin?
Es treibt mich stets, ich weiß nicht recht, wozu?[10]

Ein Jahrzehnt lang reist er nun rastlos und unzufrieden durch Italien, das nicht wurde, was er sich davon erträumte. Bald schleichen sich Misstöne ein, Freunde erzählen von seinem Jähzorn und seinen unablässigen, haltlosen Schimpftiraden auf Deutschland und alles Deutsche, was viele, da er es in deutscher Sprache tut, als lächerlich empfinden. Magenkrämpfe und Darmbeschwerden zwingen ihn oft wochenlang auf ein Lager. Immer wieder findet er Gönner, auch lernt er Menschen kennen, die ihn anfangs interessieren, wie den Historiker Leopold von Ranke oder den jungen, ausschweifenden Wilhelm Waiblinger, der einer der ersten war, der Friedrich Hölderlin in seinem Turm aufsuchte und seinen „Wahnsinn" verstehen wollte, und der mit 26 Jahren 1830 in Rom starb. Platen schwankt zwischen ins Maßlose gesteigertem Selbstwertgefühl und der Überzeugung, in seiner Größe missachtet und geschmäht zu werden. Der Bildhauer Ernst von Bandel, der wie Platen aus Ansbach stammte und mit dem sich Platen in Rom anfreundet – Platen liest ihm in dessen Atelier stundenlang aus seinen eigenen neuesten Dichtungen vor –, gibt bereits im Dezember 1826, also nur knapp mehr als drei Monate nach Platens euphorischer Abreise aus Erlangen, ein Stimmungsbild, das Platens Schwanken gut erfasst:

Mit Platen habe ich schon heftigen Streit gehabt, er ist ein
Hitzkopf und trotz all seinem Wissen ein sehr einseitiger
Mensch; was er hier will, begreife ich noch gar nicht; mürrisch
und tot schleicht er für sich hier herum und bleibt auf dem
Punkte, auf dem man ihm begegnet, in seinem Denken stehen
wie vor den Kopf geschlagen. – Er läuft seit vielen Tagen mit
einem Stutzer aus Mailand herum, der ein glattes, leeres
Gesicht hat und allenfalls zu einem Modezeitungsbilde gut
Modell stehen könnte. Dem erzählt er von den Nibelungen
und Fingals Märchen und freut sich seines eckelen Italieners,
weil der ein schöner Mann ist, sagt er.[11]

Platen reist und wandert in seinem italienischen Jahrzehnt
zwischen Venedig, Florenz, Perugia, Siena, Rom, Neapel,
Palermo hin und her, sucht, findet nicht, was er finden will.
Erfährt keine Liebe, keine Anerkennung. Hofft auf Inspi-
ration und eine größere Libertinage in sexueller Hinsicht.
Bleibt einsam, mit Empfehlungsschreiben da- und dorthin
vermittelt. Haust in zahllosen Untermietzimmern, kämpft
mit Ungeziefer, schlechten Saumpfaden, Maultieren und
deren gefinkelten Treibern und der Angst vor Räubern und
Banditen. Er tafelt an manchem Adelstisch, besucht Giaco-
mo Leopardi, sucht überall Ansprache. Stolpert von einer
Hoffnung zur anderen. Hadert mit den „christelnden Ro-
mantikern" seiner Heimat und pflegt Sympathien zum ita-
lienischen Risorgimento. Ist getrieben von sich selbst, von
Hass und Wut, Selbstüberschätzung und Schuldgefühlen,
die aus der Tabuisierung und Ächtung der Homoerotik
resultierten, der er verfallen ist und in der er zweifelnd ver-
loren geht. „[…] es kenne mich die Welt, auf daß sie mir
verzeihe." Sein jüngster Biograf, Peter Bumm, nennt es
„Zerstückelungsphantasien".

Die Liebe hat gelogen,
Die Sorge lastet schwer,
Betrogen, ach betrogen
Hat alles mich umher!

Es rinnen heiße Tropfen
Die Wange stets herab,
Laß ab, laß ab zu klopfen
Laß ab, mein Herz, laß ab![12]

Den Beschreibungen und überlieferten Bildern nach zu schließen, dürfte Graf von Platen eine steife, zumindest schwierige, auf Selbststilisierung bedachte Persönlichkeit gewesen sein. Zwischen Adel und Bürgertum, Aufklärung, Klassik, Romantik und Biedermeier stehend, hatte er auch kein so glückliches Naturell wie sein etwas älterer Zeitgenosse, der Bauernsohn und spätere Autor Johann Gottfried Seume, der ein Lebenskünstler war und dessen Portrait allein schon einen verwegenen Charakter zeigt. Ohne Schaden zu nehmen, war Seume zweimal von Soldatenwerbern gefangen und an diverse Militärmächte verschachert worden, wurde zunächst in den amerikanischen Unabhängigkeitskrieg, dann in die Kriege Preußens geschickt, kam unverletzt zurück und trat in russische Dienste, in denen er die Niederschlagung des polnischen Aufstandes miterlebte. Im Dezember 1801 brach er zu seinem *Spaziergang nach Syrakus* auf, den er hastig, in nur neun Monaten hinter sich brachte und bereits 1803 als viel gelesenes Reisebuch veröffentlichte, ein Evergreen bis heute.[13] Anfang April 1802 trat er, absichtlich ärmlich gekleidet, um sich vor Räubern zu schützen, durch die drei Tore von Syrakus, fröhlich singend und unbehelligt von den Wachen. „Das war doch noch eine artige, stillschweigende

Anerkennung meiner Qualität. Den Spaziergänger lässt man gehen". Berauscht stand Seume auf den Höhen der alten Festung, übersah „die ganze große ungeheure Fläche der ehemaligen Stadt, die nun halb als Ruine und halb als Wildnis daliegt", der Ätna rauchte in der schönen Morgenluft, er blickte über das Meer und imaginierte sich Archimedes, der durch die Anordnung von riesigen Spiegeln 212 v. Chr. die Segel der römischen Invasionsflotte in Brand gesetzt hatte. Der genialste Mathematiker der Antike wurde dennoch von einem römischen Soldaten erschlagen. Archimedes' letzte, von der Legende überlieferten Worte haben die Jahrtausende überdauert: „Noli turbare circulos meos – Störe meine Kreise nicht."

Johann Gottfried Seume las in der Universalgeschichte des Syrakusers Diodor, streifte durch die belebten Gassen bis hinunter zur Quelle der Arethusa auf der Insel Ortigia: Das Wasser soll auf unterirdischen Wegen mit jenem des Alphaios auf der Peloponnes verbunden sein, von wo aus in mykenischer Zeit die ersten Siedler gekommen waren. Seume sah noch „eine Menge Wäscherinnen an der reichen, schönen Quelle". Heute ist sie Touristenattraktion ersten Ranges, im Wasser schwimmen Plastikflaschen, die sich im Papyrus verfangen.

Unweit der Quelle, im Albergo Aretusa, ist am 5. Dezember 1835 August Graf von Platen gestorben. Fiebrig, mit schweren Darmkoliken, möglicherweise durch eigene heimliche oder falsche ärztliche Behandlung zusätzlich geschwächt. Don Mario Landolina, bei dem dreiunddreißig Jahre zuvor schon Seume eingekehrt war, ließ ihm Pflege angedeihen. Umsonst. So war Platen – ob es nun Cholera war oder nicht – in seiner panischen Angst auch vergeblich vor der grassierenden Seuche geflüchtet, die ihn von Neapel nach Palermo und schließlich nach Syrakus getrieben hatte. Noch Monate zuvor hatte er ironisch an Johannes Minckwitz geschrieben, dass die Cholera wohl überallhin kommen werde, doch sei es in Sizilien „wenigstens poetischer zu sterben oder vielmehr begraben zu werden, denn hier ist der protestantische Kirchhof unweit der Bordelle. In Sicilien gibt es natürlich gar keine protestantischen Gottesäcker, und man hat wenigstens das Vergnügen, auf freiem Felde beerdigt zu werden, vorausgesetzt, dass noch ein Vergnügen dabei ist." Beerdigt wurde Platen schon einen Tag nach seinem Tod durch die Großmut Landolinas, der dem deutschen Dichter auf seinem Landgut in den ehemaligen Latomien, den berüchtigten Steinbrüchen von Syrakus, ein Felsengrabmal errichten ließ. Nach mehreren Veränderungen liegt es heute, fast unbekannt, im Park des sehenswerten Museo Archeologico Regionale Paolo Orsi. Der kaum mehr auszunehmende Pfad führt durch Gestrüpp an der Rückseite des Museums bergan. Auf einem kleinen Felsturm steht Graf Platens später gefertigte lorbeerbekränzte Büste in weißem Marmor, von dürrem Herbstlaub umgeben. Kein Mensch weit und breit. Einsam, verlassen, vergessen. Hinter dem eisernen Gitterzaun rauscht der Verkehr eine breite Straße entlang. Im Stadtplan sehe ich später, dass sie den Namen „Via Augusto von Platen" trägt.

In seinen formbewussten und formvollendeten Ghaselen, Gedichten, Oden, Elegien und Hymnen hat Platen die Schönheit besungen. Seine berühmtesten, vielfach deutbaren Zeilen sind jene aus dem *Tristan*-Gedicht von 1825. Geschrieben im Arrest hinter Gittern, als er seinen ersten Italien-Urlaub um Wochen übertreten hatte – vielleicht für ihn der einzige Ort, um in der Fantasie wahrhaft das Leben lieben zu können.

Wer die Schönheit angeschaut mit Augen,
Ist dem Tode schon anheimgegeben,
Wird für keinen Dienst auf Erden taugen,
Und doch wird er vor dem Tode beben,
Wer die Schönheit angeschaut mit Augen!

Ewig währt für ihn der Schmerz der Liebe,
Denn ein Thor nur kann auf Erden hoffen,
Zu genügen einem solchen Triebe:
Wen der Pfeil des Schönen je getroffen,
Ewig währt für ihn der Schmerz der Liebe!

Ach, er möchte wie ein Quell versiechen,
Jedem Hauch der Luft ein Gift entsaugen
Und den Tod aus jeder Blume riechen:
Wer die Schönheit angeschaut mit Augen,
Ach, er möchte wie ein Quell versiechen![14]

Bis zu Rainer Maria Rilkes *Duineser Elegien*, Thomas Manns Novelle *Der Tod in Venedig* – Erika Mann berichtet, dass ihr Vater über fünfzig Platen-Gedichte auswendig konnte und sie auf seinen Spaziergängen memorierte – oder Hubert Fichtes Verteidigung von Platens homoerotischer Neigung und Qual, stehen diese Zeilen als Botschaft an all jene, die seine Literatur lieben. Wir fanden sie wieder, diese innige Verbindung von Schönheit und Tod, als wir auf Ortigia in der Kirche Santa Lucia alla Badia vor dem riesigen Altarbild standen, das ein ebenso rastloser Künstler geschaffen hat: Michelangelo Merisi da Caravaggio. Die gesamte obere Hälfte des Bildes ist dunkel, ein leerer, drohender Hintergrund. Am unteren Bildrand liegt hingestreckt Lucia von Syrakus, die Märtyrerin, sehr jung, unschuldig und schön,

erbarmungswürdig tot. Nur auf Gesicht und Brust fällt et-
was Licht. Zwei Schergen stehen im Vordergrund, der rechte
grell hervorgehoben in seiner Brutalität. Am Rand im Halb-
dunkel der Szene stehen Menschen. Unbeteiligt die einen.
Betroffen, erschüttert die anderen.

***

H.C. ARTMANN

Ich glaube an die Märchenhaftigkeit der Dichter

H.C. ARTMANN

Der Schwarzgraben und der Kosmos

Ist die Sonne die Sonne oder war sie ein grünes Ei? Und wann hat Goethe Lilo Pulver getroffen, wer hat den Schlüssel zum Paradies gefunden, wer fliegt mit dem aeronautischen Sindtbart von Abenteuer zu Abenteuer, und wer verbirgt sich in der Freiheit und zeichnet Liebe an den Himmel? Und auf welche Weise lassen sich „die taubenweile, die lerchenzeile, die schwalbeneile, die bussardsteile" inmitten von Holunder und zitternder Ferne, von Löwenzahn und Farn finden? Und wo haben wir Worte gelesen wie „alles schöne der welt verwandelt sich in büsche und zweige/es säumt meinen weg ein rahmen unwirklich schimmernder stimmen [...]" – haben es gelesen und sind sogleich verzaubert und die Welt wird eine universale Poesie, in der es keine Zeit gibt, nur das Unlängst oder das Morgen, das zugleich heute und damals und immerdar ist.

Keine uhr tickt, keine spinne webt, kein staub fällt durch die wenigen sonnenstrahlen, die durch eine nichtvorhandene fensterluke rieseln. Alle töne, alle laute, alles geräusch der welt liegt verschlossen in einer unsichtbaren faust ... [1]

Die Wörter der Steinzeit entschlüsseln wir nach solcher Lektüre ohne Mühe in den Kieseln des Baches, an dem wir in unserer Kindheit gespielt haben. Vielleicht war diese

Kindheit ebenso bescheiden wie die jenes Mannes, der in der Schusterwerkstätte seines Vaters und unter der Obhut einer liebenden Mutter bei Erdäpfelsuppe und Zwetschken-knödeln aufgewachsen ist und immer danach getrachtet hat, ein Mensch zu bleiben. So viel von ihm überliefert ist in der Schrift der Vögel, der Runen und der uralten Echos, ist er in einem wahnwitzigen Jahrhundert nicht nur ein Mensch geblieben, sondern einer der wunderbarsten Dichter der deutschen Sprache geworden: H.C. Artmann.

wiesen winkel schatten
äste blätter bar blinkend
ahnvoll sonngilb blau blende
die birke der hartriegel
die blume gottes sommer
dem feedorn ins haar treiben
wangenschneider wegwarte
so rainlängs auch rauchig nun
virgils wagen du wortwerk
halbherbstes wachtemaß
wenn mans aufschreibt[2]

H.C. Artmann. Er wüsste alle eingangs gestellten Fragen zu beantworten und noch viele mehr und er hätte tausend Worte dafür, tausend verwunschene Bilder. Oder er würde neue Fragen stellen, denn „jede unbeantwortete frage vergrößert den sternenhimmel". Und wie sollte er uns auch Auskunft geben, er, der *uns* immer wieder bittet, ihm zu sagen, wer er sei, damit er sich in Zukunft danach richten könne? Sich selbst gab er das Prädikat teils Lord, teils Graf, teils Herr, teils Meister, und nennt sich auch John Adderley Bancroft alias Lord Lister alias David Blennerhasset alias

Mortimer Grizzleywold de Vere &c. &c. Und verrät uns „Ich bin im osten gewesen und im süden, im norden und im westen, und in der mitte war ich auch, doch im grunde genommen war ich einfach immer in meiner guten alten eigenen haut. Warum auch sollte ich die verraten?" Und in dieser guten alten Haut verstand er sich als glitzernder Seehund oder als tiefdunkler Krug und er fühlte sich als Sonntagskind, da er am 12.6.1921 geboren wurde: „Das *war* ein sonntag und ich glaube an die märchenhaftigkeit der dichter."

Und noch einmal: „Du willst wissen, wer ich bin? früher war ich eine halbinsel mit tasten aus elfenbein, heute fühle ich mich als strandloser bösendorfer." Und falls wir als Suchende dieses Klavier und den Dichter selbst finden sollten, dann würde er uns vielleicht ein paar Noten seiner Biografie vorspielen:

Meine heimat ist Österreich, mein vaterland Europa, mein wohnort Malmö, meine hautfarbe weiß, meine augen blau, mein mut verschieden, meine laune launisch, meine räusche richtig, meine ausdauer stark, meine anliegen sprunghaft, meine sehnsüchte wie die windrose, im handumdrehen zufrieden, im handumdrehen verdrossen, ein freund der fröhlichkeit, im grunde traurig, den mädchen gewogen, ein großer kinogeher, ein liebhaber des twist [...] eine flasche Grappa zerbrochen, mi vida geflüstert, grimassen geschnitten, ciao gestammelt, fortgegangen, a gesagt, b gemacht, c gedacht, d geworden.

Alles, was man sich vornimmt, wird anders, als man sichs erhofft ...[3]

Diese berühmten und oft zitierten Zeilen schrieb Artmann 1964, als er sich aus Wien nach Schweden abgesetzt hatte und später zwischen vielen Reiseabenteuern in rasch wechselnden Wohnsitzen in Berlin, Lund, Malmö, Rennes, Bern und Graz lebte. Der unerwartete und bis heute andauernde Ruhm des Buches *med ana schwoazzn dintn* – mutig und gegen die Erwartungen der damaligen Wiederaufbauzeit 1958 im Salzburger Otto Müller Verlag veröffentlicht – hatte ihn auf der Schiene der Dialektgedichte festgeschraubt, was Artmann keineswegs gefiel. Hatte er doch zuvor im Sender *Rot-Weiß-Rot* und in der Zeitschrift *Neue Wege* surrealexpressionistische Texte vorgetragen und publiziert und war sein Streben von Anfang an ein vollkommen konträres zu aller Provinzialität.

H.C. Artmann war ein Sprachengenie, ein Weltbürger und ein rastlos Reisender.

Er war in der Vorstadt von Wien-Breitensee aufgewachsen, der Vater war Schuhmachermeister, in dessen Werkstatt der Bub viele fremde Sprachen und Dialekte hörte – es war erst ein paar Jahre her, dass die k.u.k. Monarchie des Habsburgerreiches und der sechzehn Sprachen im Ersten Weltkrieg endgültig zerbrochen war. Das Multikulturelle war jedoch noch lebendig auf Schritt und Tritt und schlug Wurzeln in seinem hellhörigen Herzen.

Hans Carl, der spätere H.C., ging vier Jahre in die Volks- und vier Jahre in die Hauptschule. Alles andere studiert und erlernt er sich selbst und ohne jede Hilfe, ein Autodidakt wie es kaum einen in der Literaturgeschichte gibt. Ein manisch Lesender, ein Jugendlicher, ein Mann mit einer verblüffenden Musikalität für den Klang einer Sprache, begabt mit der Leichtigkeit alles Genialen. So beschäftigt er sich früh schon mit dem Assyrischen, Malaischen, Bretonischen, Walisischen und Altirischen, erlernt ohne irgendwelche Kurse Spanisch, Französisch, Italienisch, Schwedisch,

Dänisch, hat ein Grundverständnis für finnisch-ugrische Sprachen, auch für Polnisch, Russisch, Rumänisch, usw. und selbstverständlich Englisch. Aus vielen dieser Sprachen übersetzt er Lyrik, Prosa und Theaterstücke. Wird nach den Bücherverbrennungen und totalitären Einschränkungen der Nationalsozialisten der große und in seiner Begeisterung charismatische Vermittler der modernen Literatur Europas und Amerikas. Öffnet den jüngeren Mitgliedern der später so benannten *Wiener Gruppe,* Konrad Bayer, Gerhard Rühm, Oswald Wiener, Fritz Achleitner und weiteren Kreisen bis Andreas Okopenko, Friederike Mayröcker und Ernst Jandl die Augen für Ramón Gómez de la Serna, García Lorca, Ilamada Don Pablos, Baudelaire, Rimbaud, Howard Philips Lovecraft und so weiter und so weiter. Lange vor allen anderen ist er bewandert in den europäischen Strömungen des Expressionismus, Surrealismus und Dadaismus, kennt alle alten Versmaße und neuen literarischen Formen und schreibt selbst persische Quatrainen, Fantasmagorien, absurde Theaterstücke, Geschichten für *Kajüten, Kamine und Kinositze,* schreibt Montagen und Sequenzen, Horrorgeschichten, böse Kinderreime und Liebesgedichte, übersetzt jiddische Sprichwörter, François-Villon-Balladen, Carl von Linnés *Lappländische Reise,* die die Botanik revolutioniert hat, Theaterstücke von Calderón, Molière, Goldoni, Feydeau, Alfred Jarry, um nur einiges aus seiner ins Positive gewendeten Büchse der Pandora zu nennen. Und bei den altirischen Beschwörungsformeln der religiösen Dichtung der Kelten kann man nie gewiss sein, was von den Mönchen des Mittelalters gesagt ist und was von ihrem Nach-Dichter Artmann:

brighid, tochter dughaill duinn
'ic aoidh 'ic airt 'ic cuin 'ic

criara ʿic cairbre ʿic cais ʿic
carmaic ʿic cartaich ʿic cuinn.
[...]
brighid, eigener haarzopf mariens,
brighid nährmutter christi,
jeden tag und jede nacht, in der ich
sankt brighids herkunft spreche,

werde ich nicht getötet werden,
werde ich nicht verwundet werden,
werde ich nicht verkerkert werden,
werde ich nicht zerhauen werden,
werde ich nicht zerrissen werden,

werde ich nicht beraubt werden,
werde ich nicht zertreten werden,
werde ich nicht entkleidet werden,
werde ich nicht zerspalten werden,
nicht wird mich der heilige christ
liegen lassen in vergessenheit.[4]

Mit jeder neuen Sprache hast du ein neues Leben, sagt
H.C. Im Bücherreich des Hauses am Schwarzgrabenweg
standen wertvollste alte Grammatiken aus vielen Spra-
chen, Wörterbücher, Romane, Lyriksammlungen, wissen-
schaftliche Abhandlungen – ein Panoptikum der herrlichen
Vielfalt der Welt, achtlos verloren für Salzburg, sorgsam
bewahrt und betreut heute im Wiener Rathaus, in der
Wien-Bibliothek der Metropole an der Donau. Vielleicht
passt sie auch besser dorthin, in die Stadt, in der er geboren
wurde und in die er zurückkehrte, als man ihn aus Salzburg
vertrieb.

*

Schwarzgrabenweg im Moos, im Leopoldskroner Moor südlich von Salzburg.

Die Ebene ist weit, die Gebirge begrenzen sie, im Sommer duften die Gräser, summen die Bienen, besingen die Frösche den Mond, der regulierte Glanbach fließt vorüber und im kleinen Haus am Schwarzgrabenweg Nummer 3 hat sich der Kosmos niedergelassen, für eine flüchtige Rast von zwanzig, fünfundzwanzig Jahren. 1972 war H.C. Artmann mit seiner Frau Rosa nach Salzburg gezogen, hier kam das Töchterchen Emily Griseldis zur Welt. Zunächst nahmen sie ein bescheidenes, aber für Freunde offenstehendes Logis in der Augustinergasse. Nachbarn hörten bis spät in die Nacht hinein die erotischen Liebeslieder des Mönchs von Salzburg und Oswalds von Wolkenstein, ein spätmittelalterlicher Gruß, den Michael Korth mit seiner Musikgruppe *Bären Gässlin* im kleinen Haus im Schatten der Müllner Kirche und des Mönchsberges zum Klingen brachte. Aber Mittelalter, Renaissance und Barock und alle anderen Zeiten waren immer schon lebendige Gegenwart für *den H.C.*, der damals schon längst zum Inbild des abenteuerlichsten Denkens und Dichtens geworden war, Transgressor von Räumen und Kulturen.

Bald darauf übersiedelte Artmann unter Vermittlung von Wolfgang Schaffler, dem Inhaber des Residenz Verlages, mit seiner Familie in das „bescheidene Landhaus" im Moor, das einst einem Kleinbauern für den Unterhalt gereicht hatte, dessen Heuboden später zur Bibliothek wurde und der Stall zu Versuchswänden für Emilys bunt-begabte Malereien. Hier war er eine Weile zu Hause, „der horizont ist blutrot siehst du ihn bis zirka einen halben kilometer hinter ihn geht meine lebenslinie was glaubst du was mich noch alles erwartet ...“

Hier, noch innerhalb des Horizonts des Leopoldkroner Moors, hab ich ihn gefunden. Der Flugplatz liegt nur ein paar Steinwürfe Richtung Norden, die Positionslichter der Start- und Landebahn blinken herüber, wenn man von der Glanbrücke in den kleinen Sackgassenzweig des Schwarzgrabenweges einbiegt. Artmann liebte die konkrete Nähe der Ferne, das dröhnende Abheben ins mögliche Abenteuer. Vögel und Luftschiffe waren immer schon Metaphern seiner Sehnsucht nach Reisen, Veränderung, Freiheit. Oder Cabrios, schnittig und schnell, um mit ihnen „von horizont zu horizont zu fahren", planlos, durch grüngrüne Landschaften, durch Sonne und Regen und dann Rast in kühlen Mansardenzimmern für den Traum und die Liebe.

Der traum als kugel der augen, als tropfen im tropfen der augen; der regen nicht grün, doch grün fallend ins gefilde des traumes.

Mitternachts das bett der frau und des noktambulen, die nackte frau, der nackte noktambule; syringen duften taulos vor dem haus.

In augenhöhlen liegt der dunkle blick, er wälzt sich drin, er träumt in ungeweinten tränen, im quellgebiet des herzgefühls.[5]

Nach Süden hin liegen die Wiesen weithin offen, steht ein Holunderbusch an der warmen, weiß gekalkten Hausmauer, ein Tisch, ein Liegestuhl, ein paar Sessel fürs Gespräch. Am Rande des Moors baut sich der riesige Rücken des Untersberges auf.

dieser untersberg
wie ein ei auf eis frier ich
bei seinem anblick.

umwölkt heute
eine tropische insel
dieser untersberg.[6]

Nach dem Versmaß japanischer Haiku – Haiku hat keine Mehrzahl, sagte er mir –, schrieb er dem Leopoldskroner Moor sowie dem Weinviertel, das die Heimat seiner Mutter war und das er liebte bis zu seinen letzten Tagen, *Einundsechzig österreichische Haiku,* die ich immer wieder lese, leben W. und ich doch im Quellgebiet dieses moorwarmen Herzgefühls am Zwieselweg, nahe dem Leopoldskroner Weiher.

Schwarz ist die Erde dieser Landschaft, dunkelbraun sind die Gräben für die Entwässerung des Moorwassers. Wenn Licht in die schmalen, jährlich neu ausgehobenen Gräben fällt, spiegelt sich der Himmel als rötlich-blauer, etwas öliger Schimmer auf dem meist stehenden Gewässer. Oft bin ich die Strecke von uns über den einsamen Moorweg durch die sommerwarmen Wiesen zu Artmanns hinübergegangen oder mit dem Rad gefahren, nur die Birkenwäldchen vor mir und in der Ferne den Hohen Göll sowie das Tennen- und Hagengebirge, die bis in den Juni hinein schneebedeckt sind. Seit Jahren ist dieser Pfad, der in der hellen Zeit von langen Sumpfgräsern fast zugewachsen ist, gesperrt. Hundemütter haben nicht eingesehen, warum sie in der „freien Natur" die Exkremente ihres Tieres einsammeln sollten – so haben die Bauern ihre Schilder *Durchgang verboten* aufgestellt und Holzbarrieren gebaut. Seither muss man über den

Totenweg bis zur bereits im 18. Jahrhundert ursprünglich als Knüppelweg angelegten Moosstraße gehen und gegenüber der Mooskirche und ihrem Friedhof in den engen Schwarzgrabenweg einbiegen, der zu einer heimlichen Umfahrungsstraße geworden ist. Niemand von uns, weder Artmanns Familie noch W. und ich, wusste damals, dass dort, wo heute der Hundeabrichteplatz des Schwarzgrabenweges liegt, von Herbst 1940 bis April 1943 das fälschlicherweise so bezeichnete „Zigeunerlager Maxglan" situiert war, wo in eilends errichteten Baracken 170 Sinti und Roma „festgesetzt" und achtzehn Kinder in Unfreiheit geboren wurden. Gemäß den jüngsten Nachforschungen von Gert Kerschbaumer und Erika Thurner überlebten nur zwanzig Menschen die Konzentrationslager von Lackenbach und Auschwitz-Birkenau. Einige Insassen, auch Kinder, wurden von Leni Riefenstahl als Komparsen für ihre Verfilmung der Oper *Tiefland* eingesetzt – nach Ende der Dreharbeiten wurden alle im KZ ermordet. Ein Mahnmal sowie seit 2007 Stolpersteine am Ufer des Geh- und Radweges an der Glan für die in diesem Lager geborenen und in Auschwitz ermordeten Kinder erinnern heute an die Verbrechen.

Schon seit Ende der 1990er Jahre jedoch vermeide ich den Schwarzgrabenweg. Fahre nicht mehr hinüber. Seit mehr als zwanzig Jahren nicht mehr. Seit Rosa, H.C. und Emily nicht mehr hier leben. Seit sie in der hasserfüllten politischen Ära eines Jörg Haider zum Feindbild der FPÖ und deren Anhängern wurden, das gemietete Bauernhaus von den Besitzern als „Eigenbedarf" angemeldet wurde und weder Stadt noch Land Salzburg ernsthaft versuchten, diesen Ort für ein späteres Gedächtnis zu retten. Ich bin nur mehr einmal aus Neugierde vorbeigegangen, habe gesehen, dass das alte Möslerhaus weggerissen worden ist und ein Neubau dort steht. H.C. ist tot seit der Jahrtausendwende, er starb am 2. Dezember 2000 in Wien. Die Nachricht traf W. und mich in einem Taxi in einer lärmprallen Straße von Colombo auf Sri Lanka, wo wir einen Teefilm drehten und unser Tonmeister Manfred Neubacher plötzlich sagte, habt ihr schon gehört, ich hab mit Österreich telefoniert, wisst ihr schon …? Den Schock, die Trauer spüre ich noch heute.

*

Dies hier ist eine Geschichte des Nach-Hörens, Nach-Lesens, des Nach-Denkens. Ich habe die Salzburger Jahre von Rosa und H.C. Artmann aus der Distanz und der Sicht einer Begeisterten miterlebt, habe viele seiner mitreißenden Lesungen gehört, viel geschrieben über ihn, viele Hörfunksendungen gemacht, mehrere TV-Kurzportraits sowie gemeinsam mit Kurt Liewehr einen 75-Minuten-Film für das Fernsehen mit ihm gedreht. Wir hatten den VW-Bus voll mit H.C.s Kleidern, Schals und Kappen und für jede Einstellung wechselte er seine Erscheinung, wild, waldgeisterhaft oder elegant als Grandseigneur. Habe ihn zu den Rauriser Literaturtagen eingeladen, wo Klaus Gmeiner im Turnsaal der Hauptschule Artmanns Theaterstück *off to liverpool oder ein engel hilft mir frühaufstehn* in einer eigenen Bearbeitung zur legendären Aufführung brachte und H.C. zum Schluss sein imaginäres Trompetensolo spielte. War von Zeit zu Zeit zu Besuch am Schwarzgrabenweg und manches Mal waren Rosa und H.C. zu Gast bei uns in Haus und Garten am Zwieselweg. Schöne Gespräche, kleine Dichtertreffen mit anderen, mit Hans Magnus Enzensberger, Christoph Ransmayr, Reiner Kunze, Ilse Aichinger oder Christian Ludwig Attersee und Hermann Nitsch, die Sonne schien durch die Birkenblätter, ihre tanzenden Schatten fielen auf den marmornen Tisch. Rosa studierte an der Universität Philosophie, schloss mit dem Magistertitel ab und wurde selbst zu einer herausragenden Dichterin. Ihr erstes Buch erschien 1993, *Monolog braucht Bühne,* und Urs Widmer, der große Artmann-Kenner und ihm verwandt als ebensolcher Phantast, hat das Buch mit begeisterten Rezensionen gewürdigt, wie auch ihre nachfolgenden Publikationen. 1995 verließ H.C. mit seiner kleinen Familie endgültig Salzburg und zog nach Wien. Nach H.C.s Tod blieben Rosa und Emily in Wien, Rosa ist inzwischen mit mehreren Literaturpreisen geehrt und Emily, die als erfolgreiche Filmeditorin arbeitet, ist ihren Eltern gefolgt: 2021 erschien zum Erstaunen vieler in der Edition Thanhäuser ihr erster Gedichtband, *in einem mantel aus fischhaut* mit Zeichnungen von Christian Thanhäuser. – In seinem Verlag erschien 2015 auch unter ihrem abwechselnd gebrauchten Künstlernamen Rosa Pock(-Artmann) der bewegende Band *Ein Gedicht,* „daliegen all die/schon toten/da spreche ich doch lieber/vom schönen morgen [...]". Wir schreiben uns, selten sehen wir uns.

Diese kurze Geschichte ist eine Geschichte der Erinnerung. Ich habe H.C. kennengelernt, als seine wilde Zeit vorüber war. Von den durchzechten Nächten, den hitzigen Aktionen im Wiener *ART-CLUB,* im *strohkoffer* oder in der *kleinen schaubühne* wie auch von den Happenings in der Künstlerszene von Berlin oder Graz, wo er jeweils der adorierte Mittelpunkt war, weiß ich nur aus biografischen Angaben. Ich kenne ihn so, wie er sich gerne sah: als britischer Lord, als Flaneur über eine italienische Piazza, als Wanderer an den Steilküsten seines Ideenozeans. Habe ihn erlebt als Wortezauberer und verletzlichen Menschen.

Mitunter scheint es mir, als ob das nahe Wirkliche schwieriger zu beschreiben ist als das ferne Imaginierte. Es ist leichter, mir zum Beispiel Mechtilde Lichnowsky auszudenken, wie sie am Blumenmarkt von Cap d'Ail einen Strauß Mimosen kauft und damit in der damals noch nicht so belebten Unteren Corniche langsam nach Hause schlendert – weniger schwierig wäre das, als von einem Nachmittag am Schwarzgrabenweg zu erzählen, der mir zu nahe war, um ihn preisgeben zu wollen.

Knarrend ist die alte, steile Holzstiege hinauf in den ersten Stock des Mösler Bauernhauses. Auf dem runden Esstisch mit den vielen Sesseln rundum für heitere Runden steht ein Strauß Wiesenblumen. Wollgras, Bitterklee, Moosbeere, ein paar Margariten, Schafgarben, Zittergras. Die Sonne spiegelt sich auf der dunkelbraunen Politur, die Türe zum schmalen Balkon, der schon etwas morsch ist, steht offen. Nur bei Südwestwind hört man das ferne Rauschen von der Autobahn her. Der weiter westlich gelegene, sagenumwobene Birnbaum inmitten des Walserfelds war in den frühen 1970er Jahren ein willkommenes Ziel für H.C.s wilde Mopedritte mit Peter Rosei – hier soll der Legende nach in jener fernen Zeit, wenn keine Raben mehr um den Gipfel des Untersberges kreisen werden, Karl der Große aus dem Bergesinneren hervorkommen und die letzte Entscheidungsschlacht zwischen Gut und Böse schlagen. Darüber haben schon viel zu viele Leute geschrieben, sagt H.C. und raucht mit Genuss, lacht und sagt, das interessiert mich nicht.

Jedes Buch von Artmann erschließt unbekanntes Terrain. Ich könnte ewig so weitermachen und „botanisiertrommeln", sagt er, aber das wäre mir zu langweilig, ich brauche das Neue, nur das Unbekannte reizt mich. Und holt von seinem Schreibzimmer den Band *Aus meiner Botanisiertrommel*, aus dem er für eine Zeitung ein Gedicht auswählen soll. Und blättert in den *Balladen und Naturgedichten* über Wiesen und Blumen, den Tosbach und die Lady mit dem blauen Hut, über Nachtigallen, Schmetterlinge und Schaumzikaden, Strophen, für die ihn so mancher müder Städter „versponnen, spinner, später spund" nennen würde, und fragt: Soll ich das nehmen?

Wär ich ein kesselflicker,
ich flickte mir das herz
mit blanken kupfergroschen,
zu stillen meinen schmerz.

durch zauberei und sünde
empfing es loch um loch,
ich geh durch wiesengründe,
und lach ich, wein ich doch ...[7]

... und liest weiter und ich sage, ja, das nimmst du! Vom Untersberg fällt der Föhn über die jähen Waldhänge und Felswände in die Ebene, lähmt die Fantasie, ermüdet den Geist, lässt die Knochen spüren als bleischwere Last, gibt den Verletzungen aus längst vergangenen Tagen neues Leben. Tagen des Krieges, die nicht vergessen sind: nicht im Körper, nicht in der Erinnerung und nicht im Lebensgefühl.

die kismetbilder kleben so
rühr mich nicht an ich bin
verseucht von allzu schicksal[8]

Das Schicksal macht ihn mit neunzehn Jahren zum Soldaten der Deutschen Wehrmacht.

Zweimal wird er verwundet, im Lazarett von Olmütz schreibt er erste Gedichte, 1943 ist er an der russischen Front. Zweimal desertiert er unter lebensbedrohlichen Umständen, einmal wird er zum Tode verurteilt, das Gefängnis wird bombardiert und er kann fliehen – deutsche Historiker haben diese Ereignisse genau recherchiert und dokumentiert. Im April 1945 schlägt er sich Richtung Westen durch, gerät bei Regensburg in amerikanische Kriegsgefangenschaft und wird Dolmetscher in einem US-Durchgangslager. Bald kommt er frei, mit einem angeschossenen Bein und einer bis zum Lebensende schmerzenden Hüfte kehrt er nach Wien zurück. Er ist 24. Fünf verlorene Jahre, wie für so viele.

Wer den Tod in seiner Dichtung nicht erspüre, verstehe sie nicht, sagt Artmann ein anderes Mal an der warmen Hausmauer unter der großen Linde, als sie noch stand und sein Domizil beschützte. Zündet sich eine neue Zigarette an, wir trinken ein Glas Wein, eine Lindenblüte fällt auf seinen Schuh. „Mit der einen hand zeichnen sie soldaten, und mit der anderen radieren sie sie wieder aus [...]" Das Lachen in seiner Dichtung, sagt er, sei nur der Versuch, dem zu entkommen, dem man nicht entkommen kann, hat man es einmal erlebt: dem Mechanismus des Tötens und Getötetwerdens. Die Masken, die man ihm gab und aufsetzte, wie „Chamäleon", „Mimikry-Man" und viele mehr – welch ungeheurer Blödsinn, sagt er, lass sie schreiben, was sie wollen, bis sie schwarz werden, die haben doch keine Ahnung – seien Schutzanzüge, Strahlenanzüge.

verbirgst dich in der freiheit
zeichnest liebe an den himmel
verratenes limerick
blutrinnsal du armes[9]

Der jüngere Bruder fiel in Russland. Kaum ein Buch von H.C. Artmann, in dem nicht der Tod angesprochen wird, wie ein Husar reitet der Sensenmann durch die Zeilen. Oft lächerlich gemacht, „nua ka schmoez ned", heißt es schon in der *schwoazzn dintn*, oft direkt aufgerufen, wie im *lilienweißen brief aus lincolnshire,* „o tod du dunkler meister/zerbeiß uns nicht wie glas", mitunter als Beschwörungsformel wie in den irisch-keltischen Nachdichtungen.

tod ölvoll,
tod freudvoll,
tod lichtvoll,
tod lustvoll,
tod reuvoll.

tod schmerzlos,
tod furchtlos,
todtodlos,
tod schrecklos,
tod leidlos.

sieben engel des heiligen geistes
und die zwei schutzengel zur rechten und linken
mögen mich in dieser und allen nächten behüten;

mögen mich in dieser und allen nächten behüten
bis das licht kommt und der dämmernde morgen ... [10]

*

Nähert man sich dem kleinen Landhaus am Schwarzgrabenweg 3, haben unmittelbar vor dem Scheunendach früher fünf riesige Schwarzpappeln die schmale Straße bewacht. Ihr Laub glänzte silbrig im Wind, im Herbst stieg scharfer Duft auf von den faulenden Blättern am Boden. Bäume waren für Artmann wie Schwestern, er liebte sie alle, Birken, Linden und Buchen, Fichten, Tannen und Föhren und alle Bäume, die Obst tragen, alle Büsche ebenso, der Holunder war sein Zauberbusch. Einmal wollten Arbeiter, wahrscheinlich im Auftrag der Flughafenbehörde, die Pappeln fällen. H.C. und Emily stellten sich davor, schützten die Riesen mit ihren umfassenden Armen, bis die Männer schließlich abzogen. Eine davon fiel altersschwach um, die übrigen vier sind heute längst gefällt. Die große Linde an der geschützten Südseite wurde eines Tages aus Bosheit von den Hausherrn umgeschnitten, sagt Rosa, ohne Ankündigung, plötzlich um sechs Uhr morgens, als alles noch schlief …

Gegenüber des Artmann-Hauses: ein Schrebergarten, ein relativ großes Schrebergartenhaus und ein kläffender alter Schäferhund, Gerümpel. Wenn die Nachbarn nicht so feindlich gewesen wären und mitunter die Polizei verständigt hätten, wenn es nachts lange laut war, wäre die Szenerie wie arrangiert für den Liebhaber der Ränder einer Vorstadt gewesen, der „Gstättn" seiner Kindheit.

Gehen wir!
Suchen wir nach der Spur jener Zeit
in der immer der gleiche
*   immer der erste Tag war . .*
Vergessen wir einmal die dürre Vernunft und
gehn wir, vertraun wir uns ihm an,
dem zerschrundenen, zerscherbten Dasein des
Weggeworfenen,
das achtlos und stets übersehen,

die Vorstadt bevölkert . .

> *denn:*
> *auch von Flaschenscherben,*
> *Matratzengedärm,*
> *rostigem Konservenblech und*
> *wucherndem Unkraut*
> *gehen Gespräche*
> *zum sommerhellen Himmel*
> *als Kinder hörten wir ihnen zu,*
> *im Summen der sommerheißen Telegraphenstangen*
> *und die folgen anderen Gesetzen als*
> *denen der Schule*
> *Gehn wir also: [...]*[11]

Kehren wir also zurück in das Haus im Moor. *Zu ebener Erde und erster Stock oder Die Launen des Glücks,* wie Nestroy eine seiner Possen mit Gesang nannte, gab es ein paar kleine Zimmer, die Küche, ein altes Bad. Erst 1991 wurde das Moorwasser saniert, bis dahin ist es oft braun und brackig gewesen. Die Scheune wurde zu einem schmalen Zwischen-Raum und der bereits erwähnten Bibliothek ausgebaut, so-dass die eleganten Sakkos ihre Garderobe, die Krawatten ihren Schragen und die Bücher endlich ihre Regale gefunden haben. Hier standen sie alle, die Bücher über *Drakula Drakula* und die *Jagd nach Dr. U.,* die Schauerromane und Detektivgeschichten über Monstren, Verbrecher, Kannibalen und Vampire, über verführte Mädchen und liebesheiße Orientalen ..., aber es sind nicht sie, die ich inmitten seines weltumspannenden Werks liebe und suche. Es sind vielmehr so stille, geniale Erzählungen wie *Flieger, grüß mir die Sonne,* es sind die Aufzeichnungen des schwedischen Tage-buches in *das suchen nach dem gestrigen tag oder schnee auf einem heißen brotwecken,* der atemlose Roman ohne Punkt und Komma in den *Nachrichten aus Nord und Süd,* die Montagen und Sequenzen aus *Unter der Bedeckung eines Hutes* und die sorgsamen Handwerksgeschichten aus *Fleiß und Industrie.* Es ist die ungezählte Schar der Gedichte aus all den Jahren und Jahrzehnten, in denen er sie schrieb. Die Marginalien und *Register der Sommermonde und Wintersonnen.* Besonders das Spätwerk Artmanns liebe ich, das ein stilles Dasein führt und schon damals von Medien und Publikum wenig geschätzt wurde. Bei Lesungen verlangten die Leute immer wieder die *schwoazze dintn* oder die *Burenwurst,* die sie allein und vermeintlich als Lach-Texte sahen. Die *Register* und der letzte Lyrikband der *gedichte von der wollust des dichtens in worte gefaßt* entsprachen nicht den klischeehaften Artmann-Erwartungen der Zuhörerschaft.

Sein Zuhause nannte H.C. Artmann – was es tatsächlich auch war – „bescheiden". Ein Schlüsselwort, das er immer wieder als auszeichnendes Signet für seine Kindheit und Jugend verwendete sowie als wehmütig-ironisches Charakteristikum seiner späteren Lebensumstände. Fürstlich hat der „Dichterfürst", wie er gerne genannt wurde, nie gelebt. Souverän und ohne Grenzen zwar im Land seiner geistigen Abenteuer, waren die Forderungen des Tages immer eingeschränkt durch Pfahl und Zaun.

[...] ich habe auch ein ganzes leben lang frierend und hungernd geübt wie ein schamane in seiner sibirischen waldheimat jawoll bei nullgraden und ein zwei harten pfirsichen pro tag und die nächte waren mir ausgefüllt vom schein kümmerlicher petroleumlampen und einer lektüre die kein mensch auf dieser erde mit mir teilte wem hätte ich mich da

seelisch anvertrauen sollen wem meine ängste schildern wem
meine euphorien vor den brustlatz knallen oui messjödam
ich habe eine jugend und ein mannesalter hindurch geschuf-
tet um zwischen den grünverschimmelten bäumen dieses
terrestren zauberforstes etwas darzustellen doch manchmal
ist man ein wenig konfus und nach nestroy heißt ein konfuser
zauberer ramsamperl und wenn man ramsamperl heißt steigt
man halt hin und wieder auf die seife aber man fällt schließ-
lich nur deshalb hin um desto strahlender wieder aufstehen
zu können seht her ich strahle wie ein lackiertes schaukel-
pferd in meinem glorienglanz sonnen sich die unzähligen
stunden meiner vergangenen einsamkeiten [...][12]

Dieses Zitat stammt aus dem einen einzigen Satz, der rund
einhundertfünfzig Seiten lang ist und ohne Pause den Be-
wusstseinsstrom eines Mannes wiedergibt, der sein Leben
und seine Zeit betrachtet. Die *Nachrichten aus Nord und Süd*
erschienen 1978, inmitten dieser überaus produktiven Salz-
burger Jahre. Alles, was er zu Papier brachte, tippte Artmann
auf der alten Schreibmaschine, die ihm seine Mutter 1954
aus einer Nachzahlung der Hinterbliebenenrente gekauft
hatte und die für ihn die wichtigste Ermunterung zu einem
Dichter-Dasein war. Ich brauche den lauten Ton der Tasten,
es ist wie Musik, die Lautlosigkeit eines Computers könnte
ich nicht ertragen, sagt H.C. in dem in seiner Bildsprache
radikal-reduzierten Film von Emily Artmann und Katharina
Copony aus den letzten Lebenstagen H.C.s in der Wiener
Wohnung. *der wackelatlas – sammeln und jagen mit H.C.*
Artmann ist der Titel dieses großartigen und als historisches
Dokument unschätzbaren Films, in dem stundenlange Ge-
spräche über einige Tage hinweg ungeschnitten wiedergege-
ben werden und die jetzt auch als Buch zu erwerben sind.[13]

Von Artmanns Schreibtisch am Schwarzgrabenweg aus fällt
der Blick auf die Zweige der Linde, als sie noch stand, auf
Birken, die Wiesen, die südlichen Berge, das etwas entfernte
Nachbarhaus am Ende der Sackgasse. Fort, sagt er, fort
komme ich schon lange nicht mehr, immer habe ich ge-
dacht, dass noch etwas Exotisch-Abenteuerliches auf mich
wartet, aber wohin komme ich mit meinen Träumen? Bis
Kuchl. Er sagt nicht Oberalm oder Golling, nicht Adnet
oder Hallein, Orte, die ebenso im Salzachtal liegen, er sagt:
Kuchl. In einem Wort eine präzise Lebenssituation: In der
„Kuchl" bleibt man, hier ist es warm, es duftet nach Erdäpfel-
gulasch, die Fenster sind angelaufen vom kochenden Tee-
wasser, hier sind Menschen, die einen lieben.

im traum suche ich immer das weite und erwache im bett.
frage: wie weit ist mein bett vom traum entfernt?[14]

Zwischen Bett und Traum liegt seine ganze Welt. Erfindet
sich imaginäre Geburtsorte, nie geschriebene Werke und
Buchtitel und als Tarnung immer neue Identitäten. In seinem
paradigmatischen *Curriculum Vitae Meae* ist er auf oder
in einem Baum der „gemarkung Kürthal nahe dem weiler
St. Achatz am Walde" als Vogel zur Welt gekommen, der
jedoch wie die Lerche immer wieder zur Ackerscholle zu-
rückkommen müsse –

[…] Als es schließlich anders geworden war, verwandelte ich
mich kraft formeln und sprüchen zuerst in einen gefleckten
schwan, dann in einen schnellen luchs, dann in eine seidene

355

fledermaus, dann aber in eine mischung aus wolf und
baumwipfel, von dem aus ein sperber nach westen äugt,
und endlich wurde ich, und das nicht aus eigener kraft, ein
herbstlich geröteter farn auf einem bergrücken hinter dem
untergang der sonne. Das ist viel und wenig. Do bádussa
úair fa fholt buide chas; ní bia mar do bán ... sagt Ossian.[15]

Seit je ist Artmann Mystifikateur, der alle Metamorphosen
des Lebens liebt. Der Künstler Markus Vallazza hatte das
Gefühl, als er Artmann das erste Mal begegnete, einen
Menschen getroffen zu haben, „der seit Jahrhunderten als
letzter überlebender Troubadour durch die Welt geistert".
Das Artmannhaus war immer ein offenes Haus. Auch im
wörtlichen Sinn: Zugesperrt war es selten. Es wurde gern
gefeiert, gelacht, debattiert. Viele Freunde kamen, alte und
neu gewonnene, Bewunderer, Kritiker, Schüler, Studenten
von überall. Unprätentiös und anarchisch wie er war, war
H.C. immer schon der bewunderte Anreger für Generationen
junger Kunstambitionierter aller Sparten. Vielleicht mehr
als einzelne Werke galt seine prinzipiell-poetische *Haltung*
als Ansporn, die in jenem bis zum Überdruss zitierten Satz
aus der berühmten *8-Punkte-Proklamation* des *poetischen*
Actes von 1953 kulminiert, dass man Dichter sein könne,
ohne je ein Wort geschrieben zu haben. Ein Kunstverständ-
nis, das erst Jahrzehnte später von der Attitude eines be-
lächelten Außenseiters zur Forderung auch der modernen
Kunsttheorien und zum Credo der *conceptual art* wurde.
    Artmann, der Spieler. Der Liebhaber der Spontaneität, der
Usurpator des müden Lebens. Das war er immer noch mit
siebzig Jahren und darüber hinaus. Hatte sein bitteres Lachen.
Den nie erlahmten Wunsch, „die gleichgültigkeit unter men-
schen" abzuschaffen. War immer auch großzügiger und enthu-

siastischer Bewunderer der zeitgenössischen Autorinnen und Autoren, ohne Unterschied des Geschlechts. „Sein Kriterium war die Qualität", sagt Rosa, wichtig sei gewesen, dass sie neue, eigene Wege gingen; Namen zu nennen, wäre einschränkend, es wären zu viele gewesen, denen er seine Zuneigung und Aufmerksamkeit schenkte. Ich kann mich an Thomas Kling, Péter Esterházy und Raoul Schrott erinnern, an Raphael Urweider und Peter Waterhouse, auch Elfriede Jelineks Werk hat H.C. geschätzt, aber ich will Rosa recht geben, es waren viele, sehr viele. Nie habe ich von ihm ein abfällig-böses Wort gehört, vielleicht einmal eine sarkastische Nebenbemerkung, einen treffenden Spott. Aber die Außenwelt blieb am Rande. Er war sein eigenes Eiland und das hütete er als Geheimnis.

O ihr träumer von träumen, ihr träumtet nie, was ich träumte,
und ich träume nie, was ihr träumt, und ihr werdet nie träumen,
was ich träumen werde, denn ich träume meine träume und ihr träumt die euren.[16]

Die enge Küche des Möslerhauses hat ihr Fenster auf die Westseite hin, wo die Glan fließt, eine Birkenallee den Uferweg säumt und die Glashäuser einer Gärtnerei liegen. H.C. schneidet grüne Fisolen, schön schräg, wie es die Mutter getan hat. Das Wort „Freude" nehme er selten in den Mund, sagt er, „Glück" überhaupt nicht, was ihn selbst betreffe. „Glück" sei viel zu viel, zu schwer, fast eine Blasphemie. „Happy" sei er manchmal, ja, das schon, aber: „glücklich"? Der Mann, der an die „märchenhaftigkeit der dichter" glaubt, braucht auch keine Macht. Er braucht sie nicht, gebraucht sie nicht und missbraucht sie nicht, selbst dort nicht, wo er sie hätte. Machtstrukturen sind seinem Denken fremd, Berechnung kennt er nicht. Was ihn charakterisiert ist Toleranz, noble Nonchalance, das ewige Staunen der Welt gegenüber. Schon früh hat ihn der „Blick der gußeisern'marmornen Vergänglichkeit" getroffen, seither ist er auf der Suche nach sich selbst und nach einer Antwort auf die Frage, woher wir kommen.

carnac:

viele verbrannte lebensläufe
druiden der aschenbecher euch

ich aber ach ich bin noch student
sperling der stadt der türme

auf einem vogelbein hocke ich
ohne audiovisuelle erfahrung

durch den rockärmel der magie
spähe ich nach uralten echos[17]

Frühling in den Moorwiesen. Ein kleiner Spaziergang, nicht weit. H.C.s Bein schmerzt. Schneeglöckchen, der erste Krokus, der Plastik- und Metallmüll rund um die Glashäuser der Gärtnerei, ein Igel erwacht aus dem Winterschlaf, Rehe überqueren rasch die Märzwiesen ... – immer werde ich das Leopoldskroner Moor mit den Augen und in den Worten der japanischen Dreizeiler aus Artmanns *nachtwindsucher* sehen. „wenn ich aufmerke/höre ich die feldlerche/und gottes raunen."

Die Gondel der Seilbahn auf den Untersberg schwebt wie direkt in den Himmel, beinahe dreihundert Meter über dem Grund. Die Marmorbrüche von Fürstenbrunn schimmern blassrosa, mit ihren Steinen sind viele Kirchen und Schlösser Europas ausgestattet. Die steilen Waldhänge sind schwarzgrün. Durch die zerklüfteten Felswände der Gipfelregion führt der Dopplersteig, benannt nach dem bahnbrechenden Salzburger Physiker und Sternenlichterkunder Christian Doppler, hinauf zum Zeppezauerhaus. Im Sommer blinken seine Fenster bei Sonnenuntergang orangerot ins Tal.

Reden über dies und das.

Über die *Sternstunde* – nur ich nenne sie so, H.C. lehnt dies lachend ab – von einigen wenigen Jahren um 1980, als es die unglaubliche Konstellation gab, dass drei der bedeutendsten Autoren deutscher Sprache zur selben Zeit in Salzburg lebten: Ilse Aichinger, H.C. Artmann und Peter Handke. Artmann im Leopoldskroner Moor, Handke auf dem Mönchsberg und Aichinger am westlichen Ende des Untersberges in Großgmain. Was hätte daraus werden können? Sie haben einander wenig gesehen. Aichinger war vergraben hinter einer hohen Mauer in der dunklen Erdgeschoßwohnung einer gelben Villa, auch Artmann und Handke waren zu große Individualisten, als dass sie sich enger aneinanderschließen wollten. Die jeweilige Literatur: eine eigene Welt.

Zu Hause nehme ich Ilse Aichingers schmalen Band *Kleist, Moos, Fasane* aus dem Regal und schlage die Erzählung *In das Land Salzburg ziehen* auf. In dieser Geschichte verschwindet auf rätselhafte Weise ein Jäger namens Michael Hulzögger, von dem Aichinger in Ernst Blochs *Spuren* gelesen hatte, im Untersberg. Nach Wochen wird Hulzögger für tot gehalten, erscheint jedoch wieder und spricht, geblendet von dem, was er im Berg gesehen hat, nie wieder je ein Wort. Das Beklemmende an dieser Erzählung ist Aichingers Assoziation zu den Verhören der Gestapo, die immer bei grellem Licht durchgeführt wurden und für viele den Tod bedeuteten. Auch Ilse Aichinger konnte, wie Artmann, das Grauen unter Hitlers Regime nicht vergessen.

Eins weiß ich: daß es seine schwerste Jahreszeit ist, wenn die Tage immer heller und heller werden und es einem kalt wird vor Angst. Um die Zeit war er im Untersberg. Hier wissen wenige, wie das ist, wenn es nicht mehr dunkel wird, aber vielleicht hat er ihn gesehen da drinnen, diesen hellsten, jüngsten Tag, nachdem er in der hellsten Früh ahnungslos aufgestanden war wie alle andern, seinen jüngsten Vormittag ahnungslos begonnen hatte. Aber es geht schon ein heimliches Wissen durch dieses Land mit der Bewegtheit seiner Landschaft, die Helligkeit und Tiefe dicht beieinander hält, Verhülltheit und Offenheit, rote und weiße Wände, Hellsichtigkeit und Nichtswissenwollen, verzehrendes Grau und verzehrendes Grün.

Vielleicht ist das sein Geheimnis, die Ahnung von diesem Tag, der seine Toten aus ihren Gräbern sprengt und seine Lebendigen erstarren läßt. Die ewige Nacht, wie die ist, das wissen wir schon eher, wir haben sie trotz dem Sternengewimmel schon öfter um uns. Aber der hellste Tag ist dem jüngsten Tag gemäßer als die finsterste Nacht. Wie sollte man auch im Dunkeln verhandeln und verurteilen können?[18]

*

ich könnte viele bäume malen,
mit buntem laub träumend überhangen,
hinter einem blutdunklen zaun [...]

mein herbstmatter tag
wäre aus schönem, blassen chroysopras,
voll noch,
aber schon irgendwie verklungen
über einem vielleicht blaugewordenem wald[19]

So beginnt Artmanns erstes publiziertes Gedicht, das 1950 in der Jänner-Nummer der wichtigsten Literaturzeitschrift der Nachkriegsjahre *Neue Wege* erschien. Damals schon: der Schutzmantel. „[…] ich bin zu der natur gegangen,/die luft ein demantbrunnen ist", heißt es in der *botanisiertrommel*. Er brauche, sagt Artmann in der modesten Form seiner Selbstinterpretation und in das Braun-Gold der Moorbirke vor seinem Fenster blickend, Laub, Laub, Laub. Er brauche zunächst Bäume und dann Freunde, um mit ihnen über Bäume reden zu können. Dies sei eine der Formen seiner Romantik. Denn vor allem als Romantiker sehe er sich, ganz im Eichendorff'schen Sinne. Als Romantiker – nicht als Surrealist, er wisse auch nicht mehr, warum er sich damals in den 50er Jahren so bezeichnet hätte.

Wer sagt, dass es keine Kontinuitäten gäbe in Artmanns Werk? Es gibt sie. Die des Todes und jene der Lebenseuphorie, die des Gewalttätigen und Macabren und jene der Noblesse und Ritterlichkeit, die des Blicks auf besondere Typen seiner Zeit und jene der uralten Echos vergangener Jahrhunderte. Und über allem: die Schöpfungen der Natur und wir Menschen klein darinnen …

bachnah

widerwelt wirsinggrün
gnomen drin die wohnen

auch huflattich tau drauf
zonen der klaren schnecke
schleimpfade aprilspeichel
regenbogenstege im regen
dazwischen kleine dinge.[20]

Da und dort gehen in den Häusern jenseits der Glan die ersten Lichter an. Hermann Nitschs Zeichnung der labyrinthischen Wege des Menschen, die an der Wand über dem Esstisch hängt, versinkt langsam im ermüdeten Licht. Im Grunde, sagt Artmann, sei er genauso, wie er mit vierzehn gewesen sei. Und was wären die Konstanten seines Lebens? „Das Abenteuerliche, das Märchenhafte, das Zauberhafte, die Magie." L'heure bleu ist versunken. Wir gehen in den ehemaligen Heuboden hinüber, der zum Bücherreich wurde und damit auf die schönste Weise Natur und weltweites Wissen vereint. Im schmalen Raum zwischen Haupthaus und Scheune sind wir an den Jerry-Cotton-Heftchen vorübergekommen, der vollständigen Sammlung des Comic-Liebhabers Artmann. In seiner eigenen Dichtung, sagt er, sei er immer bemüht gewesen, das Triviale zur Literatur zu machen und die Literatur mit dem Trivialen zu bereichern. Und im *wackelatlas* ergänzt er seine Methode der Verfremdung: die hohe Lyrik tiefer zu machen und die tiefe höher. Darum mache er auch Witze über Hochtrabendes und Pathetisches, wie Heinrich Heine, den man als „Spottdrossel der deutschen Lyrik" kritisiert hat.

Artmanns enzyklopädisches Wissen, seine atemberaubende Belesenheit und seine analytische Strukturierung fremder Grammatiken hätte jeder Universität zur Ehre gereicht.

Immerhin: Die Universität Salzburg verlieh ihm 1991 den Titel honoris causa, zugleich ein heiteres Wortspiel: H.C. Artmann h.c. Mit den Abertausenden seiner Bücher unter dem Holzgiebel des ehemaligen Bauernhauses – Exemplare aus siebzig Sprachen hat die Wien-Bibliothek bei der Sichtung des Nachlasses gefunden! – führt Artmann ein stilles, immerwährendes Gespräch.

Ja, es gab ein zischendes sausen und wolkiges schweben zwischen den sogenannten jahrhunderten, die mir doch nur einen einzigen augenblick meiner gegenwart bedeuteten. [...] Wo sollte ich anfangen, wo beginnen, wo mich festlegen, wenn es mich doch ein ganzes leben lang wie die imme von blüte zu blüte, von kelch zu kelch trieb? Ich habe vieles gelesen und vieles geliebt, allein was hat das gefruchtet, welches eiland habe ich damit erreicht, welche lichtung eines immensen forstes habe ich entdeckt, welches sonnendurchflutete haus betrete ich nach all dieser irrsäglichen suche, wo entledige ich mich meiner verstaubten stiefel, um mit muße durch ein helles fenster in den lang erwünschten garten zu blicken?
Freunde, ich habe alle götterverehrung an die leicht modrige wand meines lebens gehängt, gleich alten ulstern und havelocks, wie es eben der mensch so oft tut, wenn ihm sein schicksal wie eine halbverschluckte krawatte zum halse herausguckt, jenes schicksal, mit dem er hadert, ohne es eigentlich zu wollen [...][21]

*

Über den Moorwiesen liegt schon Nebel. Die vertieften Stellen, wo Moor gestochen wird, sind nicht mehr zu sehen. Die vergilbten Herzblätter der Linde fallen. Der Holunder ist geerntet. Hinter der Scheune sind die letzten Brennnesselhalden dieses Jahres gewachsen, in den ersten Frostnächten werden sie einknicken und zu Boden sinken.

„Warum so viel unausgeführtes? Warum nur angedeutetes? Warum nur versprechungen?", fragt sich Artmann immer wieder. Nur in der Literatur antwortet er mit „Warum denn nicht?" Im Leben ist er hoffnungsloser geworden. Er war nie ein Verteidiger seiner selbst. Zweifel lag ihm immer näher als Selbstgefälligkeit. „ein bißchen mehr innenleben freisetzen für die nachwelt, wie blauen dunst, das lied der wasserpfeife an einem schönen vormittag lord byrons – was bliebe sonst von einem übrig?", schreibt er in einem seiner letzten Werke, im *Register der Sommermonde und Wintersonnen.*

Es gibt lange Phasen, in denen die Fantasie schläft. Zeiten der Depression. Die Angstträger Alter und Einfallslosigkeit. Aber wenn die Worte wiederkommen, welch wunderbare Muster fallen dem „häkelnden Poeten" dann ein! Artmanns Wirklichkeit ist nicht der Boden unter den Füßen. Sie ist vielmehr gewirkt aus den tausend Verknüpfungen einer Masche mit dem Weltenall. Nicht, dass er sie suchte. Aber er spürt ihnen nach. Macht sich durchlässig für das, was er seinen *daimon* nennt und fasst ihn mit singulärer Virtuosität in Sprachmelodie. Er raucht „pro zeile eine zigarette" und trinkt absolut nichts, wenn er seinem *daimon* lauscht. Nicht er selbst sei es, sagt er, der schreibe, er sei nur das Mittel, das Medium. Mehr als das Zehnfache des Endgültigen werfe er weg. Er feile dann einmal durch. Dann müsse es stimmen.

Die letzten Salzburger Jahre. Es wird stiller um den „Dichterfürsten". Reisen wird schwieriger, die Nachfrage nach Lesungen wird geringer. Emily studiert an der Filmakademie in Wien. Rosa hat längst ihren Magistertitel an der philosophischen Fakultät erworben, 1995 erscheint bei Droschl ihr zweites Buch: *Ein Halbjahr im Leben einer Infantin*. Rosa und H.C. sind sich gegenseitig die ersten Leser, ersten Kritiker ihrer Texte.

Die Wochen dehnen sich übers Moor.

„meine traurigkeit, und die kann mir keiner nehmen […]"
Mit Rosa arbeitete er an neuen Theater-Übersetzungen und -Bearbeitungen, Goldoni, Kleist. Sie bringen etwas mehr Geld als die Bücher, eine abwechslungsreiche Tätigkeit zwar, aber auch eine finanzielle Notwendigkeit. Als schillernde, anarchische Figur, als Legende, ist Artmann lebendig geblieben – aber in der Überfülle von Neuerscheinungen, die jedes Jahr in noch größerem Ausmaß den Markt überfluten, können sich Artmanns Werke leicht verlieren. Die von Klaus Reichert so sorgsam betreute Gesamtausgabe der Prosa wurde verramscht. Der „große Meister der Poeterey", wie ihn Dichterfreund Wolfgang Bauer nannte, wird vom Ende des Jahrtausends überrollt. Dennoch: Vergessen ist er nicht. 2003 erschienen im Salzburger Jung und Jung Verlag *Sämtliche Gedichte* dieses „Ariels im Reich der Sprache", Christian Thanhäuser, der große Künstler des Holzschnitts und der Radierungen, der mit Artmann viele Reisen durch die Wälder und Wirtshäuser des österreichisch-böhmischen Grenzlandes unternommen hat, gibt immer wieder Artmann-Pretiosen heraus und der Droschl Verlag entdeckte verloren geglaubte Manuskripte und veröffentlichte sie unter dem Titel *Eine Lektion in Poesie wird vorbereitet*. Eine der schönsten kleinen Neuerscheinungen ist das Sammelsurium bereits veröffentlichter Texte im Bändchen Nr. 1493 aus dem Insel Verlag 2021 *Übrig blieb ein moosgrüner Apfel* mit

Illustrationen von Christian Thanhäuser und einem Nachwort von Büchnerpreisträger Clemens Setz. Auch Artmann hat noch diese höchste Auszeichnung der deutschsprachigen Literatur erhalten – 1997, drei Jahre vor seinem Tod. Es ist zu spät, sagte er damals, früher hätte ich mich mehr darüber gefreut.

so wie das licht der kerze
das der wind verlischt
wird einst von meinem stein
die schrift verwischt.
und fällt mein letzter vers
als staub zum erdenstaub
ist geist wie leib als staub
mit staub vermischt[22]

Als er den Büchnerpreis bekam, lebte Artmann bereits in Wien. In der Schönborngasse – eine schöne Adresse für den Nachtwindsucher nach den Quellen des Schönen. War weggezogen aus Salzburg, wo er, außer in seiner Geburtsstadt Wien, länger gelebt und mehr geschrieben hatte als irgendwo sonst. Die Literaturszene liebte ihn, er war Mitbegründer des Literaturhauses, der Platz davor wurde später nach ihm benannt, aber die offizielle Politik tat nichts oder zu wenig, um ihn zu halten. Ermüdet, enttäuscht, verletzt durch politische Hetze der Rechtsextremen und persönliche Anfeindungen, verließ er schließlich den Schwarzgraben und dessen Moosgeister, mit denen er das Erdenrund durchstreift hatte, um „im herzen einer grille das cello zu streichen" und uns den Sternenstaub seiner Einfälle ins Herz zu streuen.

Rosa spricht schon vom Kofferpacken. Der Untersberg steht als schwarze Silhouette unter einem riesigen Mond, es ist

Föhn, er heult durch die Äste der Linde. Im südwestlichen
Arbeitszimmer, das zugleich Raum von H.C.s schlaflosen
Nächten ist, hebt sich vor dem schwachen Licht der Glanweg-
Laternen der Schreibtisch ab. Ein neues, weißes Blatt Papier ist
in die Schreibmaschine eingespannt. Trotz allem: „[…] ein
leben leb ich,/ das sich wahrlich lohnt." Er sei ein Zwilling,
sagt Artmann, eine Mischung aus hemmungsloser Euphorie
und ganz stiller Traurigkeit. Einmal das eine, einmal das
andere. Aber das sei gut so. Ohne Ludus kein Leben. Denn:
„Dichtung ist Spiel, sonst ist sie öd."

irgendwo:

frag mich um meinen namen
ich will ihn dir beichten
kein ort ist mir ähnlich:
bin honig unter kanditen
bin vergoldeter zuckerhut
eigentlich bin ich biene
wabengebilde immenhäusle
eigentlich bin ich brief
adresse postporto stempel
ich antworte dir wie noah
ein rebstock ein zauberer
sieh ich verändere mich:
caruso besingt mich
als colibri turteltaube aar
robinson schilt mich als
natter skarabäus mikrobe
bin eiland im weltenall
bin kraft echter aktien
des altai nashorn das gnu

des ural der gobi makaki
kein spiegel wirft mich
kein film zeigt mich auf
ich bin der ort nirgendwo[23]

*

Im Nirgendwo werde ich beginnen.
Im Irgendwo werde ich ihnen näherkommen.
In ihren Dichtungen werde ich sie finden,
alle, von denen dieses Buch erzählt.

***

Anmerkungen

Adalbert Stifter

1 Adalbert Stifter, Granit, in: Ausgewählte Erzählungen, Buchgemeinschaft Donauland, Auswahl und Einleitung: Dr. Karl Raubek, Wien s.a., S. 341. Es ist die Ausgabe, die ich als Jugendliche gelesen und später immer wieder zur Hand genommen habe, ein Nachkriegsexemplar auf noch schlechtem Papier, das den Bildungswillen nach dem Kahlschlag der Nationalsozialisten fördern wollte, was Stifter selbst sicher sehr begrüßt hätte.

2 Adalbert Stifter, Zuversicht, in: Sämtliche Erzählungen nach den Erstdrucken, hg. und kommentiert von Wolfgang Matz, Deutscher Taschenbuch Verlag, 3. Auflage, München 2021, S. 936

3 Adalbert Stifter, Der Hagestolz, in: Sämtliche Erzählungen nach den Erstdrucken, l.c., S. 732

4 Adalbert Stifter, Der Hochwald. In: Adalbert Stifter, Ausgewählte Erzählungen, l.c., S. 91

5 Adalbert Stifter, Der Waldgänger. In: Sämtliche Erzählungen nach den Erstdrucken, l.c., S. 941

6 Adalbert Stifter, Die Sonnenfinsterniß am 8. Juli 1842, Nachdruck der Wiener Zeitschrift für Kunst, Literatur, Theater und Mode 1842, Drittes Quartal, hg. in der Schriftenreihe des Adalbert-Stifter-Institutes des Landes Oberösterreich durch Aldemar Schiffkorn, mit Beiträgen von Friedrich Witthauer, K.L. von Littrow, Hans Sedlmayr und Hans Eisner, Linz s.a., S. 13. Vgl. Adalbert Stifter, „…welch ein wundervoller Sternenhimmel in meinem Herzen…", Adalbert Stifters Bild vom Kosmos, hg. von Christian-Paul Berger, Böhlau Verlag Wien-Köln-Weimar 1996

7 Adalbert Stifter, Feldblumen, Liebfrauenschuh. In: Sämtliche Erzählungen nach den Erstdrucken, l.c., S. 147f

8 Adalbert Stifter, Liebfrauenschuh, l.c., S. 149

9 Ebenda, S. 154

10 Adalbert Stifter, Kalkstein, Ausgewählte Erzählungen, l.c., S. 262

11 Ebenda, S. 284

12 Ebenda. S. 276

13 Adalbert Stifter, Feldblumen, Glockenblume. Reclam-Verlag Stuttgart 1949, S. 21

14 Christoph Ransmayr, Die Verbeugung des Riesen. Vom Erzählen. S. Fischer Verlag, Frankfurt am Main 2003, S. 19

15 Adalbert Stifter, Bergkristall, in: Ausgewählte Erzählungen, l.c. S. 242
16 Vgl. vor allem: Georg Braungart, Der Hauslehrer, Landschaftsmaler und
    Schriftsteller Adalbert Stifter besucht den Gletscherforscher Friedrich
    Simony. Hallstatt, im Sommer 1945, in: Bespiegelungskunst. Begegnun-
    gen auf den Seitenwegen der Literaturgeschichte, hg. von Georg Braun-
    gart, Friedmann Harzer, Hans Peter Neureuter und Gertrud M. Rösch,
    Attempto Verlag, Tübingen 2004, S. 101–118. Ein hervorragendes Bild-
    material findet sich in: Von wunderbarer Klarheit. Zu Friedrich Simonys
    Gletscherfotografien, hg. von Magdalena Vuković, Album Verlag, Photo-
    institut Bonartes, Wien 1999
17 Zitiert nach Georg Braungart, l.c., S. 105f
18 Adalbert Stifter, Der Nachsommer, Deutscher Taschenbuch Verlag,
    6. Auflage, München 1987, S. 423
19 Adalbert Stifter, Der Nachsommer, l.c., S. 422
20 Adalbert Stifter, Zuversicht, in: Sämtliche Erzählungen nach den Erst-
    drucken, l.c., S. 940
21 Ilse Aichinger, Weiterlesen. Zu Adalbert Stifter, in: Ilse Aichinger, Kleist,
    Moos, Fasane. S. Fischer Verlag, Frankfurt am Main 1987, S. 88f
22 Adalbert Stifter, Mein Leben, in: Der Weg nach Schwarzbach. Land-
    schaftskunde zu Adalbert Stifter, mit Fotografien von Heinz Schmidt
    und Holzschnitten von Christian Thanhäuser, Edition Thanhäuser,
    Ottensheim 2005, S. 26ff. In diesem Bändchen sind auch Texte unter-
    schiedlicher Autorinnen und Autoren versammelt, u.a. von H.C. Art-
    mann, Róža Domašcyna, Ludwig Hartinger, Paulus Hochgatterer, Martin
    Hochleitner, Raphael Urweider. *Mein Leben* ist auch, zusammen mit
    Lexikon- und Zeitungsbeiträgen von Stifters Hand, in der bibliothek
    der provinz, Weitra, s.a., erschienen.
23 Adalbert Stifter, Der Hagestolz, in: Sämtliche Erzählungen nach den
    Erstdrucken, l.c., S. 654
24 Adalbert Stifter, Die Narrenburg, hg. und mit einem Nachwort von
    Christian Begemann, Eine österreichische Bibliothek, Gesamtleitung
    Wendelin Schmidt-Dengler, Residenz Verlag Salzburg und Wien 1996,
    S. 100f

Mechtilde Lichnowsky, Walter Benjamin

1   „Verehrte Fürstin", Karl Kraus und Mechtilde Lichnowsky, Briefe und
    Dokumente, 1916–1958, hg. von Friedrich Pfäfflin und Eva Dambacher
    in Zusammenarbeit mit Volker Kahmen, Wallstein Verlag, Göttingen
    2001, S. 78–80

2   Zitiert nach Holger Fließbach, Mechtilde Lichnowsky. Eine monographische Studie, Diss., München 1973, S. 111f

3   In den letzten beiden Jahrzehnten scheint Mechtilde Lichnowskys Werk an Aktualität zu gewinnen. Evelyne Polt-Heinzl gab 2008 im Wiener Löcker Verlag den einzigen neu aufgelegten Roman Lichnowskys, *Geburt. Liebe, Wahnsinn, Einzelhaft* mit einem erhellenden Vorwort heraus. Dieselbe: Auf ewig zur Dame verdammt, Hinweise auf Mechtilde Lichnowsky. In: Literatur und Kritik 2008, Nr. 425/426, und ebenso: Canetti did not meet Lichnowsky. In: Spielräume. Poetisches. Politisches. Populäres. Löcker Verlag Wien, 2016. Dissertationen: Holger Fließbach, siehe Anmerkung 2) und Anne Martina Emonts, Mechtilde Lichnowsky, Sprachlust und Sprachkritik, Verlag Königshausen und Neumann, Würzburg 2008/09. Essays in Sammelwerken: Annette Antoine, Mechtilde Lichnowsky, in: Wie eine Nilbraut, die man in die Wellen wirft, Portraits expressionistischer Künstlerinnen und Schriftstellerinnen, hg. von Britta Jürgs, AvivA Verlag Berlin 1998; Michaela Karl, Mechtilde Lichnowsky. Die kluge Fürstin, in: Bayerische Amazonen, Zwölf Frauenportraits aus zwei Jahrhunderten, Piper Verlag, München 2008, Armin Strohmeyer, Mechtilde Lichnowsky, Worte über Wörter, in: Verlorene Generation, 30 vergessene Dichterinnen und Dichter des „anderen Deutschland", Atrium Verlag, Zürich 2008

4   Karl Kraus, Du seit langem einziges Erlebnis, in: „Verehrte Fürstin", l.c. S. 64

5   Mechtilde Lichnowsky, Geburt, l.c., S. 318

6   Mechtilde Lichnowsky, Geburt, l.c., S. 196

7   Zitiert nach Anne Martina Emonts, Mechtilde Lichnowsky, Sprachlust und Sprachkritik, l.c., S. 65

8   Mechtilde Lichnowsky, Geburt, l.c., S. 189

9   Mechilde Lichnowsky, Worte über Wörter, Bergland Verlag, Wien 1949 S. 144

10 Mechtilde Lichnowsky, Gespräche in Sybaris, Gallus Verlag, Wien 1946, S. 86

11 Lisa Fittko, Mein Weg über die Pyrenäen. Erinnerungen 1940/41, Hanser Verlag, München 1985, S. 141

12 Walter Benjamin, Über Literatur, Bibliothek Suhrkamp, Frankfurt am Main 1965, S. 201f

13 Walter Benjamin, Einbahnstraße, l.c., S. 69

14 Walter Benjamin: Über den Begriff der Geschichte. In: ders., Gesammelte Schriften. Unter Mitwirkung von Theodor W. Adorno und Gershom Scholem hg. von Rolf Tiedemann und Hermann Schweppenhäuser, Suhrkamp Verlag, Frankfurt am Main 1991, S. 697–698

Friedrich Hölderlin

1 Friedrich Hölderlin, Hyperion oder der Eremit in Griechenland, in: Sämtliche Werke, Kritische Textausgabe, Band 11, hg. von D.E. Sattler, Luchterhand Verlag, Darmstadt und Neuwied 1984, S. 63

2 Ebenda, S. 206

3 Marbacher Magazin 11/1978, Hölderlin in Tübingen, Bearbeitet von Werner Volke, S. 45

4 Hölderlins Werke. Ausgewählt und mit einer biographischen Einleitung versehen von Will Vesper, Verlag Philipp Reclam jun., Leipzig s.a., S. 165

5 Friedrich Hölderlin, Menschenbeifall, in: Hölderlins Werke, l.c., S. 46

6 Hölderlins Weg ist durch genaue Recherchen relativ gut dokumentiert: u.a. Pierre Bertaux im Hölderlin-Jahrbuch 19/20, 1975–1977, S. 94–111 und ebendort Band 23, 1980/81, S. 258–261; Jean-Pierre Lefebvre, Hölderlin Handbuch. Leben-Werk-Wirkung, Stuttgart-Weimar 2011, S. 45–50; Adolf Beck, Hölderlin Jahrbuch 1957, Band 10, Tübingen 1957, S. 67–72

7 Zitiert nach: Gunter Martens, Friedrich Hölderlin, rororo-Monographie, Rowohlt Taschenbuch Verlag, Reinbek bei Hamburg 1996, S.117

8 Friedrich Hölderlin, Andenken, in: Hölderlins Werke, l.c., S. 120f

9 Friedrich Hölderlin, Diotima, in: Friedrich Hölderlin, Sämtliche Werke, Kritische Textausgabe, l.c., Band 2, Lieder und Hymnen, S. 184f

10 Friedrich Hölderlin an Christian Ludwig Neuffer, zitiert nach: Gunter Martens, l.c., S. 93

11 Friedrich Hölderlin, Sämtliche Werke und Briefe, hg. von Michael Knaupp, München 1992f, Band II, S. 833. Vgl. auch die neue, klug zusammengestellte Auswahl von Dichtungen und Briefen: Friedrich Hölderlin, Bald sind wir aber Gesang. Eine Auswahl von Navid Kermani, C.H. Beck textura, Verlag C.H. Beck, München 2020, S. 230f

12 Friedrich Hölderlin, Hälfte des Lebens, in: Hölderlins Werke, l.c., S. 122

13 Friedrich Hölderlin, Sämtliche Werke, Frankfurter Ausgabe, Hyperion I, Verlag Roter Stern, Frankfurt am Main 1982, Emendierter Text, S. 286

14 Friedrich Hölderlin, An die Parzen, in: Bald sind wir aber Gesang. Eine Auswahl aus seinen Werken und Briefen. Von Navid Kermani, Verlag C.H. Beck, München 2020, S. 13

15 Friedrich Hölderlin, Hyperions Schicksalslied, zitiert nach: Hölderlin, Sämtliche Werke und Briefe, l.c., Band I, S. 745

Georg Trakl

1 Zu allen Details aus Georg Trakls Leben ist die große Biografie von Hans Weichselbaum die beste Informationsquelle: Hans Weichselbaum, Georg Trakl. Eine Biographie mit Bildern, Texten und Dokumenten, Otto Müller Verlag, Salzburg-Wien 1994, neu überarbeitet 2014

2 Georg Trakl, Die drei Teiche von Hellbrunn, in: Dichtungen und Briefe, hg. von Hans Weichselbaum, Otto Müller Verlag Salzburg-Wien 2020, S. 180. Alle weiteren Gedichte sind nach dieser jüngsten, auf dem neuesten Stand der Wissenschaft aufgebauten und mit einigen kostbaren Fundstücken bereicherten Ausgabe zitiert.

3 Georg Trakl, Grodek, S. 168

4 Georg Trakl, Untergang, 4. Fassung. An Karl Borromäus Heinrich, S. 116

5 Friedrich Johann Fischer hat in seinem vergriffenen Buch *Höhle und Gesicht. Mythisches Hellbrunn* die manieristisch-frühbarocke Anlage genau beschrieben. Verlag der Salzburger Druckerei, s.a. (1980)

6 Erhard Buschbeck, Ersehnte Weite. Die „Dampftramway" und andere Salzburger Erinnerungen, hg. und mit einem Nachwort von Hans Weichselbaum im Rahmen der Salzburger Bibliothek, hg. von Hildemar Holl, Band 6, Otto Müller Verlag Salzburg-Wien 2000, S. 81ff

7 Georg Trakl, Verfall, S. 57

8 Georg Trakl, Vorstadt im Föhn, S. 49

9 Georg Trakl, Rosenkranzlieder, An die Schwester, S. 32

10 Georg Trakl, Verwandlung des Bösen, S. 95

11 Georg Trakl, Brief an Hermine Trakl in Salzburg, Wien, 5. Oktober 1908, in: Dichtungen und Briefe, l.c., S. 513f

12 Erhard Buschbeck, Ersehnte Weite, l.c., S. 211

13 Georg Trakl, An Maria Geipel in Salzburg, Wien, Ende Oktober 1908, in: Dichtungen und Briefe, l.c., S.514

14 *Die Elenden,* erstmals publiziert 2020 in *Dichtungen und Briefe* aus der Sammlung Richard Buhlig durch die Georg-Trakl-Forschungs- und Gedenkstätte Salzburg, S. 321

15 Georg Trakl, In Hellbrunn, S. 155, veröffentlicht in Der Brenner, 1914

16 Georg Trakl, Rondel, S. 19

17 Georg Trakl, Psalm, 3. Fassung, Karl Kraus zugeeignet, S. 53

18 Georg Trakl, Menschheit, S. 41

19 Vgl. die aufschlussreiche Untersuchung über die Verwurzelung Trakls in den sozialen und politischen Strömungen seiner Zeit von Ernst Hanisch und Ulrike Fleischer, Im Schatten berühmter Zeiten, Salzburg in den Jahren Georg Trakls (1887–1914), Trakl-Studien Bd XIII, hg.

von Ignaz Zangerle, Walther Methlagl und Alfred Doppler in Verbindung mit dem „Brenner-Archiv" Innsbruck, Otto Müller Verlag, Salzburg 1986
20 Hans Weichselbaum, Georg Trakl, l.c., 97f
21 Georg Trakl, Die junge Magd, S. 10ff
22 Georg Trakl an Ludwig v. Ficker in Mühlau bei Innsbruck, Salzburg, 26. Juni 1913, in: Dichtungen und Briefe, l.c., S. 551
23 Georg Trakl, Frühling der Seele, S. 141
24 Else Lasker-Schüler, in: Hans Weichselbaum, Georg Trakl, l.c., S. 158
25 Georg Trakl an Ludwig v. Ficker in Mühlau bei Innsbruck, Berlin, 1./2. April 1914, in: Georg Trakl, Dichtungen und Briefe, l.c., S. 563
26 Georg Trakl, Herbstseele, S. 107
27 Ilse Aichinger, Der geheime Leonce, zu Georg Trakl, in: Kleist, Moos, Fasane, S. Fischer Verlag, Frankfurt am Main 1987, S. 90
28 Georg Trakl, Passion, 3. Fassung, S. 125
29 Georg Trakl, Die drei Teiche in Hellbrunn, 2. Fassung, S. 181
30 Georg Trakl, Das tiefe Lied, S. 239

Ilse Aichinger

1 Ilse Aichinger, Spiegelgeschichte, in: Meine Sprache und ich. Erzählungen. S. Fischer Taschenbuch Verlag, Frankfurt am Main 1978, S. 46
2 Ilse Aichinger, Aufruf zum Mißtrauen, in: Der Plan, 1946, zitiert nach: Ilse Aichinger, Materialien zu Leben und Werk, hg. von Samuel Moser, S. Fischer Verlag, Frankfurt am Main, 1990, S. 16f
3 Ilse Aichinger, Die größere Hoffnung, Fischer Taschenbuch Verlag, Frankfurt am Main 1974, S. 188. Im S. Fischer Verlag erschien 1991 auch die mehrbändige broschierte Gesamtausgabe von Aichingers bis dahin publiziertem Werk, herausgegeben und mit einem hervorragenden Einleitungsbändchen ergänzt von Richard Reichensperger *Die Bergung der Opfer in der Sprache. Über Ilse Aichinger – Leben und Werk.*
4 Ilse Aichinger, verschenkter Rat. Gedichte, S. Fischer Verlag, Frankfurt am Main 1978, S. 60
5 Ilse Aichinger, Spiegelgeschichte, l.c., S. 50
6 Ilse Aichinger, Rede unter dem Galgen, in: Meine Sprache und ich, l.c., S. 72, 75
7 Nachzulesen in den Publikationen zur Gruppe 47: Sonderband von Text+Kritik, 1987, hg. von Heinz Ludwig Arnold, München 1987. Katalog zur Ausstellung der Akademie der Künste in Berlin 1988 unter dem Titel *Dichter und Richter. Die Gruppe 47 und die deutsche Nach-*

kriegsliteratur. Hans Werner Richter, Im Etablissement der Schmetterlinge, Einundzwanzig Portraits aus der Gruppe 47, dtv München 1986

8 Ilse Aichinger, Die Auktion, in: zu keiner Stunde, Szenen und Dialoge, S. Fischer Verlag, Frankfurt am Main 1957, 1980, S. 58–64

9 Ilse Aichinger, Spiegelgeschichte, l.c., S. 50f

10 Ingeborg Bachmann – Ilse Aichinger und Günter Eich, halten wir einander fest und halten wir alles fest!, Der Briefwechsel, hg. von Irene Fußl und Roland Berbig, mit einem Vorwort von Hans Höller, Salzburger Bachmann Edition, hg. von Irene Fußl und Uta Degner, unter Mitarbeit von Silvia Bengesser, Piper und Suhrkamp Verlag 2021

11 Ilse Aichinger, Unglaubwürdige Reisen, hg. von Simone Fässler und Franz Hammerbacher, S. Fischer Verlag, Frankfurt am Main 2005, S. 181f

12 Ilse Aichinger, Kleist, Moos, Fasane, S. Fischer Verlag, Frankfurt am Main 1987, S. 7

13 Ilse Aichinger, Für H.W., in: Dichter und Richter. Die Gruppe 47 und die deutsche Nachkriegsliteratur, l.c., S. 346f

Tania Blixen

1 Tania Blixen, Die erste Erzählung des Kardinals. In: Letzte Erzählungen. Aus dem Englischen übertragen von Wolfheinrich von der Mülbe, Barbara Henninges und W.E. Süskind, Nachwort von Eckart Kleßmann, Manesse Verlag, Zürich 1988, S. 7

2 Tania Blixen, Von verborgenen Gedanken und vom Himmel. In: Letzte Erzählungen, l.c., S. 90 und 94

3 Tania Blixen, Leidacker. In: Wintergeschichten. Aus dem Englischen übertragen von Jürgen Schweier, btb Verlag, München 2013, S. 93

4 Vgl. insgesamt die rororo-Monographie von Detlev Brennecke, Tania Blixen, Rowohlt Verlag Reinbeck bei Hamburg, 1996, sowie Judith Thurmans große Biografie, Tania Blixen. Ihr Leben und Werk, Rowohlt TB, Reinbeck bei Hamburg 1991

5 Tania Blixen, Alkmene. In: Wintergeschichten, l.c., S. 287

6 Tania Blixen, Der Ring. In: Schicksalsanekdoten. Aus dem Englischen von W. E. Süskind, Rowohlt Taschenbuch Verlag, Reinbek bei Hamburg 1984, S. 181f.

7 Brigitte Kronauer, Nachwort zu: Tania Blixen, Ehrengard. Erzählung. Aus dem Englischen von Fritz Lorch, Suhrkamp Verlag, Frankfurt am Main 1987, S. 83–90

8 Tania Blixen, Leidacker, l.c. S. 88f

9   Tania Blixen, Wiedersehen. In: Gespenstergeschichten. Zitiert nach
     Eckart Kleßmann, Nachwort zu: Tania Blixen, Letzte Erzählungen,
     l.c., S. 506
10   Tania Blixen, Die Mottos meines Lebens. Übersetzt von Hanns Grössel.
     In: Mottos meines Lebens. Betrachtungen aus drei Jahrzehnten, ins
     Deutsche übertragen von Sigrid Daub, Walter Boehlich, Hanns Gössl
     und Hans Hjort. Mit einem Vorwort von Sigrid Daub, Rowohlt Taschen-
     buch Verlag, Reinbek bei Hamburg, 1991, S. 306–319
11   Tania Blixen, Der Fisch, in: Wintergeschichten, l.c., S. 313
12   Tania Blixen, Eine tröstliche Geschichte. In: Wintergeschichten, l.c.,
     S. 382f
13   Tania Blixen, Leidacker, l.c., S. 62
14   Tania Blixen, Babettes Gastmahl. In: Schicksalsanekdoten, l.c. S. 52 und 55
15   Tania Blixen, Die Mottos meines Lebens, l.c., S. 319

Friderike und Stefan Zweig

1   Stefan Zweig, Die Mondscheingasse, in: Verwirrung der Gefühle, Das
     erzählerische Werk, Salzburger Ausgabe, hgg. von Werner Michler
     und Klemens Renoldner. Die Erzählungen Band II 1913–1926, hgg.
     von Elisabeth Erdem und Klemens Renoldner, Paul Zsolnay Verlag,
     Wien 2019, S. 74
2   Das Anwesen mit Villa und Park war zwischen 1937 und 2020 im Be-
     sitz der Salzburger Kaufmannsfamilie Gollhofer, ab Oktober 2020 ist
     es in jenem von Wolfgang Porsche. Seit 2008 gab es aussichtsreiche
     Bemühungen von Heinrich Schmidinger, Rektor der Universität Salz-
     burg von 2001–2019 und Initiator des Internationalen Stefan Zweig
     Zentrums auf dem Mönchsberg, um in Kooperation mit Stadt und
     Land Salzburg sowie mit der Bundesimmobiliengesellschaft aus der
     „Villa in Europa" eine Gedenk- und Archivstätte zu machen. Auch von
     den Salzburger Festspielen gab es kurzzeitig Interesse. Die notwendige
     leichtere Zugänglichkeit des schwer zu erreichenden Anwesens war
     durch den Plan eines Lifts abgesichert. Leider zerschlug sich das ge-
     samte Projekt. Arturo Larcati, derzeitiger Direktor des Internationalen
     Stefan Zweig Zentrums, versucht, den Plan zu revitalisieren. Wolfgang
     Porsche hat die Möglichkeit einer teilweisen öffentlichen Nutzung in
     Aussicht gestellt.
3   Stefan Zweig, Die Welt von Gestern. Erinnerungen eines Europäers,
     Fischer Taschenbuch, Frankfurt am Main 2010, S. 330. Die umfang-
     reichste und genaueste Darstellung von Zweigs Leben in Salzburg findet

sich in: Gert Kerschbaumer, Stefan Zweig, Der fliegende Salzburger, Residenz Verlag, Salzburg-Wien-Frankfurt/Main 2003

4 Vgl. die beiden Erinnerungsbücher Friderike Zweigs: Stefan Zweig. Wie ich ihn erlebte, F.A. Herbig Verlagsbuchhandlung, Berlin-Grunewald 1948; Spiegelungen des Lebens, Fischer Taschenbuch, Frankfurt am Main 1985. Die jüngsten Erkenntnisse zu Friderike Zweigs Aktivitäten siehe u.a.: friderike, zweigheft 24, Stefan Zweig Zentrum Salzburg, Salzburg 2020, insbesondere Christa Gürtler, Friderike Zweigs Engagement in der Internationalen Frauenliga für Frieden und Freiheit, S. 17–23.

5 Zitiert nach: Gert Kerschbaumer, Stefan Zweig. Der fliegende Salzburger, l.c., S. 130f

6 Stefan Zweig, Rausch der Verwandlung. Roman aus dem Nachlaß, hgg. von Knut Beck, S. Fischer Verlag, Frankfurt am Main 1982, S. 186

7 Dieses „Hauptbuch" wird Stefan Zweig Anna Meingast anvertrauen, als er Salzburg verlässt. Es gehört zu jenen wenigen Besitztümern, die sich im Original erhalten haben und nicht von der Gestapo beschlagnahmt und vernichtet wurden. Anna Meingast hat das Buch über den Krieg gerettet. Es ist als Teil der Adolf Haslinger Literaturstiftung im Literaturarchiv Salzburg aufbewahrt.

8 Friderike Zweig, Stefan Zweig. Wie ich ihn erlebte, F.A. Herbig Verlagsbuchhandlung, Berlin Grunewald, 1948, Lizenzausgabe des Neuen Verlags, Stockholm 1947, S. 110; vgl. Friderike Zweig, Spiegelungen des Lebens, Fischer Taschenbuch, Frankfurt am Main 1985

9 Beide Zitate in: Stefan Zweig, Triumph und Tragik, Aufsätze, Tagebuchnotizen, Briefe, hg. von Ulrich Weinzierl, Fischer Taschenbuch, Frankfurt am Main 1992, S. 42 und 44

10 Stefan Zweig, Ungeduld des Herzens, Salzburger Ausgabe, l.c., Band VI, hg. von Stephan Resch, Paul Zsolnay Verlag, Wien 2021, S. 74

11 Stefan Zweig, Triumph und Tragik des Erasmus von Rotterdam, Fischer TB, Frankfurt 1981, S. 9

12 Stefan Zweig, Erasmus von Rotterdam, l.c., S. 10

13 Friderike Zweig, in: Gert Kerschbaumer, l.c., S. 190

14 Vgl. Gert Kerschbaumers Recherchen in: Stefan Zweig. Der fliegende Salzburger, l.c., S. 236f

15 Dieser Brief weist nach Gert Kerschbaumer im Vergleich zum handschriftlichen Original deutliche Kürzungen auf, die Zweigs Beweggründe für die Trennung verdeutlichen: Stefan Zweig. Der fliegende Salzburger, l.c., S. 379f. Vgl. Donald A. Prater, Stefan Zweig, Eine Bio-

graphie, Rowohlt TB, Reinbek bei Hamburg, S. 272f. Prater hatte während seiner Recherchen noch Gelegenheit, persönliche Gespräche mit Friderike Zweig zu führen.

16 Siehe Donald A. Prater, l.c., S. 274

. 17 Ebenda, S. 277ff

18 Stefan Zweig, In dieser dunklen Stunde, in: Stefan Zweig. Kapuzinerberg 5. Ein Salzburger Lesebuch, hg. von Klemens Renoldner, Verlag Alfred Winter, Salzburg 1992, S. 163

19 Stefan Zweig an Richard Beer-Hofmann, 11.7.1940, in: Stefan Zweig, Kapuzinerberg 5. Ein Lesebuch, l.c. S. 177

20 Stefan Zweig, Der Amokläufer, in: Verwirrung der Gefühle, Erzählungen II, l.c., S. 340f

Carl Zuckmayer

1 Carl Zuckmayer, Als wär's ein Stück von mir, S. Fischer Verlag, Frankfurt am Main/Wien 1966, S. 569

2 Ebenda, S. 9

3 Zitiert nach: Otto Supersaxo, Carl Zuckmayer, Letzte Heimat in Saas-Fee, Visp 1997, S. 37f

4 Michael Guttenbrunner, Spuren und Überbleibsel, Klagenfurt 1947-Wien 1994, S. 31

5 Carl Zuckmayer, Aufruf zum Leben. Did you know Stefan Zweig? In: Aufruf zum Leben. Portraits und Zeugnisse aus bewegten Zeiten, Fischer Taschenbuch Verlag, Frankfurt am Main 1995, S. 16f

6 Carl Zuckmayer, Als wär's ein Stück von mir, l.c., S. 572

7 Ebenda, S. 573

August von Platen

1 August von Platen, Ghaselen, in: Meyers Klassiker-Ausgaben, Platens Werke, hg. von G.A. Wolff und V. Schweizer, Kritisch durchgesehene und erläuterte Ausgabe mit einem Vorwort des Herausgebers, Erster Band, Leipzig und Wien s.a., (1895), S. 99

2 August von Platen, Im Theater von Taormina, in: Platens Werke, Band 1, l.c., S. 207. Im Schöningh Verlag Paderborn sind zwei neue Biografien erschienen: Peter Bumm, August Graf von Platen, eine Biographie, 1996 und Hartmut Bobzin, August Graf von Platen. Leben, Werk, Wirkung, 1998

3 Zitiert nach: Platens Werke, l.c. Band 1, Vorwort S. 13

4 August Graf von Platen, Sonett XL, Platens Werke, Band 1, l.c., S. 150

5   August von Platen, An Schelling, in: Platens Werke, l.c., Band 1, S. 134
6   August von Platen, Ghaselen LVI., in: Platens Werke, l.c., Band 1, S. 121f
7   Johann Wolfgang Goethe zu Eckermann, in: Platens Werke, Band 1, Vorwort, l.c., S. 42f
8   Augst von Platen, in: Platens Werke, Band 1, l.c., S. 161
9   August von Platen, Flucht nach Toscana, in: Platens Werke, Band 1, l.c., S. 82
10 August von Platen, Gesammelte Werke in 2 Bänden, Erster Band, Verlag der J.G. Cotta'schen Buchhandlung, Stuttgart 1869, S. 64
11 Ernst von Bandel, Brief vom 10. Dezember 1826, in: Platens Werke, Band 1, l.c., Vorwort S. 44
12 August von Platen, Gedichte, in: Platens Werke, Band 1, l.c., S. 324
13 In der schönen, kommentierten dtv-Ausgabe von 2019 (München) *Johann Gottfried Seume, Spaziergang nach Syrakus im Jahre 1802,* betont der Herausgeber Albert Meier in seinem Nachwort die starke politische und sozialkritische Sichtweise Seumes, der darin zum Vorläufer von Heinrich Heine und Ludwig Börne wurde.
14 August von Platen, Tristan, in: Platens Werke, Band 1, l.c., S. 61

H.C. Artmann
1   H.C. Artmann, Was sich im Fernen abspielt. Gesammelte Geschichten, hg. von Hans Haider, Residenz Verlag, Salzburg und Wien 1995, S. 22
2   H.C. Artmann, holzrauch, edition thanhäuser, Ottensheim 1992, ohne Seitenangabe
3   H.C. Artmann, Das Suchen nach dem gestrigen Tag oder Schnee auf einem heißen Brotwecken, in: Grammatik der Rosen, Gesammelte Prosa, Band 2, hg. von Klaus Reichert, Residenz Verlag Salzburg und Wien, 1975, S. 9f
4   H.C. Artmann, Der Schlüssel zum Paradies. Religiöse Dichtung der Kelten, Otto Müller Verlag Salzburg-Wien, 1993, S. 30f
5   H.C. Artmann, Unter der Bedeckung eines Hutes, in: Grammatik der Rosen, l.c., Band 3, S. 151 und 150
6   H.C. Artmann, nachtwindsucher. Einundsechzig österreichische Haiku. Rainer Verlag Berlin 1984, Nr. IV, IL
7   H.C. Artmann, Aus meiner Botanisiertrommel. Balladen und Gedichte, Residenz Verlag, Salzburg und Wien 1975, S. 48
8   H.C. Artmann, gedichte von der wollust des dichtens in worte gefaßt, Residenz Verlag, Salzburg und Wien 1989, S. 8
9   Ebenda, S. 32

10 H.C. Artmann, Der Schlüssel zum Paradies, l.c., S. 43
11 H.C. Artmann, Wiener Vorstadtballade. Mit Fotografien von Franz Hubmann, Otto Müller Verlag Salzburg 1991, ohne Seitenangaben
12 H.C. Artmann, Nachrichten aus Nord und Süd, in: Grammatik der Rosen, l.c., Band 3, S. 382
13 Der Film ist abrufbar bei sixpackfilm. Das Transkript der Filmproduktion *der wackelatlas – sammeln und jagen mit H.C. Artmann* von Emily Artmann und Katharina Copony ist mit freundlicher Genehmigung von Kurt Mayer Film im Ritter Verlag Klagenfurt, Graz und Wien, 2021 mit Blindzeichnungen von H.C. Artmann publiziert.
14 H.C. Artmann, Register der Sommermonde und Wintersonnen, Residenz Verlag Salzburg-Wien 1994, S. 14
15 H.C. Artmann, Curriculim Vitae Meae oder Wie das halt so gewesen ist, in: Grammatik der Rosen, l.c., Band 3, S. 123f
16 H.C. Artmann, Grünverschlossene Botschaft, 90 Träume, gezeichnet von Ernst Fuchs, Residenz Verlag 1989, Nr. 90
17 H.C Artmann, gedichte von der wollust, l.c., S. 14
18 Ilse Aichinger, In das Land Salzburg ziehen, in: Kleist, Moos, Fasane, S. Fischer Verlag, Frankfurt/Main 1987, S. 33
19 Zitiert nach: Ein Poet und sein Gedicht. Zusammengestellt von Gerald Bisinger, in: Die Bühne, Juni 1991, S. 21
20 H.C. Artmann, holzrausch, l.c., ohne Seitenangabe
21 H.C. Artmann, Was ich gerne lese, in: Grammatik der Rosen, l.c., Band 3, S. 130f
22 H.C. Artmann, Gedichte über die Liebe und über die Lasterhaftigkeit, Suhrkamp Verlag Frankfurt am Main 1984, S. 34; vgl. ein lilienweißer brief aus lincolnshire, gedichte aus 21 Jahren, hg. von gerald bisinger, surkamp taschenbuch, 1969, S. 308
23 H.C. Artmann, gedichte von der wollust, l.c., S. 24

Ausschnitte oder kürzere Fassungen von einigen Texten dieses Buches sind erschienen in: Literatur und Kritik, hg. von Karl-Markus Gauß und Arno Kleibel, Otto Müller Verlag, Salzburg-Wien, H.C. Artmann, Dossier 3, hg. von G. Fuchs und R. Wischenbart, Literaturverlag Droschl, Graz 1992, Annäherungen an Stefan Zweig, hg. von Christoph Janacs, Arturo Larcati, Fritz Popp, Edition Tandem, Salzburg-Wien 2021, Das Tote Gebirge. Lebenswelten in einem Naturparadies, hg. von Willibald Girkinger, Lutz Maurer und Franz Sieghartsleitner, Trauner Verlag, Linz 2022

FOTONACHWEISE

Adalbert Stifter
© SZ Photo / Scherl / Bridgeman Images

Mechtilde Lichnowsky
© SZ Photo / Scherl / Bridgeman Images

Walter Benjamin
© IanDagnall Computing / Alamy Stock Photo

Friedrich Hölderlin
© Lebrecht Music & Arts / Alamy Stock Photo

Georg Trakl
© Otto Müller Verlag

Ilse Aichinger
© INTERFOTO / Alamy Stock Photo

Tania Blixen
© Wolf Steinwendtner

Friderike und Stefan Zweig
© Literaturarchiv Salzburg – Adolf Haslinger Literaturstiftung

Carl Zuckmayer
© Keystone Press / Alamy Stock Photo

August von Platen
© World Archive / Alamy Stock Photo

H.C. Artmann
© Wolf Steinwendtner

DANK

Sehr herzlich danke ich meinem Mann, ohne den ich die Reisen quer durch Europa nicht hätte machen können und der mir immer geduldiger und zuneigender Anreger und Kritiker ist, sowie allen, die mir bei den Recherchen zu diesem Buch mit wertvollen Hinweisen und als freundliche Gastgeber zur Seite gestanden sind:

Eva Alteneder, Emily Artmann, Rosa Artmann, Xavier Beck, Petra-Maria Dallinger, Gunter Gollhofer, Peter Gruber, Anna und Johannes Honsig-Erlenburg, Hildemar Holl, Petra Horn, Gert Kerschbaumer, Arturo Larcati, Lutz Maurer, Karl Müller, Evelyne Polt-Heinzl, Elfi und Roman Reisinger, Klemens Renoldner, Christian Schacherreiter, Ursula Schachl-Raber, Heinrich Schmidinger, Klaus Seufer-Wasserthal, Hans Uhl, Susann Urban, Hans Weichselbaum, Martina Wörgötter-Peck, Gerhard Zeillinger.

Ebenso herzlich danke ich meinem aufmerksamen und ideenreichen Lektorat, Christine Rechberger und Ludwig Hartinger, sowie Nadine Hötzendorfer für ihr umsichtiges Engagement für dieses Buch und Arno Kleibel für alles.

Besonders danken möchte ich der Literar-Mechana Wien, die mir auch für diesen Band eine Zeitspanne konzentrierter Arbeit ermöglicht hat.